Pédagogie pratique

Cycles 1,2,3

Manuel du jeune enseignant

Bien s'organiser pour une année zen

Jennifer Borrego

RETZ
editions-retz.com

ISBN : 978-2-7256-4218-5
Dépôt légal : avril 2022

Direction éditoriale : Céline Lorcher
Mise en page : STDI
Illustrations : iStock
Photos : Jennifer Borrego sauf mention contraire.
Réalisation du site internet : STUDIT

N° de projet : 10277989
Imprimé en France en avril 2022 chez Chirat.

Cet ouvrage est conforme à la nouvelle orthographe
www.orthographe-recommandee.info

Cet ouvrage suit l'orthographe recommandée par les rectifications de 1990 et les programmes scolaires.

Voir le site http://www.orthographe-recommandee.info et son miniguide d'information.

FSC
www.fsc.org
MIXTE
Papier issu de sources responsables
FSC® C022030

Sommaire

Chapitre VI — L'affectation et la rentrée

Chapitre VII — Les outils et les supports pédagogiques pour les élèves

Chapitre VIII — Communiquer avec les parents

Introduction

Juin.

Me voici fraichement diplômée d'un master en éducation. Concours en poche, j'entre dans la grande famille de l'Éducation nationale, je suis professeure des écoles.

Dès le mois de septembre, je rejoindrai les bancs de l'école, mais pour la première fois derrière le bureau du maitre. Exit les stages d'observation ou d'accompagnement. On me lâche la main et je dois prendre seule les décisions. Agir.

Exaltée, je fourmille d'idées, d'envies. Mais voilà, je suis jeune sur le marché des professeurs des écoles. Dans mes bagages, j'ai mon diplôme, mais pas de poste. La mauvaise fortune ne m'attribuera un poste que... fin aout, alors j'attends. Cependant, j'attends quoi ? une maternelle, une élémentaire, un CM1 ou un CP ?

Pleine de courage, je décide de préparer les progressions de tous les niveaux et quelques activités, pourquoi pas ? Histoire de ne pas être débordée à la rentrée. Et je m'aperçois bien vite que cette procédure est utopique. En deux mois, je n'y arriverai pas.

Je passe l'été à regarder des manuels, sans vraiment m'investir pleinement dans un projet qui me plairait. Je ne sais pas, voilà tout.

En aout, lorsque je suis enfin nommée, je connais les programmes, le B.O. sur le bout des doigts. Dans une semaine, je serai devant vingt-huit visages ronds. Panique à bord. Je contacte l'école qui est fermée, évidemment, pour congés d'été. En une semaine, je dois être prête, plus j'avance et plus les informations ainsi que les tâches à accomplir s'accumulent.

À la rentrée, j'ai une pile de documents à remplir pour la veille, une classe à préparer, et je ne suis toujours pas prête.

Septembre, pour un nouvel enseignant (et pour les chevronnés aussi), est une période intense. La mise en route est soutenue côté élève et côté professeur. On reprend souvent son souffle seulement aux vacances de la Toussaint. Alors on se met à jour, et on envisage l'année plus sereinement.

Parce que j'ai égaré des documents comme nombre de collègues, parce que j'ai oublié des informations, parce que j'ai mis plusieurs années à trouver un fonctionnement simple, clair, efficace.

Parce que, je le constate, de plus en plus de collègues travaillent dans l'urgence, à cause d'affectations tardives.

Ce guide devrait apporter à tout enseignant débutant dans le métier des conseils pratiques, simples dans leur mise en œuvre. Ainsi que des lectures préparatoires afin d'être déjà un peu dans sa classe avant son affectation. Parce qu'avec une organisation maximale, on gagne un temps considérable et l'on est plus serein.

Voici donc des réponses à un maximum de questions que l'on se pose dès l'entrée dans le métier, et quelques années après encore.

Comme dans toute nouvelle aventure, nous commettons des erreurs de débutants. Ce livre n'a d'autre fonction que celle d'exemple, parce qu'une idée en génère souvent une nouvelle. Ces idées sont un condensé de mes réflexions et de pratiques observées, de tâtonnements et de tentatives. Qu'elles vous servent à avancer afin que vous trouviez rapidement les chemins qui vous mèneront vers de riches aventures pédagogiques.

Avertissement

Suite aux récents changements de répartition des journées d'école, vous pourrez adapter les tableaux, emplois du temps, etc. aux nouveaux horaires et nombres de jours d'école.

Le cahier organiseur ou « kit de survie »

Un cahier organiseur : pourquoi, comment ?

Dans votre fonction d'enseignant[1] et au cours de votre journée de classe, vous n'aurez pas seulement à gérer les contenus pédagogiques. Votre directeur vous apportera du courrier, des documents à faire coller dans les cahiers de liaison des élèves, des documents d'information ou de demande administrative…

Voici quelques exemples de ce que vous aurez à gérer :

- le budget octroyé par la collectivité ;
- la planification des sorties scolaires (spectacle, cinéma) ;
- la demande de différentes aides ;
- l'établissement des bilans de suivi d'élèves ;
- la préparation de demandes d'autorisation de sortie (pour la piscine, un spectacle…) ;
- l'appel d'un parent lorsqu'un enfant est malade sur le temps de classe ;
- des informations à communiquer aux parents ;
- des renseignements à fournir rapidement à votre inspection ;
- des confirmations de créneaux (piscine, médiathèque) ;
- etc.

Votre bureau, clair et organisé le matin, débordera rapidement de documents au cours de votre journée. Il est donc indispensable d'avoir un outil regroupant toutes les informations et tous les documents qui concernent votre classe. Telle est l'utilité du « cahier organiseur » : avec lui, vous classerez et rassemblerez sans les perdre tous les documents nécessaires dans un seul outil. C'est un véritable « **kit de survie** » !

Sa forme

Le plus efficace est de se procurer un cahier à spirales de format A4, de 90 feuilles. Ce format est suffisant, on ne le remplit jamais en totalité.

Pour gagner de la place, il est préférable d'imprimer ou de photocopier les documents en format réduit de 50 % : on peut ainsi coller deux feuilles sur une page.

1. Nous employons dans cet ouvrage les termes « enseignant » et « directeur » dans une forme neutre, incluant la pluralité des genres.

Dans ma pratique

Pour ne rien perdre, je ne prends **aucune** note sur des feuilles détachables. Je colle et je note tout dans mon organiseur.
Je retrouve alors rapidement mes documents.

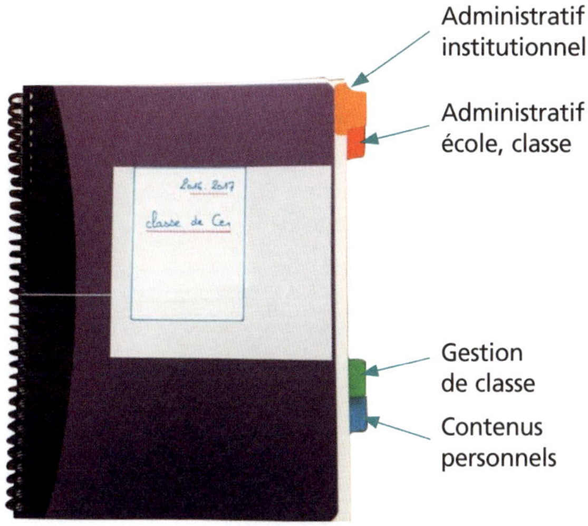

L'avantage du cahier est de conserver un double des documents, donc de pouvoir les présenter lors d'une visite d'inspection, des conseiller.ère.s pédagogiques ou des maitres formateurs. Vous le consultez rapidement lorsque vous avez besoin d'une information. Même si vous êtes un inconditionnel du numérique, vous n'avez pas toujours un ordinateur ou une tablette sous la main. Scanner tous les documents que l'on vous communiquera au cours de l'année vous fera gagner du temps.

Son organisation

Il est important de délimiter trois ou quatre parties pour votre carnet (avec des intercalaires de séparation) :
- tout ce qui concerne l'administratif (demandes institutionnelles, les documents concernant l'école et la classe…) ;
- tout ce qui se rapporte à la gestion de classe : planification (matériel, sorties, etc.), contenus scolaires et suivi des élèves ;
- les contenus personnels (notamment la formation).

Dans ma pratique

Voici comment se présentent les trois parties de mon cahier.

• Côté face (ouverture du cahier « à l'endroit »)

Je colle tous les documents et note toutes les informations relatives à l'administratif et à l'institution (contacts téléphoniques, calendrier des réunions…).

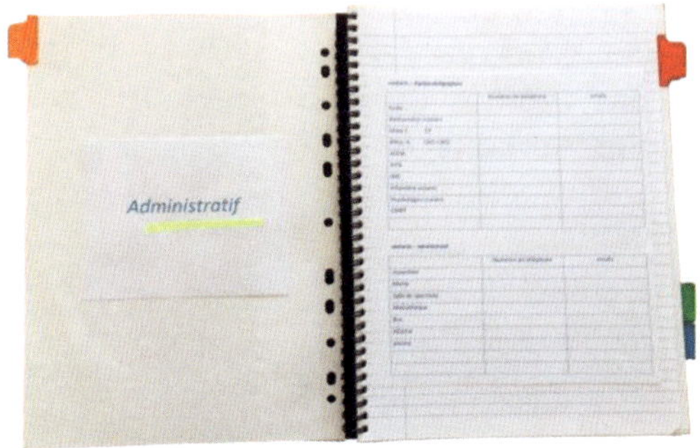

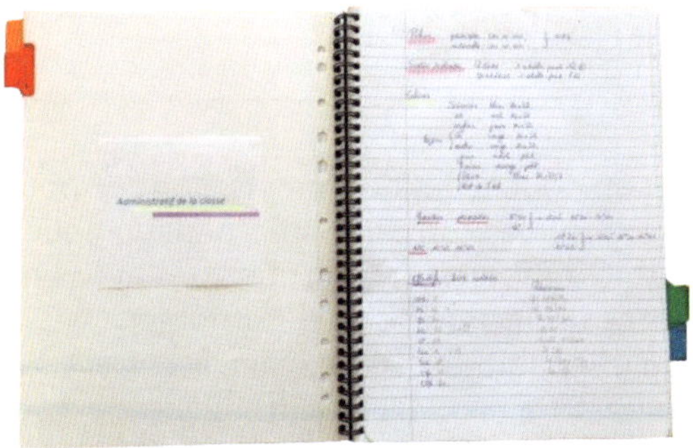

• Au milieu

Séparées par un intercalaire, je colle les informations relatives à l'organisation de la classe (calendrier de la vie de classe, créneaux de piscine…).

• Côté pile (ouverture du cahier « à l'envers »)

Je regroupe tout ce qui se rapporte à ma classe et mes contenus scolaires.

Séparées par un intercalaire, je réserve également quelques pages aux informations relatives à mes contenus personnels.

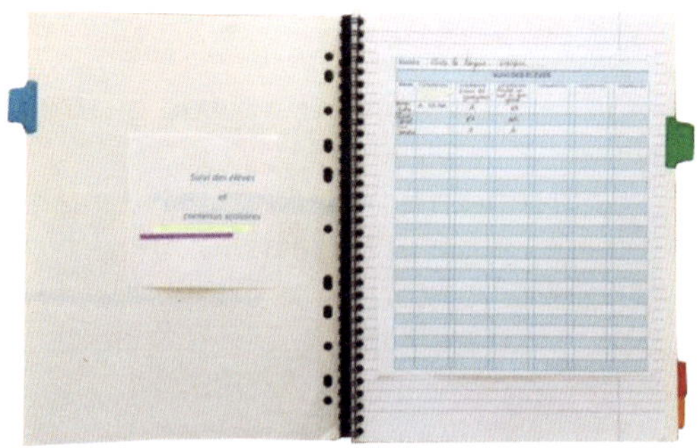

Remarque

Dans la partie administrative, vous aurez le choix de mettre dans ce cahier ou dans un classeur à part les fiches remplies par les parents au début de l'année (voir p. 16). Nous avons décidé de les présenter malgré tout dans cette partie, avec l'ensemble des documents administratifs, dans un souci de cohérence.

Un cahier organiseur par classe

Si vous êtes affecté sur plusieurs classes, prévoyez un cahier par classe. Chaque école possède son fonctionnement. Chaque collègue également.

Nous reviendrons sur le travail à deux enseignants un peu plus loin (voir le chapitre VI, p. 208).

Même si vous êtes affecté sur plusieurs classes dans la même école, il est plus simple d'avoir un cahier par classe, puisque vous y regrouperez les informations relatives à l'école et, surtout, au fonctionnement de la classe.

Cette organisation vous fera gagner un temps précieux.

Les contenus administratifs

Documents institutionnels

Le référentiel de compétences du métier d'enseignant, des métiers du professorat et de l'éducation

Le site du ministère[1] répertorie les gestes professionnels que vous devez développer dans l'exercice de votre métier d'enseignant. Il référence les attentes de l'Institution sur votre conduite vis-à-vis des élèves. En voici un résumé :

- Faire partager les valeurs de la République.
- Inscrire son action dans le cadre des principes fondamentaux du système éducatif et dans le cadre réglementaire de l'école.
- Connaitre les élèves et les processus d'apprentissage.
- Construire, mettre en œuvre et animer des situations d'enseignement et d'apprentissage prenant en compte la diversité des élèves.
- Accompagner les élèves dans leur parcours de formation.
- Agir en éducateur responsable et selon des principes éthiques.
- Maitriser les savoirs disciplinaires et leur didactique.
- Maitriser la langue française dans le cadre de son enseignement.
- Utiliser une langue vivante étrangère dans les situations exigées par son métier.
- Organiser et assurer un mode de fonctionnement du groupe favorisant l'apprentissage et la socialisation des élèves.
- Évaluer les progrès et les acquisitions des élèves.
- Intégrer les éléments de la culture numérique nécessaires à l'exercice de son métier.
- Coopérer au sein d'une équipe et avec les partenaires de l'école.
- Contribuer à l'action de la communauté éducative.
- Coopérer avec les parents d'élèves.
- S'engager dans une démarche individuelle et collective de développement professionnel.

Il peut être utile, pour rappel, de coller ces compétences dans votre cahier organiseur.

1. Le document officiel est accessible sur le site de l'Éducation nationale : https://www.education.gouv.fr/au-bo-du-30-juillet-2020-programmes-d-enseignement-pour-le-primaire-et-le-secondaire-305398

Le *Bulletin officiel des programmes* (le B.O.)

Vous devrez le lire en entier[2] avant de vous concentrer sur le niveau sur lequel vous êtes affecté (voir « Planifier la gestion de classe », p. 24).

Dans la partie institutionnelle de votre cahier, vous pouvez imprimer et coller la durée horaire hebdomadaire par discipline. Ces indications sont indispensables pour préparer votre emploi du temps.

Volume horaire du cycle 2[3] : cycle des apprentissages fondamentaux

Domaines disciplinaires	Durée annuelle	Durée hebdomadaire moyenne
Français*	360 heures	10 heures
Mathématiques	180 heures	5 heures
Langue vivante	54 heures	1 heure 30
EPS	108 heures	3 heures
Enseignement artistique	72 heures	2 heures
Questionner le monde, enseignement moral et civique**	90 heures	2 heures 30
Total	864 heures	24 heures

*Français : 10 heures hebdomadaires sont consacrées à des activités quotidiennes d'oral, d'étude de la langue, de lecture et d'écriture qui prennent appui sur l'ensemble des champs disciplinaires.
**Enseignement moral et civique : 36 heures annuelles, soit 1 heure hebdomadaire dont 30 min sont consacrées à des situations pratiques favorisant l'expression orale.

Volume horaire du cycle 3 : cycle de consolidation

Domaines disciplinaires	Durée annuelle	Durée hebdomadaire moyenne
Français*	288 heures	8 heures
Mathématiques	180 heures	5 heures
Langue vivante	54 heures	1 heure 30
EPS	108 heures	3 heures
Sciences et technologies	72 heures	2 heures
Enseignement artistique	72 heures	2 heures
Histoire et géographie, enseignement moral et civique**	90 heures	2 heures 30
Total	864 heures	24 heures

*Français : 12 heures hebdomadaires sont consacrées à des activités quotidiennes d'oral, d'étude de la langue, de lecture et d'écriture qui prennent appui sur l'ensemble des champs disciplinaires.
**Enseignement moral et civique : 36 heures annuelles, soit 1 heure hebdomadaire dont 30 minutes sont consacrées à des situations pratiques favorisant l'expression orale.

Vous pouvez également consigner dans le cahier l'essentiel des compétences attendues en fin de cycle (en vous consacrant de préférence au cycle qui vous concerne). Cela vous sera très utile pour l'élaboration de vos emplois du temps (voir ci-après).

---

2. Le B.O. spécial du 30 juillet 2020 est accessible sur le site de l'Éducation nationale, dans la rubrique « École » puis « Les programmes » (de l'école élémentaire ou maternelle)
3. Sources : education.gouv.fr et eduscol.education.fr

Le calendrier des vacances scolaires

Il est utile d'avoir un calendrier avec la visualisation des vacances scolaires pour planifier votre travail sur les cinq périodes de l'année.

Par exemple, certaines périodes comptent sept semaines, d'autres six semaines, d'autres encore neuf semaines. Il faudra vous organiser selon ce découpage.

Un calendrier est disponible sur le site de l'Éducation nationale[4] que vous pouvez imprimer ou bien recopier en n'utilisant que les informations relatives à votre zone.

Calendrier scolaire 2022-2023

	zone A Besançon, Bordeaux, Clermont-Ferrand, Dijon, Grenoble, Limoges, Lyon, Poitiers	zone B Aix-Marseille, Amiens, Caen, Lille, Nancy-Metz, Nantes, Nice, Orléans-Tours, Reims, Rennes, Rouen, Strasbourg	zone C Créteil, Montpellier, Paris, Toulouse, Versailles
PRÉRENTRÉE DES ENSEIGNANTS	**mercredi 31 aout 2022**		
RENTRÉE SCOLAIRE DES ÉLÈVES	Reprise des cours : **jeudi 1er septembre 2022**		
VACANCES DE LA TOUSSAINT	Fin des cours : **samedi 22 octobre 2022** Reprise des cours : **lundi 7 novembre 2022**		
VACANCES DE NOËL	Fin des cours : **samedi 17 décembre 2022** Reprise des cours : **mardi 3 janvier 2023**		
VACANCES D'HIVER	Fin des cours : **samedi 4 février 2023** Reprise des cours : **lundi 20 février 2023**	Fin des cours : **samedi 11 février 2023** Reprise des cours : **lundi 27 février 2023**	Fin des cours : **samedi 18 février 2023** Reprise des cours : **lundi 6 mars 2023**
VACANCES DE PRINTEMPS	Fin des cours : **samedi 8 avril 2023** Reprise des cours : **lundi 24 avril 2023**	Fin des cours : **samedi 15 avril 2023** Reprise des cours : **lundi 2 mai 2023**	Fin des cours : **samedi 22 avril 2023** Reprise des cours : **mardi 9 mai 2023**
VACANCES D'ÉTÉ (*)	Fin des cours : **samedi 8 juillet 2023**		

(*) Les enseignants appelés à participer aux opérations liées aux examens sont en service jusqu'à la date fixée pour la clôture de ces examens par la note de service établissant le calendrier de la session.

Pour les enseignants, deux demi-journées (ou un horaire équivalent), prises en dehors des heures de cours, pourront être dégagées durant l'année scolaire, afin de permettre des temps de réflexion et de formation sur des sujets proposés par les autorités académiques. Le départ en vacances a lieu après la classe, la reprise des cours le matin des jours indiqués.

Les vacances débutant le samedi, pour les élèves qui n'ont pas cours ce jour-là, le départ a lieu le vendredi après les cours.

4. Source : https://www.education.gouv.fr/calendrier-scolaire-100148

Documents de l'école

Les documents de rentrée pour vous

Ces documents concernent les demandes spécifiques (aides, sorties...) et sont généralement fournis à la rentrée. Conservez-en un exemplaire scanné dans votre ordinateur et dans votre cahier organiseur.

La demande d'aide au RASED[5]

Les circonscriptions fournissent un document type à remplir pour chaque élève qui nécessite une aide spécifique d'un membre du réseau (maitre E, maitre G, psychologue scolaire).

Mémo

Le RASED se compose d'une équipe de maitres spécialisés.

Le maitre E est chargé d'une aide à dominante pédagogique.

Le maitre G est chargé d'une aide à dominante relationnelle.

Le psychologue scolaire est chargé de la prévention des difficultés et du bien-être des élèves.

Il n'y a pas d'équipe spécialisée dans toutes les écoles. Le fonctionnement est interne à chaque circonscription. Soit vous co-intervenez dans la classe, soit le collègue spécialisé retire un groupe de la classe sur un temps donné, pour travailler une notion que vous lui aurez demandé d'aborder.

Le document relatif au PPRE[6]

Les circonscriptions fournissent un document type à remplir pour chaque élève qui nécessite une aide spécifique d'un membre du réseau (maitre E, maitre G, psychologue scolaire).

Les demandes d'autorisation de sortie de la classe

Les circonscriptions fournissent un document type à remplir à chaque déplacement en dehors de l'établissement. Ce document est à remplir et à communiquer au directeur à chaque sortie, d'où l'utilité de le retrouver rapidement ! (Pour plus de précisions sur ce document, voir p. 35.)

Le PPMS[7]

Le PPMS concerne l'alerte attentat, mais aussi le confinement. Il est défini en début d'année en réunion d'équipe, généralement lors de la prérentrée.

L'équipe pédagogique propose alors un document complété, commun à tout l'établissement.

---

5. RASED = Réseau d'aide spécialisée aux élèves en difficulté.
6. PPRE = Programme personnalisé de réussite éducative.
7. Le PPMS = Plan particulier de mise en sureté.

La demande d'autorisation d'absence pour l'enseignant

C'est un document qui vous est propre, en cas d'absence. Les circonscriptions fournissent un document type à remplir lors d'un congé maladie ou d'une autre absence justifiée.

Les documents de rentrée à destination des parents

Les demandes d'autorisation du droit à l'image

L'équipe pédagogique propose généralement un document complété, commun à tout l'établissement. Il est à faire remplir et signer par les parents une fois en début d'année.

Mémo

La règlementation est d'un adulte pour 12 élèves en école primaire, un adulte pour 8 élèves en maternelle.

Dans ma pratique

Je surligne le rôle que l'on m'a attribué et j'affiche le document en classe.

Le règlement intérieur de l'école

L'équipe pédagogique propose généralement un document complété, commun à tout l'établissement. Il est à faire valider par les parents élus au conseil d'école, puis à faire signer par les parents et les élèves.

En plus d'être dans votre cahier, il sera affiché dans la classe tout au long de l'année.

La charte Internet

C'est un document qui a pour vocation d'encadrer l'utilisation des outils et services numériques mis à la disposition des utilisateurs, à l'école.

L'équipe pédagogique propose généralement un document complété, commun à tout l'établissement.

Il est préférable de l'afficher également dans la classe.

La fiche de renseignements

Elle vous sera fournie par le directeur et sera à distribuer le jour de la rentrée. Généralement, chaque école a une fiche de renseignements, issue de « Base élève »[8], remplie avec l'intitulé de l'école.

Nous proposons ici un exemple, sachant que chaque école ou circonscription a généralement sa fiche fournie par le directeur.

École :

FICHE DE RENSEIGNEMENTS

ÉLÈVE

NOM : … **Prénom(s) :** … / … / … **Sexe : M ◦ F ◦**

Né(e) le : … / … / … **Lieu de naissance** (commune et département) **:** …

Nationalité : … **Année d'arrivée en France :** …

Souhaite un enseignement de la langue et de la culture d'origine (si celui-ci peut-être mis en place) OUI ◦ NON ◦

Adresse : …

Code postal : … **Commune :** …

RESPONSABLES LÉGAUX

Mère **Nom de jeune fille:** … **Autorité parentale : Oui ◦ Non ◦**

Nom marital (nom d'usage) : … **Prénom :** …

Profession : … **Situation familiale (1) :** …

Adresse : …
(si différente de celle de l'élève)

Code postal : … **Commune :** …

Téléphone domicile : |_|_|_|_|_|_|_|_|_|_| **Téléphone portable :** |_|_|_|_|_|_|_|_|_|_|

Téléphone travail : |_|_|_|_|_|_|_|_|_|_| **Numéro de poste :** …

Courriel : … @ …

Père **Autorité parentale : Oui ◦ Non ◦**

Nom : … **Prénom :** …

Profession : … **Situation familiale (1) :** …

Adresse : …
(si différente de celle de l'élève)

Code postal : … **Commune :** …

Téléphone domicile : |_|_|_|_|_|_|_|_|_|_| **Téléphone portable :** |_|_|_|_|_|_|_|_|_|_|

Téléphone travail : |_|_|_|_|_|_|_|_|_|_| **Numéro de poste :** …

Courriel : … @ …

Autre responsable légal (personne physique ou morale) **Autorité parentale : Oui ◦ Non ◦**

Organisme : … **Personne référente :** …

Fonction : … **Lien avec l'enfant :** …

Adresse : …

Code postal : … **Commune :** …

Téléphone : |_|_|_|_|_|_|_|_|_|_| **Téléphone portable :** |_|_|_|_|_|_|_|_|_|_|

Courriel : … @ …

(1) Célibataire - Marié(e) - Veuf(ve) - Divorcé(e) - Séparé(e) - Concubin(e) - Pacsé(e)
* **Responsables légaux** : Il est important de renseigner le document concernant les deux responsables légaux pour :
- La transmission des résultats scolaires (circulaire n°94-149 du 13/04/1994)
- Les élections des représentants des parents d'élèves : chaque parent est désormais électeur et éligible (note de service n°2004-104 du 25/06/2004)

PERSONNES À APPELER EN CAS D'URGENCE ET/OU AUTORISÉES À PRENDRE L'ENFANT À LA SORTIE

NOM : … **Lien avec l'enfant :** …
◦ **A appeler en cas d'urgence** ◦ **Autorisé à prendre l'enfant**
Adresse : …
Code postal : … **Commune :** …
Téléphone domicile : |_|_|_|_|_|_|_|_|_|_| **Téléphone portable :** |_|_|_|_|_|_|_|_|_|_|
Téléphone travail : |_|_|_|_|_|_|_|_|_|_| **Numéro de poste :** …

NOM : … **Lien avec l'enfant :** …
◦ **A appeler en cas d'urgence** ◦ **Autorisé à prendre l'enfant**
Adresse : …
Code postal : … **Commune :** …
Téléphone domicile : |_|_|_|_|_|_|_|_|_|_| **Téléphone portable :** |_|_|_|_|_|_|_|_|_|_|
Téléphone travail : |_|_|_|_|_|_|_|_|_|_| **Numéro de poste :** …

NOM : … **Lien avec l'enfant :** …
◦ **A appeler en cas d'urgence** ◦ **Autorisé à prendre l'enfant**
Adresse : …
Code postal : … **Commune :** …
Téléphone domicile : |_|_|_|_|_|_|_|_|_|_| **Téléphone portable :** |_|_|_|_|_|_|_|_|_|_|
Téléphone travail : |_|_|_|_|_|_|_|_|_|_| **Numéro de poste :** …

INFORMATIONS PÉRISCOLAIRES

Garderie matin : Oui ◦ Non ◦ **Garderie soir : Oui ◦ Non ◦**
Étude surveillée : Oui ◦ Non ◦ **Restaurant scolaire : Oui ◦ Non ◦**
Transport scolaire : Oui ◦ Non ◦ **Déplacement domicile - école : Seul ◦ Accompagné ◦**

ASSURANCE DE L'ENFANT

Responsabilité civile : Oui ◦ Non ◦ **Individuelle Accident : Oui ◦ Non ◦**
Compagnie d'assurance: … **Numéro de police d'assurance :** …

AUTORISATION (à remplir par les deux parents en cas d'adresses différentes)

Mère : ◦ Je ne désire pas communiquer mon adresse aux associations de parents d'élèves.
Père : ◦ Je ne désire pas communiquer mon adresse aux associations de parents d'élèves.

Je m'engage à vous signaler tous changements modifiant les indications mentionnées sur cette fiche.

Date : **Signature :** **Signature :**

Vous disposez d'un droit d'accès, de modification, de rectification et de suppression des données qui vous concernent (Article 34 de la loi "Informatique et Libertés" du 6 janvier 1978). Pour l'exercer, contactez l'école.

La fiche d'urgence

Elle précise les dispositions à prendre en cas d'accident : elle est aussi à distribuer au début de l'année et à faire remplir par les parents.

Nous proposons là encore un modèle à titre d'exemple. Votre directeur vous fournira la fiche propre à votre école.

8. « Base élève » est une application d'aide à l'inscription des élèves et à la gestion de la direction d'école.

FICHE D'URGENCE À L'INTENTION DES PARENTS

Nom de l'établissement : ....

Année scolaire : ....

Nom : ....

Prénom : ....

Classe : ....

Date de naissance : ....

Nom et adresse des parents ou du représentant légal :

....

....

N° et adresse du centre de Sécurité sociale :

....

....

N° et adresse de l'assurance scolaire :

....

....

En cas d'accident, l'établissement s'efforce de prévenir la famille par les moyens les plus rapides. Veuillez faciliter notre tâche en nous donnant au moins un numéro de téléphone :

1. N° de téléphone du domicile : ....

2. N° du travail du père : ....

Poste : ....

3. N° du travail de la mère : ....

Poste : ....

4. Nom et n° de téléphone d'une personne susceptible de vous prévenir rapidement :

....

....

En cas d'urgence, un élève accidenté ou malade est orienté et transporté par les services de secours d'urgence vers l'hôpital le mieux adapté. La famille est immédiatement avertie par nos soins. Un élève mineur ne peut sortir de l'hôpital qu'accompagné de sa famille.

AUTORISATION D'INTERVENTION CHIRURGICALE

Nous soussignés, Monsieur et/ou Madame .... autorisons l'anesthésie de notre fils/fille .... au cas où, victime d'un accident ou d'une maladie aigüe à évolution rapide, il/elle aurait à subir une intervention chirurgicale.

À le

Signature des parents

Date du dernier rappel de vaccin antitétanique :

....

(Pour être efficace, cette vaccination nécessite un rappel tous les 5 ans.)

Observations particulières que vous jugerez utiles de porter à la connaissance de l'établissement (allergies, traitements en cours, précautions particulières à prendre...).

....

....

NOM, adresse et n° de téléphone du médecin traitant :

....

....

* *DOCUMENT NON CONFIDENTIEL à remplir par les familles à chaque début d'année scolaire.*

Si vous souhaitez transmettre des informations confidentielles, vous pouvez le faire sous enveloppe fermée à l'intention du médecin ou de l'infirmière de l'établissement.

Les justificatifs d'assurance scolaire

Ces justificatifs sont à demander aux parents en début d'année. Ils sont facultatifs mais vivement recommandés. L'assurance est obligatoire pour les activités périscolaires (les sorties entre autres)[9].

Tous ces documents complétés par les parents sont à récupérer le plus tôt possible. Rangez l'ensemble de ces documents dans une pochette au nom de l'élève. Les pochettes pourront figurer dans un classeur par ordre alphabétique : cela permettra de retrouver rapidement des informations importantes, un numéro de téléphone par exemple.

Dans ma pratique

Je choisis généralement un classeur de couleur, posé de façon bien visible sur le bureau (je pense toujours au remplaçant qui doit trouver ses repères en cinq minutes dans nos classes...).

J'ai fréquemment vu arriver des élèves en cours d'année. J'ai été d'autant plus réactive que j'avais tous ces exemplaires à portée de main.

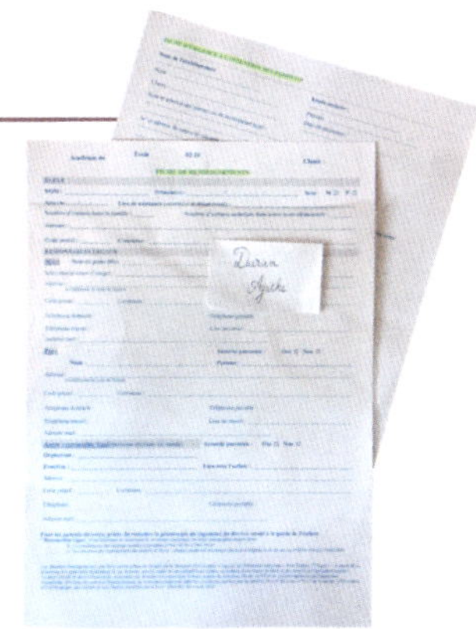

9. Pour plus d'informations, voir le texte officiel sur : http://www.education.gouv.fr/cid34/les-assurances-scolaires.html

Ces documents avec les renseignements des élèves doivent toujours rester en classe, excepté dans le cas de sorties scolaires, où ils doivent être en votre possession. Vous devez en effet pouvoir contacter les parents en cas d'accident ou de maladie.

Le calendrier des réunions

Le directeur imprime généralement un calendrier avec les dates de réunions (réunion de rentrée, de suivi d'élèves, conseil des maitres…), planifiées sur l'année. Reportez ces dates sur le calendrier des vacances scolaires qui figure dans votre agenda papier ou numérique (Smartphone), selon votre organisation personnelle.

Documents pour la classe

Renseignements téléphoniques

Établissez une liste nominative des numéros de téléphone et des adresses e-mail importantes et collez-la dans la partie administrative de votre cahier.

L'équipe et la circonscription	Les structures d'accueil et d'aide	Les prestataires et les services
• l'école • la cantine • l'inspecteur/trice • le secrétariat de l'IEN • les conseillers pédagogiques • vos collègues • les ATSEM • les AVSi	• l'équipe du RASED • les psychologues scolaires • le référent MDPH • le CMPP le plus proche • l'IME	• la mairie • la médiathèque • l'organisme de programmation des spectacles • la piscine municipale • l'hôpital • les pompiers

Mémo

Glossaire des sigles

IEN = Inspection de l'Éducation nationale
ATSEM = Agent territorial spécialisé des écoles maternelles
AVSi = Auxiliaire de vie scolaire individualisé
RASED = Réseau d'aide spécialisée aux élèves en difficulté
MDPH = Maison départementale des personnes handicapées
CMPP = Centre médico-psycho-pédagogique
IME = Institut médico-éducatif

Des tableaux récapitulatifs avec le prénom des élèves

Ces tableaux (ou listes), répertoriant le nom de tous les élèves de la classe, vous seront utiles tout au long de l'année, car ils vous permettront de pointer efficacement :

– les montants de la coopérative scolaire payés par les parents ;
– les assurances souscrites par les familles ;
– les fiches individuelles remplies par les familles (renseignements, urgence) ;
– et toutes sortes d'informations (port de lunettes, allergies, PAI, suivi CMPP, bilan orthophonique…).

Exemples de tableau récapitulatif (fournis vierges dans les ressources numériques)

Coopérative scolaire					
Élèves	**Date**	**Somme reçue**	**Chèque**	**Espèce**	Paiement pour frère/sœur en classe de ....
Solo Denis	15/09/2020	15 euros	x		
Toul Marcel					
Visc Tatiana	20/09/2020	30 euros		x	Hugo PS
TOTAL					

Tableau récapitulatif pour la coopérative scolaire (disponible au format A4 et au format A5 en PDF ; fichier Excel à personnaliser).

Documents administratifs						
Élèves	Autorisation de photo	Assurance		Fiche d'urgence	Fiche de renseignements	Divers (CMPP, lunettes…)
		I*	RC*			
Solo Denis	Oui	x	x		x	Orthophoniste
Toul Marcel	Oui	x		x		Lunettes
Visc Tatiana	non	x	x		x	CMPP

*I = individuelle / RC = responsabilité civile

Tableau récapitulatif des documents administratifs (disponible aux formats A4 et A5 en PDF ; fichier Excel à personnaliser).

Ces tableaux vont donc figurer dans votre cahier.

Astuce !

Je vous conseille l'achat de pochettes zippées pour y conserver l'argent reçu, ainsi que les courriers à communiquer à vos collègues.

Les services de surveillance de la récréation

Le tableau des services de surveillance de cours de récréation reste affiché près de la porte de la classe, mais conservez-en un dans l'organiseur.

Exemple de répartition des services

	Lundi	Mardi	Jeudi	Vendredi
Accueil	Mme R. CE1 Mr B. CP			
Matin	Mme T. CE2-CM1 Mme F. CM2			
Pause méridienne				
Accueil	Mme R. CE1 Mme T. CE2-CM1			
Après-midi	Mme B. CP Mme F. CM2			

Tableau de répartition des services de récréation.

L'utilisation des gymnases

Si vous avez accès à un gymnase ou à un préau couvert, vous définirez avec vos collègues un planning des créneaux d'EPS pour chaque classe, de façon à s'entendre sur l'utilisation des lieux.

Vous consignerez cela dans un tableau, qui sera lui aussi affiché dans la classe et dans la salle des maitres et que vous dupliquerez dans votre cahier.

Exemple de récapitulatif de l'utilisation du gymnase pour toute l'école

	Lundi	Mardi	Jeudi	Vendredi
8 h 30 – 9 h 30		Classe de CP-CE1		
9 h 30 – 10 h 30				
10 h 30 – 11 h 30				Classe de CE2
Pause méridienne				
13 h 30 – 14 h 30	Classe de CM2			
14 h 30 – 15 h 30				
15 h 30 – 16 h 30				

Tableau de répartition des créneaux horaires pour le gymnase (PDF ; fichier Excel à personnaliser).

Pour résumer

Mon cahier organiseur – Les contenus administratifs

Documents institutionnels

– **Le référentiel des compétences des métiers du professorat et de l'éducation :** les compétences communes attendues et les gestes professionnels pour enseigner.

– **Le B.O. du niveau concerné :** l'essentiel des compétences attendues aux cycles 1, 2, 3 ainsi que les créneaux horaires par disciplines.

– **Le calendrier des vacances scolaires :** le découpage de l'année en périodes d'enseignement.

Documents de l'école

– **Les copies des documents de rentrée à remplir :** demande d'aide au RASED, PPRE, demandes d'autorisation de sorties, PPMS, demande d'autorisation d'absence du professeur.

– **Les copies des documents vierges de rentrée à destination des parents :** autorisation de droit à l'image, règlement intérieur de l'école, charte Internet, fiche de renseignements, fiche d'urgence, assurance.

– **Le calendrier des réunions obligatoires :** conseil de cycle, conseil de maitres, conseil d'école…

Documents obligatoires à afficher en classe

– Le PPMS

– Le règlement intérieur

– La charte Internet

Documents pour la classe

– **Les renseignements téléphoniques :** la liste des contacts des personnels avec lesquels vous allez collaborer.

– **Des tableaux récapitulatifs dans lesquels sont reportés les prénoms des élèves :** pour pointer le bilan des montants de coopératives réglés par les familles, les assurances souscrites, les fiches de renseignements, les fiches d'urgence.

– **Les services de surveillance de la récréation :** pour gérer les temps d'interclasse.

– **L'utilisation des gymnases :** pour planifier l'organisation de l'école et bien répartir les créneaux horaires.

Documents obligatoires à afficher en classe et en salle des maitres pour une meilleure organisation (pour vous et les remplaçants)

– Les services de surveillance de la récréation

– L'utilisation des gymnases

Planifier la gestion de classe

Dans le cahier organiseur, vous pouvez également classer les documents relatifs au scolaire.

Lorsque vous avez rangé et organisé, dans la première partie du cahier, toute cette masse de feuillets, souvent communiquée par le directeur lors de la journée de prérentrée, vous pouvez vous concentrer sur la deuxième étape de votre préparation pour cette riche année scolaire, à savoir la préparation de votre classe.

La partie centrale du cahier va donc regrouper tout ce qui concerne la gestion de classe, en terme de planification (du matériel, des contenus scolaires…).

Le matériel

Les fournitures scolaires

Dès que vous avez connaissance de votre affectation, il faut établir une liste de fournitures à demander aux familles et à commander.

Pour la liste de fournitures de rentrée demandées aux familles, pensez à vous référer à la liste proposée par l'Éducation nationale[1].

Les exemples proposés ci-dessous sont valables pour les cycles 2 et 3.

Consommables

Fournitures	Qualité type attendue
Grand cahier 96 pages (21 x 29,7 cm)	Dos agrafé, 80 g/m²
Petit cahier de 96 pages (17 x 22 cm)	Dos agrafé, 80 g/m²
Feuillets mobiles perforés (21 x 29,7 cm)	80 g/m²
Copies doubles perforées (21 x 29,7 cm)	80 g/m²
Cahier de musique de 48 pages (17 x 22 cm)	
Classeur rigide (21 x 29,7 cm)	Cartonné recyclable
Classeur souple (21 x 29,7 cm)	Plastique
Protège-cahiers (17 x 22 cm, 21 x 29,7 cm)	
Pochettes transparentes perforées (21 x 29,7 cm)	Lot de 100
Rouleau de plastique pour couvrir les livres	

1. Source : http://www.education.gouv.fr/pid25535/bulletin_officiel.html?cid_bo=89611#Elaborer-une-liste-concertee-de-fournitures-scolaires

Stylos à bille	1 bleu, 1 noir, 1 rouge, 1 vert - pointe moyenne
Crayons à papier	HB - bout gomme
Pochette de 12 crayons de couleur	
Pochette de 12 feutres de couleur	Lavables, sans solvant, non toxiques
5 tubes (10 ml) de gouache - 5 couleurs primaires	Peinture à l'eau
Gomme	
Stylo correcteur	
Colle	Conditionnement adapté au niveau d'enseignement Non toxique - sans solvant
Rouleau de ruban adhésif	Sans dévidoir
Porte-vues (ou lutins) - 21 x 29,7 cm - 40 à 60 vues	Matière plastique ou recyclée
Cahier de texte ou agenda	

Équipement

Fournitures	Qualité type attendue
Trousse	
Pinceaux de tailles différentes - lot de 3 - n° 6, 10, 14 ou 4, 10, 16	Poils naturels
Kit de traçage 3 pièces : - règle plate - 30 cm - rapporteur - 12 cm - équerre - 21 cm - 60°	Plastique
Compas	Métal
Paire de ciseaux (scolaires) 12 à 13 cm	Bout rond, acier inoxydable
Taille-crayon	Réservoir plastique

Remarque

Certaines fournitures seront fournies par les parents, le reste par une commande que vous établirez pour la classe (voir le chapitre III, p. 66).

Les commandes de matériel pour la classe

Vous listerez vos besoins pour la classe (voir le chapitre III, p. 66), puis vous établirez votre commande à partir d'un catalogue destiné aux collectivités. Le catalogue de la société est sélectionné par la mairie et disponible dans les écoles auprès du directeur.

Une fois votre commande enregistrée (souvent sur un site), imprimez-la. Vous aurez la liste du matériel avec les références des produits, la référence de votre commande. Vous pourrez alors pointer votre commande en la comparant à celle qui vous sera livrée.

Conservez en mémoire les codes de connexion au site de la société sélectionnée par votre mairie, si vous êtes affecté sur une école à titre définitif.

Faites un bilan de calcul budgétaire.

Exemple de calcul budgétaire

Classe : CM1	Nombre d'élèves : 22 22 × 37 € = 814 €	Montant budgétaire : 814 €
Dépenses à déduire		
Désignation **Photocopies**	22 × 1,50 € = 33 €	814 – 33 = 781 €
Désignation **Fournisseur**	450 €	781 – 450 = 331 €
Désignation **Librairie**[2]	22 livres à 4,50 € = 99 € Rabais de 12 % 87,12 €	331 – 87,12 = 243,88 €
Désignation **Site des éditeurs**	22 manuels à 10,50 € = 231 € Rabais de 10 % 207,90 €	243,88 – 207,90 = 35,98 €
	Total des dépenses 33 + 450 + 87,12 + 207,90 = 778,02 €	
	Total restant	814 – 778,02 = **35,98 €**

Tableau du calcul budgétaire pour la classe (PDF ; fichier Excel à personnaliser).

La liste du matériel à disposition dans l'école

On oublie assez vite le contenu des armoires. Il y a dans les écoles des ressources incroyables de manuels ou de jeux, notamment en maternelle.

Lorsque vous découvrez le matériel à la rentrée, vous n'anticipez pas forcément ce que vous utiliserez dans la classe.

Lors d'une préparation de séance – chez vous –, vous pourrez vous référer au matériel présent dans l'école. Pour cela, faites une photo de l'intérieur des armoires.

Vous pouvez photographier également les étagères pour mémoriser la disposition des casiers et de la salle. Vous aurez pour la rentrée un aperçu de l'étendue des murs pour l'affichage.

---

2. Le rabais est parfois différent selon les accords privilégiés entre les libraires et les mairies, c'est pourquoi il ne figure pas sur la même ligne.

Exemples de photos de contenus d'armoire : jeux – matériel pédagogique

Harmonisation des différents codages

Pour prévoir vos commandes et vous intégrer au mieux au travail d'équipe, intéressez-vous à ce qui a été mis en place par vos collègues.

Vous pouvez noter dans la partie centrale de votre organiseur :

- les couleurs des cahiers (surtout si vous travaillez dans plusieurs écoles) ;
- les codes couleur (s'il y en a) pour les différentes activités (par exemple, en grammaire, « Je souligne le verbe en rouge. ») ;
- les exigences de présentation (« date à x carreaux »…) ;
- les manuels présents dans la classe.

Les sorties

La géographie du quartier

Prenez connaissance des lieux lorsque vous êtes affecté dans une ville dont vous n'êtes pas familier. Notez les adresses des lieux en rapport avec votre fonction et repérez-les sur un plan.

> **Conseil !**
>
> Il n'est jamais professionnel de s'en remettre aux élèves pour vous indiquer le chemin d'un lieu que vous devez fréquenter avec votre classe (sauf si vous le faites avec une intention pédagogique). Vous êtes le « référent-rassurant ».
>
> Il est donc important de repérer, par exemple, où se trouvent la salle de spectacle, le collège de secteur, la piscine, la bibliothèque…

Les sorties scolaires et culturelles

Dès le début de l'année, listez les spectacles choisis, ainsi que les dates et les lieux prévus. Reportez ces dates sur votre calendrier, dans le cahier organiseur.

En cours d'année, vous aurez de nouvelles propositions de sorties : rencontres sportives, évènements particuliers... Vous devrez alors organiser vos déplacements.

Faites une photocopie en format A3, pour la classe, du calendrier de l'année scolaire et notez rapidement sur celui-ci les dates prévues pour les sorties. Vous pourrez anticiper les demandes d'autorisation de sorties et les demandes d'accompagnateurs.

La mise en route

Vous pouvez désormais vous concentrer sur la deuxième étape de votre préparation pour cette riche année scolaire : la mise en route de votre classe.

La liste des élèves

Prenez connaissance de la constitution de votre classe : Combien y a-t-il d'élèves ? combien de filles ? de garçons ? leur âge ?

Une liste des élèves officielle, fournie par le directeur, peut être agrafée dans votre cahier d'appel, une autre dans l'organiseur et une autre en classe.

Je prépare généralement un jeu d'étiquettes autocollantes. Je les utilise en entête de cahiers, sur les boites de réserves du matériel, etc.

En maternelle

- une liste avec le prénom en écriture capitale ;
- une liste avec le nom et le prénom en écriture capitale ;
- une liste avec le prénom en écriture scripte ;
- une liste avec le nom et le prénom en écriture scripte.

En élémentaire

- une liste avec le prénom en écriture scripte (*cf.* exemple liste 1) ;
- une liste avec le nom et le prénom en écriture scripte ;
- une liste avec le prénom en écriture cursive ;
- une liste avec le nom et le prénom en écriture cursive (*cf.* exemple liste 2).

Exemples en élémentaire

Liste 1

Agathe	Maxime	Tamara
Marcel	Sofia	Victor

Liste 2

Duran Agathe	Para Maxime	Solo Camara
Poulin Marcel	Ramos Sofia	Couva Victor

En élémentaire, ces étiquettes peuvent également servir pour les responsabilités (voir le chapitre IV, p. 139).

L'emploi du temps

Votre emploi du temps sera provisoire la semaine de la rentrée. Vous n'êtes souvent informé qu'à la dernière minute des diverses interventions au sein de la classe (notamment les décloisonnements de la maternelle, les créneaux de piscine et d'EPS, selon les disponibilités du gymnase ou de l'intervenant).

Toutefois, prévoyez-le. Il est moins long d'échanger deux créneaux que de tout construire en hâte.

Il est obligatoire de l'afficher en salle de classe.

Voici un tutoriel pour vous aider à construire votre emploi du temps. Il ne s'agit bien entendu que d'un exemple, à adapter à votre classe !

Des exemples d'emplois du temps sont proposés dans le chapitre VI.

Tutoriel pour construire son emploi du temps

Chaque journée compte 6 h d'enseignement. En règle générale, 3 h 30 le matin et 2 h 30 l'après-midi.

1. Vous vous appuyez sur les horaires des disciplines et les répartissez sur chaque journée.

Cycle des apprentissages fondamentaux (CP-CE1-CE2)

Domaines disciplinaires	Durée annuelle	Durée hebdomadaire moyenne
Français	360 heures	10 heures
Mathématiques	180 heures	5 heures
Langue vivante	54 heures	1 heure 30
EPS	108 heures	3 heures
Enseignement artistique	72 heures	2 heures
Questionner le monde, enseignement moral et civique	90 heures	2 heures 30
Total	864 heures	24 heures

dont l'oral, l'étude de la langue, la lecture, l'écriture

dont 1 h d'enseignement moral et civique

Français : 10 h sur 4 journées soit une moyenne de 2 h 30 par jour.

Mathématiques : 5 h soit 1 h 15 par jour ou une séance de 45 minutes et une séance de 30 minutes par jour (d'autres répartitions sont possibles, voir le tableau).

Langue vivante (LV) : 1 h 30 soit 2 séances de 45 minutes ou 3 séances de 30 minutes.

EPS : 3 h soit 2 séances de 1 h 30.

Enseignement artistique : 2 h soit 2 séances de 1 h.

Questionner le monde (QM) : 1 h 30 soit 2 séances de 45 minutes.

Enseignement moral et civique (EMC) : 1 h soit 2 séances de 30 minutes.

2. Vous répartissez ces heures sur l'emploi du temps.

La répartition est indiquée à titre d'exemple.

	Lundi	**Mardi**	**Jeudi**	**Vendredi**
1 h	Français	Français	Français	Français
1 h	Français	Français	Français	Français
30 min	Français	Français	Français	Français
30 min	Mathématiques	Mathématiques	Mathématiques	Mathématiques
45 min	Mathématiques	Mathématiques	Mathématiques	Mathématiques
15 min	QM	QM	LV	LV
30 min	QM	QM	LV	LV
30 min	EMC	EMC	EPS	EPS
1 h	Art	Art	EPS	EPS

3. Vous détaillez vos disciplines.

<table>
<tr><th>Lundi</th><th>Mardi</th><th>Jeudi</th><th>Vendredi</th></tr>
<tr><td>Étude de la langue (50 min)</td><td>Étude de la langue (50 min)</td><td>Étude de la langue (50 min)</td><td>Étude de la langue (50 min)</td></tr>
<tr><td>Oral (20 min)</td><td>Oral (20 min)</td><td>Écriture (30 min)</td><td>Écriture (30 min)</td></tr>
<tr><td>Lecture (50 min)</td><td>Lecture (50 min)</td><td>Lecture (50 min)</td><td>Lecture (50 min)</td></tr>
<tr><td>Écriture (30 min)</td><td>EMC (30 min)</td><td>Oral (20 min)</td><td>Oral (20 min)</td></tr>
<tr><td>Art (60 min)</td><td>Mathématiques (60 min)</td><td>Mathématiques (60 min)</td><td>Mathématiques (60 min)</td></tr>
<tr><td colspan="4">Pause méridienne</td></tr>
<tr><td>Calcul mental (15 min)</td><td>Calcul mental (15 min)</td><td>Calcul mental (15 min)</td><td>Calcul mental (15 min)</td></tr>
<tr><td>Mathématiques (60 min)</td><td>QM (45 min)</td><td>LV (45 min)</td><td>LV (45 min)</td></tr>
<tr><td>QM (45 min)</td><td>Écriture (30 min)</td><td rowspan="2">EPS (1h30 min)</td><td rowspan="2">EPS (1h30 min)</td></tr>
<tr><td>EMC (30 min)</td><td>Art (60 min)</td></tr>
</table>

4. Puis vous l'adaptez aux disponibilités du gymnase. Il est intéressant d'espacer les créneaux d'étude de la langue et ceux de lecture, par exemple…

5. Ajoutez des codes couleur (une par discipline) et vous pouvez obtenir :

Lundi	Mardi	Jeudi	Vendredi
Étude de la langue (50 min)	Étude de la langue (50 min)	Étude de la langue (50 min)	Étude de la langue (50 min)
Oral (20 min)	Oral (20 min)	Écriture (30 min)	Écriture (30 min)
Lecture (50 min)	Lecture (50 min)	Lecture (50 min)	Lecture (50 min)
Écriture (30 min)	EMC (30 min)	Oral (20 min)	Oral (20 min)
Art (60 min)	Mathématiques (60 min)	Mathématiques (60 min)	Mathématiques (60 min)
Pause méridienne			
Calcul mental (15 min)	Calcul mental (15 min)	Calcul mental (15 min)	Calcul mental (15 min)
Mathématiques (60 min)	QM (45 min)	LV (45 min)	LV (45 min)
QM (45 min)	Écriture (30 min)	EPS (1h30 min)	EPS (1h30 min)
EMC (30 min)	Art (60 min)		

Les programmations et progressions

Comme nous l'avons évoqué au début de cet ouvrage, il est important d'avoir fait une lecture complète du B.O. et d'avoir en tête les compétences attendues de fin de cycle. Cela permet à la fois d'élaborer une programmation à l'année et des progressions par période.

Pour rappel, une **programmation** est la répartition du programme du niveau de classe concerné sur l'année complète.

Une **progression** est le projet de répartition des compétences attendues du niveau de classe concerné, en petites unités. Les progressions sont faites par période et détaillent les thèmes travaillés.

Une **progression de cycle** est la répartition des compétences sur toutes les classes du cycle concerné.

Afin de mieux vous approprier les programmes proposés dans le B.O., redécoupez-les. Utilisez les synthèses proposées dans le B.O.[3] et faites des résumés pour qu'ils soient plus lisibles.

Pour cette méthodologie, voir dans le chapitre III « Préparer sa classe en amont » (p. 65).

Lorsque vous serez sur des postes fractionnés, vous n'enseignerez qu'une partie des disciplines, il est donc important de faire des résumés par niveau et par discipline.

Par ailleurs, de plus en plus d'équipes tentent de s'harmoniser. Demandez aux collègues s'ils ont construit des progressions par cycle, pour l'école.

3. Voir le B.O. du 26 novembre 2015 : http://www.education.gouv.fr/pid24307/les-programmes-de-l-ecole-elementaire.html

Dans ma pratique

J'ai une classe de CM1. Le B.O. m'indique ce que je dois travailler en géographie :

Thème 1 : Découvrir le(s) lieu(x) où j'habite (étude du plan, du climat, du relief)
Je sais alors que je vais aborder :

Compétence 1 – Les caractéristiques de mon lieu de vie : les différents paysages.

Compétence 2 – Les caractéristiques de mon lieu de vie : le découpage de la France.

Compétence 3 – Localiser mon lieu de vie et le situer : la France dans l'Europe et dans le monde.

Les thèmes sont inscrits dans ma programmation.

Je peux alors planifier ma progression sur la période pour chaque semaine. Les compétences y apparaissent. Je détaille ensuite le nombre de séances nécessaires et mon évaluation.

	Période 1 - progression	Nombre de séances
Semaine 1	Identifier les caractéristiques de mon(mes) lieu(x) de vie.	
Semaine 2	Localiser mon(mes) lieu(x) de vie et le(s) situer à différentes échelles.	
Semaine 3	Dans des espaces urbains.	
Semaine 4	Dans un espace touristique.	
Semaine 5	Satisfaire les besoins en énergie, en eau.	
Semaine 6	Satisfaire les besoins alimentaires.	
Semaine 7	Évaluation.	

Rappel : pour plus de détails, voir le chapitre III.

Il est obligatoire d'afficher toutes les progressions dans la salle de classe. Imprimez-les (en taille réduite) et collez-les par ailleurs dans votre organiseur pour les avoir toujours à disposition.

Les projets de classe ou d'école

Votre institution vous transmettra des fiches action à remplir, avec les projets de classe ou d'école (par exemple les sorties culturelles, la semaine des langues, l'apprentissage du B2i...).

Demandez-vous quel projet vous voulez développer dans votre classe. Répertoriez tout d'abord les possibles (selon le matériel disponible, entre autres) et donnez-vous un objectif réaliste à atteindre la première année.

Exemples :

- une correspondance avec une autre classe de votre circonscription ;
- des échanges épistolaires avec des correspondants nationaux ou étrangers (comme le projet de correspondance autour de l'album *Clément aplati* de Jeff Brown) ;
- une participation à un concours d'écriture ou d'art ;
- la réalisation d'un journal de classe ;
- la mise en place d'ateliers autonomes (inspirés des pédagogies Montessori et Freinet).

Un projet apporte beaucoup de motivation auprès des élèves, mais il demande du temps et de l'investissement. N'en menez pas plusieurs de front. Faites des choix sur votre année.

Au quotidien et à l'année

Dans votre cahier organiseur, classez aussi les documents relatifs à votre conduite de classe, au quotidien et à l'année.

Vous devrez planifier les impondérables d'une rentrée pour une mise en route efficace et sereine, mais aussi anticiper et organiser les imprévus qui arriveront tout au long de l'année.

Le courrier

Rangez immédiatement tout document reçu (les dates de médiathèque, les numéros d'abonnement et les codes d'accès aux plateformes). À la fin de votre journée, notez les dates et les codes à conserver dans votre cahier organiseur, car vous pourrez en avoir l'utilité en cours d'année, et triez le courrier à traiter (voir ma pratique ci-dessous).

Voici des exemples de courriers que vous pouvez recevoir :

- vos fiches de paie ;
- des codes d'abonnement pour la classe ;
- le planning de la médiathèque ;
- le planning de vos créneaux de piscine ;
- le courrier d'un parent ;
- le bilan d'un collègue du RASED à lire et à compléter ;
- une note d'un appel reçu par le directeur (un parent ou un organisme à recontacter).

© iStock

Dans ma pratique

Je glisse le courrier que j'aurai à traiter après ma journée de classe dans une pochette scotchée à la couverture de mon organiseur. Je classe mes fiches de paie chez moi. Je conserve toutefois toute communication avec un parent dans une pochette à élastique à l'école (avec le cahier d'appel par exemple), jusqu'à la fin de l'année. Cela permet un suivi de ces échanges en cas de différend avec un parent.

Les plannings sont collés dans le cahier organiseur.

Les temps d'interclasses et après l'école

Pour assurer une sortie rapide et sécurisée des élèves, prévoyez la liste de ceux qui se rendent à la cantine, ceux qui bénéficient du ramassage scolaire et ceux qui participent aux ateliers NAP.

En maternelle, où les sorties sont plus « flexibles », il sera peut-être utile de réimprimer et compléter le tableau chaque semaine.

Récapitulatif des inscriptions pour la classe

		Lundi	Mardi	Jeudi	Vendredi
MATIN	RAMASSAGE SCOLAIRE	Sophie Agathe Maxime			
	CANTINE	Tamara Victor			
APRÈS-MIDI	RAMASSAGE SCOLAIRE	Sophie			
	NAP	Agathe Maxime Victor			

Tableau des temps d'interclasses et des sorties (PDF ; fichier Excel à personnaliser).

Le calendrier de la vie de la classe

Il est utile d'avoir un calendrier pour la classe. Imprimez chaque mois un calendrier sur une feuille en format A3 que vous affichez sur le tableau à hauteur des élèves, et que vous dupliquez dans votre cahier (6 mois par page). Faites-y figurer les évènements liés à la vie de la classe : la piscine, les sorties médiathèque, etc.

Dans ma pratique

Je note tout de suite les journées importantes dans une vie de classe : les anniversaires des élèves, un changement de saison, la fête des Pères et des Mères, la Journée des droits des enfants, Halloween, les jours fériés, l'armistice (pour en parler aux élèves), la date d'élection des parents d'élèves, etc. Mais aussi : les jours de piscine, les spectacles prévus, etc.

Le planning de la piscine

Votre institution définira un planning de l'organisation de l'activité natation à l'école.

Vous devrez alors conserver le document dans votre cahier organiseur et inviter des parents à accompagner la classe.

Envisagez un planning que vous afficherez dans votre salle de classe et que vous collerez dans votre cahier organiseur pour mieux assurer une rotation des parents accompagnateurs (pour cette pratique, voir le chapitre VIII, « Communiquer avec les parents »).

Les autorisations de sortie

Rappel

Pour chaque sortie de l'établissement, vous devez remplir une demande d'autorisation de sortie pour la classe (ce document figure dans la partie administrative du cahier : voir p. 16), validée et signée par le directeur qui doit savoir en permanence où se trouve chaque classe. Ce document vous est fourni en début d'année lors de la réunion de rentrée.

Vous trouverez des exemplaires sur le site de l'Éducation nationale ou sur des sites académiques. Ou votre directeur vous en fournira.

Exemple[4]

DEMANDE D'AUTORISATION DE SORTIE RÉGULIÈRE OU OCCASIONNELLE SANS NUITÉE

Nom et adresse ou cachet de l'école :

Téléphone :

Télécopie :

❑ maternelle ❑ élémentaire

❑ élémentaire avec section enfantine

Classe concernée :

Effectif de la classe concernée :

FINANCEMENT

Cout total :

Participation de la commune :

Autres financements (préciser) :

Part à la charge des familles :

ASSURANCE

(obligatoire pour toute sortie facultative)

❑ Il a été vérifié qu'il a été souscrit une assurance responsabilité civile/individuelle accidents

Lieu du déplacement :	Programme d'activités prévues : (jour et horaire en cas de sortie régulière)
Nombre d'élèves participant à la sortie [ ] Départ de l'école (jour et heure) Retour à l'école (heure)	Itinéraire détaillé : Lieu et mode de restauration :

ENCADREMENT :

Nom et prénom (Date de naissance pour les personnes participant à l'encadrement)	**Qualification** (Pour les intervenants extérieurs)	**Rôle**
1. Enseignant(s) 2. ATSEM (le cas échéant) 3. Adultes prévus pour l'encadrement de la vie collective 4. Intervenants extérieurs dans le cadre des enseignements		

4. http://www.education.gouv.fr/bo/BoAnnexes/1999/hs7/annexes.pdf

OBSERVATIONS ÉVENTUELLES :

Fait à le

Signature de l'enseignant

DÉCISION DU DIRECTEUR D'ÉCOLE :

❑ Sortie autorisée ❑ Sortie refusée Date

Signature

Motif : Cachet de l'école

Tout au long de l'année, à chaque sortie, vous établirez un mot d'information qui demande l'autorisation de sortie aux parents. Ces derniers le signeront (voir le chapitre VIII, « Communiquer avec les parents »).

Les « mini » listes d'élèves vous serviront à pointer les signatures (voir ci-dessous).

Dans ma pratique

Je prépare des listes en petit format (10 x 5 cm), qui me permettent un suivi pour les mots et les documents à ramasser. Contrôler les signatures des cahiers prend du temps. Si je dois vérifier un mot pour une sortie, je coche sur une mini-liste ce qui a été fait : signatures vérifiées, bulletins rapportés, etc. Ainsi, le lendemain, je n'ai plus qu'à vérifier les quelques élèves dont les parents n'ont pas signé le formulaire (les cases non remplies sont les signatures à vérifier).

Spectacle du 18 novembre – autorisation		
Solo Denis	oui	
Toul Marcel		
Visc Tatiana		non
Zine Jeanne	oui	

Liste des élèves pour pointer les autorisations et les documents signés (PDF ; fichier Excel à personnaliser).

Les photos de classe

Les photos de classe sont un des souvenirs de l'année scolaire des élèves. C'est à vous de gérer les commandes de photos.

Voici un exemple de tableau récapitulatif. Vous y pointez les commandes, les tarifs et le règlement des familles. Précisez si la commande concerne une fratrie (vous cochez alors les frères et sœurs dans les autres classes). Puis vous ferez une synthèse avec les collègues de l'école.

Exemple

Commande de photos de classe												
					Photos avec les frères et sœurs en classe de…							
Élèves	Photo de classe	Pochette classe et portrait	Fratrie	Total à payer	PS	MS	GS	CP	CE1	CE2	CM1	CM2
	7 €	16 €	11 €									
Solo Denis	non	non	non	0 €								
Toul Marcel		x 1	x 1	27 €				x		x		
Visc Tatiana			x 2	22 €		x						x
Etc.												

Tableau pour les commandes des photos de classe (format A4 et A5 en PDF ; fichier Excel à personnaliser).

Observations et suivi des élèves

Le suivi individualisé des élèves est l'ensemble des notes prises au cours des observations de classe, ainsi que les validations de compétences. Ces tableaux sont collés dans votre cahier organiseur, « côté pile ».

Il est important de parler avec les élèves pour les connaitre, comprendre leurs difficultés et donc les aider. Observez-les aussi lorsqu'ils travaillent et notez vos remarques.

Dans ma pratique

Lucas inverse des lettres dans un mot. Je le note dans mon cahier.
15/11 – « catre » au lieu de « carte » : dyslexie ?
Si cette erreur est récurrente, cette trace me permet de m'inquiéter ou non de la présence d'un cas de dyslexie.

Si vous avez la chance de côtoyer des membres du RASED dans votre équipe, n'hésitez pas à leur poser des questions. Les collègues spécialisés ont un regard très précis sur les élèves. Leur formation leur a apporté des réponses à des comportements qui nous laissent parfois interrogateurs. Les échanges avec eux sont toujours formateurs.

Un tableau récapitulatif vous permet d'avoir un regard sur l'élève, un suivi par discipline et les résultats aux évaluations. Vous remplirez vos bulletins beaucoup plus vite (pour les bulletins, voir le chapitre V).

Discipline : **Histoire**						
SUIVI DES ÉLÈVES						
Élèves	*Compétences « Les temps de la République »*	*Compétences « L'âge industriel en France »*	*Compétences*	*Compétences*	*Compétences*	*Compétences*
Louise	D	A				
Sofiane	A	D				
Inès	A	A				
Quentin	PA	NA				

Légende : D = objectifs dépassés ; A = objectifs atteints ; PA = objectifs partiellement atteints ; NA = objectifs non atteints.

Grille pour le suivi des élèves par discipline (PDF ; fichier Excel à personnaliser).

Quelques contenus disciplinaires : rituels, supports de littérature, ressources...

Une fois votre année planifiée, vous apprenez à gérer le quotidien d'une classe. Il vous faut préparer chaque soir les séances de la journée qui va suivre. Pour anticiper et gagner du temps pour le reste de l'année, il est utile de préparer un récapitulatif des textes ou exercices, notamment en dictée ou calcul mental. La première année, préparez ces synthèses pour chaque période.

Certaines préparations semblent longues pour une rentrée, mais si vous pensez perdre du temps, vous constaterez très vite que vous en gagnez pour le reste de l'année. Pensez aux soirées où vous aurez pris du retard pour préparer votre séquence, vous serez soulagé d'en avoir anticipé d'autres.

La dictée

Si vous suivez un manuel, photocopiez les textes des dictées et collez-les dans le cahier, parce que vous ne serez jamais à l'abri d'un oubli, à la maison, du manuel ou du matériel préparé pour la séquence. Alors que l'organiseur est toujours dans votre sac !

Le calcul mental

Vous pouvez préparer un tableau dans lequel vous planifiez le travail en calcul mental par période.

Vous noterez la compétence travaillée, ainsi que l'exercice des élèves et les résultats des calculs proposés (voir la méthodologie détaillée, chapitre III, p. 100).

Dans ma pratique

Lorsque je sélectionne un manuel (ou deux) sur lequel je vais travailler, je rassemble les exercices de calcul mental. Je note les résultats corrigés. Les premières années, je conservais un exemplaire du manuel et j'écrivais les résultats directement dans les cases réponses. Cette méthode impliquait de transporter les manuels (parfois, je l'oubliais à la maison), et mon cartable devenait bien lourd. Désormais, je regroupe la correction sur trois feuilles.

Exemple

Voici la fiche synthèse que je conserve dans mon cahier organiseur. C'est une version pour moi, afin de me faciliter la tâche, de l'exercice à la correction.

Ressource dans le manuel pour la phase de découverte

Ressource dans le manuel pour se remémorer la technique avant un exercice d'application

JOUR 1	Observe. Lire le Savoir faire p. 146 / entrainement	**JOUR 2**	Relire Savoir faire p. 146 / Fiche

1. Compter de 10 en 10

1428	1438	1448	1458	1468	1478	1488	1498	1508	1518	1528

2. Compter de 100 en 100

34219	34319	34419	34519	34619	34719	34819	34919	35019	35119	35219

3. Compter de 1000 en 1000

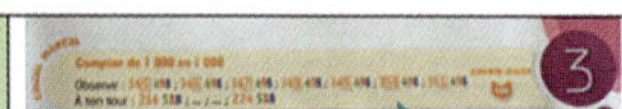

214518	215518	216518	217518	218518	219518	220518	221518	222518	223518	224518

Compétence travaillée

Calculs proposés aux élèves

Résultats pour faciliter la correction

N.B : Une version pour l'élève est présentée dans le chapitre III.

La liste des comptines, albums, ouvrages de littérature jeunesse…

Lorsque vous préparerez votre cahier journal, vous noterez le titre de l'album ou de la comptine, sans recopier le texte pour plus de clarté.

Ainsi, vous listez les albums, les comptines et les chansons pour le mois (lisibilité sur une feuille). Votre pense-bête est sur vos genoux, dans votre cahier. Pas de risque de perdre votre feuille lorsque vous chantez la nouvelle chanson à vos élèves. Et donc moins de risque de perdre le fil de votre action, donc de vous sentir débordé…

Extrait d'un exemple personnel, en maternelle

Mes lectures d'octobre sur le thème des sorcières		
Un jour, je serai une grande sorcière de Michel Van Zeveren	*Si j'étais une sorcière* de Christophe Loupy	*Pélagie la sorcière* de Valérie Thomas
Mes lectures d'octobre sur apprendre à vivre ensemble		
Et pourtant, ils s'aiment de Frédéric Kessler	*Trognon et Pépin* de Bénédicte Guettier	*Si tous les éléphants s'appelaient Bertrand* d'Édouard Manceau

N.B. : Généralement, j'imprime la liste avec une photo miniature de la couverture de l'album.

Les comptines du mois (exemple personnel)

SEPTEMBRE		
Comptines	**Chansons**	**Jeux de doigts**
Petit lapin Petit lapin est dans sa maison, les volets sont fermés. *(Les deux mains cachent les yeux.)* Le matin, il ouvre un volet. *(Une main s'écarte.)* L'après-midi, il ouvre un autre volet. *(L'autre main s'écarte.)* Le vent se lève et se met à souffler. *(On souffle très fort.)* Il fait claquer les volets : clac ! *(Les deux mains cachent à nouveau les yeux).* **L'araignée Gypsi** L'araignée Gypsi Monte à la gouttière. Tiens ! Voilà la pluie. Gypsi tombe par terre. Mais le soleil a chassé la pluie. **Lundi** est rouge **mardi** est bleu **mercredi** est rose l'après-midi, on fait une pause, **jeudi** est jaune **vendredi** est vert **samedi** est **blanc** les enfants sont contents, **dimanche** est **noir** on va se revoir.	**Vole papillon** Vole, vole, papillon Au-dessus de mon école Vole, vole, papillon Au-dessus de ma maison Tournez, tournez, les moulins, Frappez, frappez, petites mains Ah les jolies mains madame Ah les jolies mains que j'ai. **Que fait ma main ?** Que fait ma main ? Elle caresse… doux, doux, doux, doux. Que fait ma main ? Elle gratte… scratch, scratch, scratch, scratch. Que fait ma main ? Elle pince… aïe, aïe, aïe. Que fait ma main ? Elle chatouille… guiliguili, guiliguili. Que fait ma main ? Elle danse, danse, danse, danse. **Tourne, petit moulin** Tourne, tourne, petit moulin Frappent, frappent, petites mains Vole, vole, petit oiseau Nage, nage, poisson dans l'eau Petit moulin a bien tourné Petites mains ont bien frappé Petit oiseau a bien volé Petit poisson a bien nagé.	**Les deux petits pouces** *(Les deux pouces se dressent.)* Deux petits pouces ont peur du loup. *(Les autres doigts repliés.)* Ils courent par-ci. *(Les pouces vont vers la droite.)* Ils courent par-là. *(Les pouces vont vers la gauche.)* Hou ! hou ! voici le loup ! *(Les pouces se blottissent l'un contre l'autre.)* Cachez-vous !!! *(Les pouces se cachent dans le poing.)* **Anglais** **Hello song** Hello, hello, hello ! What's your name ? Hello, hello, hello ! My name is John. My name is John. Hello, John ! Hello, John ! Hello !

Votre année en un clin d'œil

Pour planifier au mieux vos activités et votre gestion de classe, voici un récapitulatif de ce à quoi il faut penser sur une année scolaire. Vous pouvez le coller dans votre cahier organiseur à côté de votre calendrier de l'année scolaire. Il pourra vous aider à anticiper les évènements.

***Contenus scolaires** ***Gestion de classe**

	En maternelle	En primaire
Aout	– Votre préparation personnelle.* – Participation aux journées de prérentrée. – Installez votre classe.* – Préparez vos cahiers. – Au cours de l'année, vous participerez à des spectacles, des rencontres sportives et des sorties à la médiathèque.	
Septembre	– Travail sur la rentrée des classes. – Préparation d'un élevage, si vous en faites un (escargots, coccinelles, papillons…).	– Changement de saison.
Octobre	– La semaine du gout. – Halloween.	– Halloween.
Fin de la période 1. *Bulletins à remplir		
Novembre	– Travail sur l'automne et la nature (ramassez des feuilles…). Complétez éventuellement avec les 5 sens.	– 11 novembre : signature de l'armistice. – 20 novembre : Journée du droit des enfants. – Thanksgiving.
Décembre	– Travail sur l'hiver. – Dès le début du mois, orientez votre travail sur Noël et préparez la réalisation (bricolage).	– Quelques coloriages de Noël pour les cycles 2. – Des mots croisés, fléchés, des lectures sur Noël.
Fin de la période 2. *Bulletins à remplir		
Janvier	– Activités sur la nouvelle année (vous pourrez compléter avec le nouvel an chinois si vous abordez la Chine en QLM). – Travail sur la galette des Rois. – Préparez les masques de carnaval et le défilé dans votre quartier.	– Activités sur la nouvelle année. – Pensez au thème pour le spectacle de fin d'année.
Février	– Un travail et une fête des couleurs. – Pensez au thème pour le spectacle de fin d'année. – La chandeleur.	– La Saint-Valentin (en anglais et en français). Ce peut être l'occasion d'un échange de messages de gentillesse entre élèves.
Fin de la période 3. *Bulletins à remplir		

	En maternelle	En primaire
Mars	– Prévoyez un cycle danse ou théâtre, si vous organisez une kermesse. – Travail sur le printemps. – 22 mars : Journée mondiale de l'eau (donc un travail sur l'eau).	– Prévoyez un cycle danse ou théâtre, si vous organisez une kermesse. – Prévoyez un mobile ou une activité sur Pâques.
Avril	– Une lecture et une farce pour le 1er avril… Les élèves en sont friands. – Préparez vos plantations.	
Fin de la période 4. ***Bulletins à remplir**		
Mai	– Bricolage pour la fête des Mères.	– Bricolage pour la fête des Mères.
Juin	– Travail sur l'été. – Bricolage pour la fête des Pères. – Préparez votre commande pour la prochaine rentrée. – Préparation de la kermesse, danses et costumes.	– Travail sur l'été. – Prévention routière pour les cycles 3. – Bricolage pour la fête des Pères. – Préparez votre commande pour la prochaine rentrée. – Préparation de la kermesse, danses et costumes.
Juillet	– Rangez votre classe et vos classeurs. Les élèves rangent leurs cases et prennent le matériel de leur année scolaire. – Rassemblez les bulletins et transmettez-les au directeur. – Complétez votre cahier d'appel. Calculez le pourcentage annuel. Transmettez-le au directeur.	– Rangez votre classe et vos classeurs. Les élèves rangent leurs cases et prennent le matériel de leur année scolaire. – Rassemblez les bulletins et transmettez-les au directeur. – Complétez votre cahier d'appel. Calculez le pourcentage annuel. Transmettez-le au directeur.
Fin de la période 5. ***Bulletins à remplir**		

Pour résumer

Le cahier organiseur – Planifier la gestion de classe

Le matériel

– **Les fournitures scolaires :** établir la liste de fournitures souhaitée pour les élèves (parents, commandes classe).

– **Les commandes de matériel pour la classe** : lister les besoins, établir un budget prévisionnel, imprimer la liste de la commande pour vérifier lors de la réception.

– **La liste du matériel à disposition :** connaitre les jeux et autres supports pour planifier ses activités.

– **Harmonisation des différents codages :** noter les codes couleur des cahiers, des différentes activités, connaitre les manuels utilisés dans l'école… pour être au plus proche de ce que font les collègues.

Les sorties

– **La géographie du quartier :** connaitre les plans et les adresses des lieux de sortie (médiathèque, cinéma, piscine…).

– **Les sorties scolaires et culturelles :** les planifier sur son calendrier afin d'organiser l'ensemble des activités de la classe (rencontres sportives par exemple).

La mise en route

– **La liste des élèves :** prendre connaissance de la constitution de sa classe et préparer des listes, des étiquettes…

– **L'emploi du temps :** organiser les disciplines selon les créneaux horaires obligatoires.

– **Les programmations et progressions :** définir les compétences attendues pour les disciplines et son niveau de classe et planifier le travail sur l'année.

– **Les projets de classe ou d'école :** établir sous quelle présentation seront abordés un champ disciplinaire, une compétence.

Documents obligatoires à afficher en classe

– L'emploi du temps

– Les programmations et progressions

– La liste des élèves

Au quotidien et à l'année

– **Le courrier :** classez-le afin de le traiter après votre journée de classe.

– **Les temps d'interclasses et après l'école :** pour une sortie sécurisée des élèves.

– **Le calendrier de la vie de classe :** pour planifier les évènements de la classe et donner des repères aux élèves.

…/…

– **Le planning de piscine :** pour organiser les déplacements en bus ou à pied, gérer les accompagnateurs.
– **Les demandes d'autorisation de sortie :** elles doivent être validées par le directeur.
– **Les photos de classe** : faire un tableau récapitulatif pour gérer et pointer les commandes.
– **Observations et suivi des élèves :** pour dessiner un profil précis des élèves et adapter les aides.

Documents obligatoires à afficher en classe
– Les temps d'interclasses et après l'école
– Le planning de piscine

Documents à afficher pour une meilleure organisation
– Le calendrier de la vie de classe

Quelques contenus disciplinaires : rituels, supports de littérature, ressources…
– **La dictée :** conserver un double des textes.
– **Le calcul mental :** préparer les questions et corrections.
– **La liste des comptines, albums, ouvrages de littérature jeunesse :** planifier les textes pour chaque mois.

Documents à afficher
– La liste des comptines, des albums, des ouvrages de littérature jeunesse : le texte qui est travaillé avec les élèves est affiché en référentiel en format B5. C'est une demande institutionnelle et il sert d'outil aux élèves.

Votre année en un clin d'œil
– Il s'agit d'un récapitulatif de ce à quoi il faut penser sur une année scolaire, tant en terme de contenus scolaires que de gestion de classe.

Les contenus personnels

Votre circonscription vous fournit un accompagnement tout au long de votre carrière. Pour anticiper les différentes inspections, formations, réunions…, prenez le temps de noter ce qui concerne votre métier d'enseignant.

Mes questions sur l'école

La planification de votre année vous a conduit à vous questionner sur votre fonctionnement de classe, vos choix pédagogiques, le fonctionnement de l'école…

Sur une double page de votre cahier organiseur, notez ces questions (même si vous n'obtenez pas les réponses dans l'immédiat) et celles que vous devez poser pour la rentrée, afin de gagner du temps et de l'expérience pour les années suivantes.

Exemples :

- Comment s'organise le ramassage des bus ? la sortie des élèves ?
- Comment s'organise les NAP ? Où se regroupent les élèves ?
- Comment s'organise la cantine ?
- Y a-t-il une garderie ?
- Quelle est l'organisation des études ?
- Comment sont communiquées les informations ? affichées ? notées sur un tableau ? distribuées dans un casier ? en salle des maitres ?
- Y a-t-il un gardien ?
- À quelle heure l'école est-elle ouverte aux enseignants le matin ? et le soir ?
- Quels sont les horaires de ménage (si je dois rester pour corriger) ?
- Quelle est la salle des réunions ?
- Dans quelle salle reçoit-on les parents pour un entretien ?
- Y a-t-il un ordinateur ? Qui y a accès ? Quels sont les mots de passe ?
- L'école possède-t-elle un site Internet ?
- Y a-t-il un code pour la photocopieuse ? lequel ?
- Où se trouvent les clés du gymnase ?
- Où se trouve la trousse de secours ?
- Quelles méthodes utilise ma collègue ?
- Comment signaler les absences des élèves afin de prévenir la cantine ? Une feuille circule-t-elle de classe en classe ?

- Qui prévient la cantine ? le directeur ?
- Y a-t-il des élèves en intégration ? Ont-ils un emploi du temps aménagé ? Comment s'organisent leurs déplacements ? en taxi ?
- Comment sont diffusées les informations institutionnelles ? par mail, par document papier ?
- Y a-t-il une kermesse ? un spectacle pour les fêtes de fin d'année ?
- Où sont archivés les documents vierges pour les autorisations d'absence, les demandes d'autorisations de sortie, les demandes d'intervention du RASED… ?

Mes expériences professionnelles

Faites une liste des années de service (T1 MS-GS, T2 CP-CE1, etc.) et des dates auxquelles vous avez été visité par les conseillers pédagogiques ainsi que vos années d'inspection. Cette fiche sert simplement à suivre votre avancement et à présenter en un clin d'œil la richesse de votre expérience lors d'une inspection.

La formation continue

Indiquez les dates et le lieu de vos animations pédagogiques. Des formations vous seront proposées par webmail ou via la messagerie interne de l'école.

Préparer les ressources en amont

L'organisation des ressources personnelles

Au fil des années, vous allez amasser des ressources scolaires, telles que livres, fiches, matériel, idées ou pistes d'activités… Pour peu que vous ayez multiplié les niveaux, vous serez forcé de dédier un endroit de votre maison à l'école ! Et si vous êtes en maternelle, vous allez être amené à entreposer tous types de matériaux de récupération pour de futures activités manuelles (bobines de ficelles, boites à œufs, cartons à découper…).

Comment s'organiser, trier et conserver toutes ces ressources ?

Le référencement des ressources glanées

Parce qu'il arrive bien souvent d'effectuer une recherche qui conduit vers une autre, on perd parfois le fil de ce que l'on était venu chercher (et cela, particulièrement sur le web…). Si vous ne la notez pas, vous risquez d'oublier cette superbe idée du moment !

Les ressources glanées au fil des lectures, rencontres ou recherches peuvent être des livres, des fiches ou des exercices « tout prêts » ; ou bien elles peuvent être des esquisses d'activités, de démarches, des réflexions repérées sur des sites, des ouvrages de pédagogie, etc.

Pour les ressources « prêtes à l'emploi »

Il s'agit de fiches à photocopier, cahiers d'exercices, etc.

Si vous avez déjà des éléments de progression, inscrivez les notions ou compétences que vous travaillerez dans une colonne, sur votre feuille de progression (voir le chapitre III, « Préparer sa classe en amont », p. 65). Puis, dans la colonne d'en face, notez l'intitulé de l'ouvrage ou de la ressource avec le renvoi à la page sur laquelle se trouvent les documents qui vous intéressent pour travailler cette notion ou compétence. Ainsi, vous les retrouverez rapidement lors de la préparation.

Exemple :
Questionner le monde – CE1.
Compétence : Identifier ce qui est végétal.
Objectif : La germination de la graine.
Ouvrage : *50 expériences pour questionner le monde*, P. Chauvel, éd. Retz.
Expérience 8 + fiche synthèse : « Les besoins des plantes ».

Pour les pistes et activités à exploiter ultérieurement

Il s'agit de noter des idées d'activités, mais aussi des réflexions, des pistes de travail, des démarches récoltées au fil de vos recherches.

Exemples :

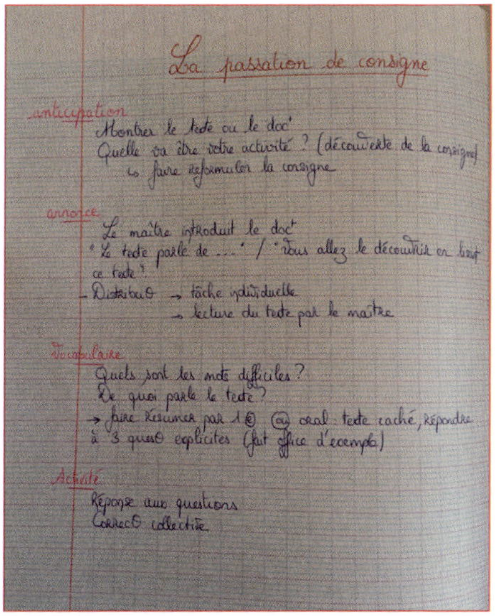

La passation de consigne

anticipation
Montrer le texte ou le doc'
Quelle va être votre activité ? (découverte de la consigne)
↳ faire reformuler la consigne

annonce
Le maître introduit le doc'
« Le texte parle de ... » / « Vous allez le découvrir en lisant ce texte »
- Distribu° → tâche individuelle
→ lecture du texte par le maître

Vocabulaire
Quels sont les mots difficiles ?
De quoi parle le texte ?
→ faire résumer par 1 (e) (a) oral : texte caché, répondre à 3 quest° explicites (fait office d'exemple)

Activité
Réponse aux questions
Correct° collective

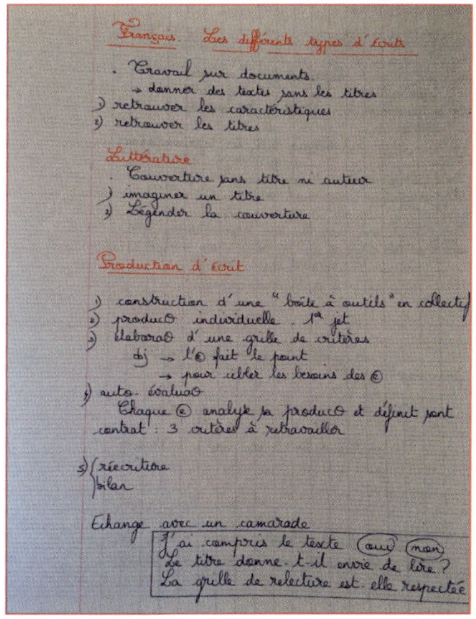

Français Les différents types d'écrits

. Travail sur documents
→ donner des textes sans les titres
1) retrouver les caractéristiques
2) retrouver les titres

Littérature
. Couverture sans titre ni auteur
1) imaginer un titre
2) Légender la couverture

Production d'écrit

1) construction d'une « boîte à outils » en collectif
2) produc° individuelle. 1er jet
3) élabora° d'une grille de critères
obj → l'(e) fait le point
→ pour cibler les besoins des (e)
4) auto-évalua°
Chaque (e) analyse sa produc° et définit son contrat : 3 critères à retravailler

5) { réécriture
bilan

Echange avec un camarade

J'ai compris le texte (oui) (non)
Le titre donne-t-il envie de lire ?
La grille de relecture est-elle respectée

Il est utile de les regrouper d'emblée par niveau et par discipline, dans des cahiers ou des classeurs. L'intérêt de les reporter dans ce type de support est de toujours les garder à disposition pour pouvoir noter facilement et immédiatement l'idée ou l'activité.

Dans ma pratique

J'ai trois cahiers en petit format :
- un pour la maternelle ;
- un pour le cycle 2 ;
- un pour le cycle 3.

Je les fractionne en sous-chapitres : mathématiques, lecture, etc. Dès que je trouve une idée ou une ressource intéressante (jeu, fiche, site, information sur la latéralité ou sur le développement en lecture…), je la note dans le cahier correspondant.

Si toutes ces ressources, consignées dans des classeurs ou des cahiers, sont bien référencées, il vous sera facile de les retrouver afin de les utiliser pour votre classe. Une fois que vous avez défini les ressources utiles pour votre classe, vous les classerez dans votre bibliothèque de travail pour mieux les exploiter.

La bibliothèque de travail

Pour le classement des ressources dans sa bibliothèque personnelle, plusieurs solutions sont envisageables. En voici quelques-unes, sachant que toutes présentent des avantages et des inconvénients.

Méthode 1 : les classeurs

Il est nécessaire d'utiliser un classeur par discipline.

Dans un même classeur, vous pouvez regrouper toutes les fiches de préparation accompagnées des fiches de travail pour les élèves, en suivant votre progression.

• **Avantage**

Il est aisé de l'enrichir et de réorganiser les feuilles ou pochettes transparentes tout au long de l'année.

• **Inconvénients**

Le classeur devient vite lourd et il faut feuilleter la moitié du classeur pour retrouver *la* fiche que l'on cherche (car vous adaptez vos progressions aux besoins des élèves).

De plus, les trous laissés sur le bord des feuilles sont assez inesthétiques à la photocopieuse.

Enfin, vous ne pouvez pas transporter vos classeurs, donc, chaque soir, vous instaurez le même rituel : sortir la fiche, la mettre dans votre cartable, et enfin la ranger le lendemain. Pris par le temps, si vous ne les reclassez pas systématiquement, vous éparpillez vite les feuilles sur votre bureau.

Vous aurez surement le même sentiment que le mien : celui de perdre du temps inutilement.

Méthode 2 : le porte-vues

Vous pouvez utiliser un porte-vues par discipline.

Comme pour les classeurs, vous regroupez toutes les fiches de préparation accompagnées des fiches de travail pour les élèves, en les classant selon votre propre progression.

• **Avantages**

Ils sont esthétiques et facilement transportables. Les feuilles ne sont pas abimées et vous pouvez glisser les photocopies des élèves dans les pochettes correspondantes, lorsque vous préparez votre activité à l'avance.

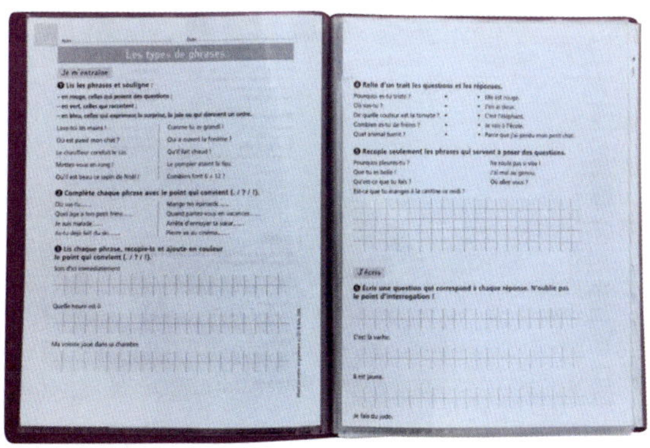

De plus, selon les réussites ou les difficultés des élèves, vous pouvez insérer un exercice intermédiaire, puis un autre (s'il s'agit d'un modèle détachable).

• **Inconvénient**

Avec un modèle à pochettes non détachables, vous devrez sortir toutes les feuilles du porte-vues pour les classer à nouveau chronologiquement.

Pour conclure, si vous choisissez cette méthode, investissez dans des porte-vues, à pochettes détachables, qui sont plus pratiques, même si cela demande beaucoup de place.

Méthode 3 : la relieuse

Vous pouvez créer des dossiers par disciplines et par thématiques.
En voici quelques exemples :
- activités autour d'un album ;
- questionner le monde : séquence sur la « matière » autour de l'eau ;
- agir, s'exprimer, comprendre à travers l'activité physique : rondes et jeux dansés ;
- écriture.

• **Avantages**

Il est aisé de l'enrichir et de réorganiser les dossiers tout au long de l'année. Une thématique par dossier le rend plus lisible.

• **Inconvénients**

La reliure prend de la place inutile dans le cartable, et les feuilles peuvent se froisser à l'utilisation. Vous ne pouvez pas détacher la feuille pour une photocopie. Enfin, vous devez transporter le dossier complet dans votre cartable.

Méthode 4 : les pochettes transparentes

Vous pouvez créer des dossiers par disciplines et par thématique dans des pochettes transparentes (pochettes avec des « coins » sur le côté).

• **Inconvénient**

Elles se rangent moins facilement dans la bibliothèque (en tous cas, pas comme les classeurs).

• **Avantages**

Les pochettes sont transportables dans votre cartable et les feuilles sont rangées dès la photocopie faite. Ainsi, le matin, vous ne transportez que la pochette dont vous avez besoin.

Une couleur est attribuée à chaque discipline. Vous pouvez créer et/ou insérer des sous-dossiers.

Ce classement vous assure un gain de place.

Dans ma pratique

Aujourd'hui, c'est ma méthode privilégiée.

Je sélectionne le jaune pour les mathématiques et j'ai alors des dossiers « Mathématiques – Tables de multiplication », « Mathématiques – Additions », « Mathématiques – Fractions », etc.

Je sélectionne le rouge pour le français. J'ai des dossiers « Français – Conjugaison – Le présent », « Français – Conjugaison – Le futur », « Français – Grammaire – La phrase et les types de phrase », etc.

.../...

.../...

Exemple :

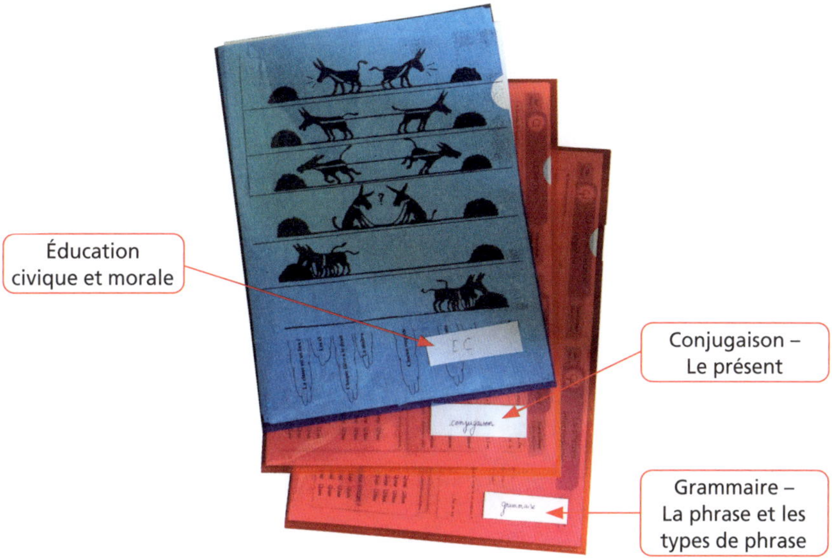

Remarque

Certains de mes collègues ont leurs fiches sur une clé USB. Ce système est extrêmement léger et pratique… à condition d'avoir un accès à un ordinateur et de pouvoir imprimer les fiches le matin. Toutes les écoles ne sont pas égalitaires dans ce domaine !

Dans l'ordinateur

Au vu de la quantité des ressources que vous allez utiliser ou créer pour votre classe, vous devrez penser immédiatement à enregistrer tout nouveau document, et ce, de façon organisée. Il vous faut alors bien penser votre bibliothèque de travail numérique.

Dans ma pratique

Pour les fiches que je construisais ou que je trouvais, j'avais l'habitude d'enregistrer des dossiers généraux (par exemple, « Français » ou « Mathématiques ») et je perdais du temps à tout retrouver. Désormais, je multiplie les sous-dossiers.

Dans la méthodologie proposée ci-dessous, des classements sont suggérés (il s'agit d'un aperçu de ma propre bibliothèque numérique, pour exemple). Vous pouvez bien sûr l'adapter à vos propres besoins.

> **Conseil !**
> Pour éviter tout problème d'enregistrement et d'archivage, il est préférable de ne jamais mettre d'espace, ni d'accent, ni de caractères spéciaux dans le nom des fichiers et des dossiers.

Créez des dossiers par niveaux et par thématiques, sans omettre les généralités ou les points transversaux. Vous pouvez numéroter les dossiers pour qu'ils apparaissent dans l'ordre et qu'ils soient bien classés dans vos « Documents ».

Exemple :

- 0_PROGRAMMES
- 1_MATERNELLE
  - PS
  - MS
  - GS
- 2_PRIMAIRE
  - CP
  - CE1
  - CE2
  - CM1
  - CM2
- 3_COLLEGE
- 4_DIRECTION
- 5_ADMINISTRATIF
- 6_MANUELS
- 7_NUMERIQUE_TBI
- 6_THEATRE_MULTI_NIVEAUX
- 7_REEDUCATION_EN_ECRITURE
- 4_FORMATION_CONTINUE

Dans chacun de ces dossiers, créez des sous-dossiers.

Pour les dossiers par niveau, les sous-dossiers concerneront les disciplines. Prévoyez également un dossier « Administratif » et « Classe » dans chaque niveau, où figureront les tableaux récapitulant les commandes, le suivi des élèves, les comptes rendus, etc. Dans chaque sous-dossier disciplinaire, créez des sous-dossiers thématiques, à l'intérieur desquels chaque fichier (PDF, Word, etc.) est relié à ce thème. Par exemple, en « Mathématiques », on aura « Calcul mental », « Numération », « Opérations », « Grandeurs et mesures », « Tables », « Géométrie », « Problèmes ».

Dans le cas des autres dossiers, prévoyez également des sous-champs qui seront organisés soit par thèmes, soit par cycles… Par exemple, dans chaque niveau on peut avoir un dossier « Rituels » comportant des dossiers « Dictées », « Calcul mental », etc.

Créez également un dossier « Liaison avec les parents » ou « Correspondance avec les parents » : vous y enregistrerez tous les documents à communiquer aux parents et vous conserverez un exemplaire papier en classe (voir à ce sujet le chapitre VIII, « Communiquer avec les parents »).

Exemple pour une classe de CM1, avec les dossiers « Administratif » déroulés (la liste des dossiers n'est pas exhaustive) :

- 0_1_ADMINISTRATIF_ECOLE
  - CALENDRIER_REUNIONS
  - COMMANDE_MATERIEL
  - CR
  - NOTE_SERVICE_RENTREE
  - SUIVI_ELEVES
- 0_2_ADMINISTRATIF_CLASSE
  - 1_LISTE_ELEVES
  - 2_ETIQUETTES_ELEVES
  - 3_EMPLOI_DU_TEMPS
  - 4_LISTE_FOURNITURES_ELEVES
  - 5_BONS_POINTS
  - 6_RESPONSABILITE_CONSIGNES
  - 7_REUNION_RENTREE_PARENTS
  - 8_CORRESPONDANCE_PARENTS
- 1_PROGRESSIONS
- 2_EVALUATIONS
- 3_RITUELS
- 4_FRANCAIS
- 5_MATHEMATIQUES
- 6_SCIENCES_TECHNO
- 7_HISTOIRE_GEO_EMC
- 8_EPS
- 9_ANGLAIS

- 10_ARTS
- 11_NUMERIQUE_RESSOURCES_MULTIMEDIA
- 12_ACTIVITES_AUTONOMES
- 13_PHOTOS
- 14_BLOG

Exemple de sous-dossier « FRANÇAIS » pour une classe de CM1, avec le sous-champ « LECTURE » déroulé (la liste des dossiers n'est pas exhaustive) :

- FRANÇAIS
  - DICTEES
  - GRAMMAIRE_CONJUGAISON
  - LECTURE_LITTERATURE
    - Animaux_nature
    - BD
    - Fantastique
    - Mythologie
    - Sciences_astronomie
    - Villes_monuments
  - ORTHOGRAPHE
  - POESIE
  - PRODUCTION_ECRIT

Les professeurs des écoles débattent souvent de la différence entre enseigner en élémentaire et en maternelle. Il est vrai que la façon de travailler est différente. Nous avons le sentiment de ne pas faire le même métier selon que nous sommes d'un côté ou de l'autre. Pourtant, l'expérience de la maternelle et celle de l'élémentaire sont extrêmement complémentaires.

Ainsi, c'est de mon enseignement en maternelle que j'ai retenu cette classification par thème et de nombreuses astuces pour mon organisation de classe (voir également, pour l'organisation matérielle, le chapitre IV, p. 131).

Les outils à disposition

Les animations pédagogiques et les collègues vous présenteront nombre de ressources qu'ils apprécient. Débutant dans le métier, vous devrez apprendre à sélectionner les méthodes qui sont significatives pour vous et votre classe.

Trois catégories de ressources sont à votre disposition.

Les manuels

Il est conseillé les premières années de s'appuyer sur une méthode ou un manuel et de s'y tenir pour l'année. Vous remarquerez que lorsque vous avez envie d'innover, vous fouillez, farfouillez, accumulez les sources et, très vite, vous vous éparpillez. Suivre une méthode n'a rien de rétrograde et ne nuit pas non plus à votre créativité.

Si vous constatez des manques, complétez le manuel.

Au fil des années, si vous souhaitez innover, fixez-vous un objectif. La première année, concentrez-vous sur le français, la seconde année sur les mathématiques et ainsi de suite.

Dans ma pratique

Généralement, je sélectionne deux manuels de mathématiques et deux manuels de français. Je choisis alors les exercices les mieux adaptés. Si l'exercice n'aide pas les élèves à acquérir la notion, je construis mon activité.

Comment choisir son manuel, quels sont les critères de choix ?

Ils seront propres à chacun, mais vous pouvez conserver une ligne directrice dans votre prise de décision.

- **La lisibilité**

Regardez si la présentation est claire. Il faut pouvoir distinguer chaque partie du premier coup d'œil. Évitez également les manuels qui comportent trop de dessins. Ils déconcentrent les élèves, qui vont passer davantage de temps à détailler l'illustration que l'exercice. Les élèves adorent les détails, ils y sont très (trop) attentifs.

Ce premier critère formel vous permet d'emblée de voir si vous le regardez plus attentivement ou non.

- **La variété des exercices**

Ensuite, cherchez des exercices variés avec des niveaux évolutifs. Les classes sont de plus en plus hétérogènes. Il faut pouvoir apporter des réponses à l'ensemble de votre classe. De nombreux manuels proposent des séries d'exercices souvent homogènes. Même lorsqu'ils proposent deux parcours, dans l'intention de vous aider à différencier, les exercices se ressemblent beaucoup. Ils varient surtout en quantité. Cela dit, certaines méthodes prônent la systématisation des tâches pour mieux se concentrer sur l'apprentissage, d'où la répétition de certaines activités. La différenciation peut alors se faire autrement. (Voir le chapitre V, la partie sur « La différenciation », p. 176.)

- **La séance de découverte**

Regardez si le manuel propose une séance de découverte qui aiguille les élèves. Celle-ci doit être facilement repérable par les élèves, et ne traiter de préférence qu'une seule question. La page doit être épurée au niveau visuel.

- **L'intérêt de la méthode**

Interrogez-vous sur sa pertinence. Par exemple, y a-t-il des apports de connaissances pour vous que vous pouvez vous approprier rapidement ? Certains guides du maitre vous apportent avec bienveillance des chapitres d'informations pédagogiques très longs. Malheureusement, nous avons de moins en moins le temps de les lire. Il nous faut des réponses concises.

Y a-t-il des expériences réalisables dans ma classe ? Certains manuels vous proposent des activités intéressantes, mais parfois compliquées. Occasionnellement aussi, vous aurez des difficultés à vous procurer le matériel nécessaire.

Pouvez-vous les réaliser en classe entière ou en groupe ? Il est toujours frustrant de montrer une expérience où seuls quelques élèves sont mis à contribution.

Regardez aussi le **livre du maitre** qui décrit les choix didactiques et pédagogiques des auteurs.

Les blogs

Les blogs hébergent de plus en plus le travail de cyberprofs, ce qui est souvent très appréciable.

Ce sont de bons recueils d'idées et d'exemples. Mais prenez le temps de lire tout ce que vous imprimez. Vous n'êtes pas à l'abri d'une coquille.

Astuce !

Si vous trouvez des ressources sur des sites spécialisés ou sur des blogs de collègues, imprimez-les et collez-les dans votre cahier ou classeur d'idées, en mentionnant la source dont elle est issue :

Blog de .... Date (ou année) : ....

Exemple :

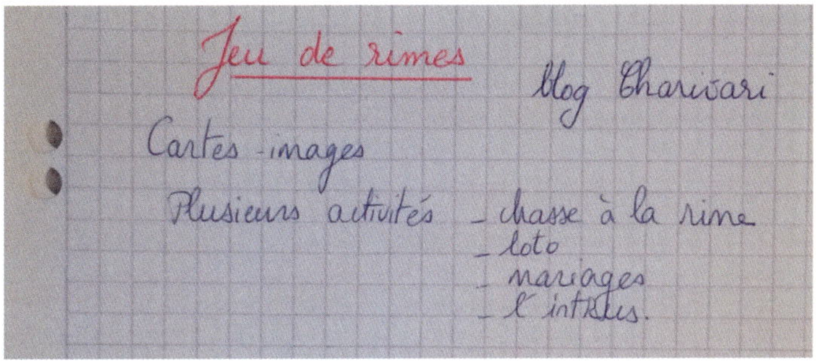

Vous allez glaner beaucoup d'informations. Il vous faudra les trier, les utiliser ou non.

Les avantages des blogs

Les blogs ont l'avantage de vous montrer des exemples de fiches, d'emplois du temps, d'activités, d'organisation. Comme pour les enfants, ils vous aident à apprendre par imitation, et il existe de très bons modèles. Ils vous donnent un apport de la part d'enseignants chevronnés qui ont déjà expérimenté ce qu'ils proposent.

Les inconvénients des blogs

Attention cependant : imprimer une fiche ne vous apprendra pas à améliorer votre posture d'enseignant (ce point sera détaillé dans les chapitres suivants). Ce sont des aides ponctuelles qui ne vous aident pas à acquérir vos propres compétences de professeur des écoles.

Quelques blogs à retenir

Certains blogs vous proposent des fiches décorées, mises en page avec beaucoup d'esthétisme. Petit rappel cependant : les dessins parasitent la concentration des élèves.

Les fiches que vous trouvez sur les blogs sont utilisables de suite. Elles vous font gagner du temps. Mais en voici les limites : les exercices que vous imprimez correspondent-ils toujours à la leçon que vous avez expliquée, selon les exemples que vous avez rencontrés avec les élèves, ceux proposés par les manuels ? Sont-ils adaptés à vos élèves ?

Si vous utilisez une banque d'exercices, il faudra alors construire votre évaluation sur le même modèle pour ne pas « piéger » les élèves. Voici quelques exemples, non exhaustifs mais riches en ressources.

- Certains sites vous permettent de vous tenir informés, comme « La main à la pâte » :
  http://www.fondation-lamap.org/
- D'autres vous proposent des sujets de réflexion, des forums, et vont vous apporter des réponses aux questions que vous vous posez.

Exemples :

– EDP : http://forums-enseignants-du-primaire.com/
– Charivari : http://www.charivarialecole.fr/

- D'autres encore vous feront gagner un temps précieux quant à la construction de matériel.

Exemples :

– La maternelle de moustache : http://jt44.free.fr/index.htm
– La classe de Laurène : http://laclassedelaurene.blogspot.fr/
– Lutin bazar : http://lutinbazar.fr
– La classe de Mallory : http://laclassedemallory.net

Les ressources institutionnelles

Canopé

Des ressources en ligne sont proposées par le réseau Canopé. Pour ceux qui ont un tableau numérique, vous avez alors un travail intéressant à montrer aux élèves sous forme de vidéos pédagogiques.

Voici un lien où récupérer des vidéos sur les disciplines présentes au programme : https://www.reseau-canope.fr/lesfondamentaux/accueil.html

Eduscol

Sur cet autre site officiel de l'Éducation nationale, vous trouverez des fiches en français et mathématiques servant à l'évaluation par niveaux : la « banqu'outils ».
À télécharger à partir de ce lien : https://eduscol.education.fr/228/brne

Pour chaque exercice, deux fiches sont à télécharger : le document élève et le document enseignant.

Enfin, les programmes de 2020 vous apportent des exemples concrets d'activités possibles.

Exemple[1] *:*

Connaissances et compétences associées	Exemple de situations, d'activités et de ressources pour l'élève
Décomposer un problème en sous-problèmes afin de structurer un programme ; reconnaître des schémas. Écrire, mettre au point (tester, corriger) et exécuter un programme en réponse à un problème donné. Écrire un programme dans lequel des actions sont déclenchées par des événements extérieurs. Programmer des scripts se déroulant en parallèle. – Notions d'algorithme et de programme. – Notion de variable informatique. – Déclenchement d'une action par un évènement, séquences d'instructions, boucles, instructions conditionnelles.	Jeux dans un labyrinthe, jeu de Pong, bataille navale, jeu de nim, tic tac toe. Réalisation de figure à l'aide d'un logiciel de programmation pour consolider les notions de longueur et d'angle. Initiation au chiffrement (Morse, chiffre de César, code ASCII…). Construction de tables de conjugaison, de pluriels, jeu du cadavre exquis… Calculs simples de calendrier. Calculs de répertoire (recherche, recherche inversée...). Calculs de fréquences d'apparition de chaque lettre dans un texte pour distinguer sa langue d'origine : français, anglais, italien, etc.

Mémo

Le référentiel de compétences des métiers du professorat et de l'éducation vous précise que vous devez :

« Construire, mettre en œuvre et animer des situations d'enseignement et d'apprentissage prenant en compte la diversité des élèves. »

Vous devez donc avoir un regard critique dans vos recherches et toujours vous demander : est-ce utile ? est-ce adapté à mes élèves ?

1. Extrait des programmes de 2020.

Pour résumer

Préparer en amont les ressources pour la classe

L'organisation des ressources personnelles

• **Référentiel des ressources glanées** : préparer des petits cahiers, un pour chaque cycle. Y inscrire les références des ressources « prêtes à l'emploi », dans quel manuel les trouver ainsi que la compétence travaillée. Noter également les pistes et activités.

• **La bibliothèque de travail** : vos fiches de travail sont rangées par disciplines.

• **L'ordinateur** : y classer les dossiers par disciplines, puis par thématiques. Pour les contenus disciplinaires, détailler les dossiers : prévoir un document pour chaque leçon. Créer également un dossier par classe consacré à la communication avec les parents (« Liaison avec les parents » ou « Correspondance avec les parents »).

Les outils à disposition

• **Choix des manuels**

– Choisir selon la lisibilité, la variété des exercices, la richesse des documents.

• **Consultation des blogs**

– Se tenir informé, vous avez des ressources en ligne (vidéos), des documents exemples.

– Ne pas tomber dans la consommation passive.

• **Les ressources Internet institutionnelles**

Sur les sites officiels, de bons outils sont mis à la disposition des enseignants tels que la « banqu'outils ».

Préparer sa classe en amont

Les fournitures scolaires

Lorsque vous serez informé de votre affectation, vous aurez à anticiper le matériel nécessaire à la classe et le matériel que vous conseillez aux familles pour que les élèves travaillent dans les meilleures conditions.

Si vous travaillez en binôme, l'enseignant titulaire se chargera de la commande ou vous proposera d'y réfléchir ensemble. Si vous êtes affecté seul sur une classe, vous trouverez l'explicatif de la gestion de votre commande.

Le budget alloué

Selon les mairies, vous n'aurez pas le même budget alloué pour votre classe.

Il est calculé selon le nombre d'élèves. Les budgets peuvent varier de 30 à 55 euros par élève. Souvent, une somme est déduite pour les frais de photocopies ou d'imprimantes.

Le matériel mis en commun

Demandez également s'il y a eu des achats de manuels (il arrive que des dépenses soient échelonnées sur quelques années). Renseignez-vous également pour savoir si une commande est prévue : en maternelle, du matériel (cartonnage et peinture) est souvent commandé en commun.

Si vous choisissez de travailler sur un fichier consommable (sur lequel les élèves écrivent leurs réponses), c'est pratique, mais votre budget fond comme neige au soleil.

En maternelle

La liste de fournitures par élève

La première année, il est assez difficile d'anticiper ses activités. Renseignez-vous s'il est possible de faire une première commande pour la rentrée de septembre et de réajuster en octobre selon vos projets.

On entend souvent qu'en maternelle, le matériel est fourni par l'école et est collectif à la classe.

Cependant, vous pouvez demander pour chaque élève :

> **Mémo**
>
> Se référer à la liste de l'Éducation nationale (*cf.* Chapitre I).

Pour les travaux d'écriture	Pour les activités physiques et le temps de classe
– 1 crayon à papier – 1 gomme – 1 feutre effaçable à sec – 1 ardoise – 1 pochette de 12 feutres pointe moyenne – 1 pochette de crayons de couleur	– 1 paire de chaussons – 2 boites de mouchoirs Les parents peuvent fournir une petite bouteille d'eau chaque matin.

Liste de fournitures pour les élèves de cycle 1 (sous forme de courrier aux parents).

Astuce !

Si vous avez la place dans la classe, attribuez un petit casier à chaque élève avec son matériel.

Même en maternelle, les enfants sont heureux d'apporter leur matériel. C'est un petit rituel qui marque le passage de la maison à l'école. Le jour de la rentrée, l'élève apporte le matériel demandé sur la liste. Cette demande est propre à chaque maitre ou maitresse.

Dans ma pratique

Je demande souvent un petit cartable (pas plus de 30 cm de haut) qui servira à transporter le cahier de liaison ou les dessins. Cela évite de disperser les feuilles et d'encombrer les mains des parents, qui viennent souvent avec les petits frères ou les petites sœurs. Vous évitez aussi les disputes de fratrie lorsque l'un essaie de prendre le dessin de l'autre : il risque d'être froissé, abimé, voire déchiré par maladresse.

Tout est dans le sac, rien n'est perdu.

Parfois, je demande même une trousse pour que chaque élève ait son matériel. Ce petit matériel n'est pas obligatoire et il est laissé libre selon les budgets des familles.

La commande de matériel pour la classe

En maternelle, vous utilisez énormément de matériel collectif et vous variez les outils scripteurs. Vérifiez déjà ce qu'il reste dans les armoires, et renseignez-vous si le matériel est commun à toutes les classes. Commandez ce qu'il manque. Le directeur vous fournira un code ainsi qu'un catalogue dans lequel vous choisirez vos fournitures. Les commandes débutent en avril et se prolongent jusqu'en octobre. Chaque école vous expliquera son fonctionnement.

Voici une liste non exhaustive mais complète du matériel à prévoir selon les différents domaines.

Agir, s'exprimer, comprendre à travers les activités artistiques et explorer le monde	Pâte à modeler et emporte-pièce, craies grasses, peinture, pinceaux, encre, gommettes, feuilles Canson en format A4 et format affiche (50 x 60) ainsi que des feuilles blanches et feuilles de couleur.
Graphisme et écriture	Feutres à pointe large (pour couvrir de grandes surfaces) et à pointes fines (pour le graphisme), des crayons à papier, des crayons de couleur, des gommes et un taille-crayon.
Toutes disciplines	Beaucoup de colle : colle en tube, de la colle bleue pour les fiches, de la colle blanche pour les créations qui nécessitent une fixation forte.
Trace écrite	Selon la présentation souhaitée, vous achèterez des classeurs ou du matériel à relier (papier vélin, couverture transparente, spirales).
Cahier d'écriture (pour les MS ou les GS)	Le lignage 4 mm a l'avantage de présenter les trois interlignes comme les futurs cahiers ; toutefois, il demande un gros effort aux enfants pour tracer de grandes lettres. Car un élève de maternelle n'écrit pas forcément grand, il aime plutôt écrire tout petit. Le lignage sans interlignes permet à l'élève de calibrer la hauteur et la régularité de son tracé.
Le petit matériel	Trombones, punaises, élastiques, ruban adhésif et adhésif aimanté (très pratique pour les affiches à fixer au tableau), des pinces à linge, des craies, de la pâte adhésive.
Le matériel fabriqué	Si vous souhaitez préparer et conserver vos jeux, investissez dans des feuilles de plastification (trois ou quatre pochettes). Vous pouvez ainsi conserver le matériel d'une année sur l'autre malgré des manipulations intensives. La plastification sera également utile pour les étiquettes prénoms, le portemanteau, les jeux, les lettres à manipuler, les affichages.
Pour vous	Prévoyez quelques stylos à bille (il y en a assez peu dans une école maternelle).

Commande de matériel pour la classe (cycle 1).

Le matériel de manipulation

Au programme des découvertes scientifiques en maternelle, les élèves devraient manipuler entre autres :

- pour les aimants : des aimants et des trombones ;
- pour découvrir les notions de vivant, cycle de la vie et habitat des animaux : des terrariums ou des filets à papillons ou des niches à coccinelles, des plantes ;
- pour les mesures de masse : des balances et des poids ;
- pour l'eau : des entonnoirs et des éprouvettes ;
- pour l'électricité : des piles et des petites ampoules.

Chaque matériel est dupliqué par huit en moyenne (si vous travaillez par groupe), et tout acheter est couteux. Toutefois, lorsque vous choisissez d'avoir un élevage en classe, vous achèterez papillons, coccinelles ou autres sur votre budget de classe.

Certaines écoles ont investi dans ce matériel. À défaut, les circonscriptions ont élaboré des mallettes pédagogiques de sciences (vivant, eau, électricité, etc.). Renseignez-vous auprès de vos conseillers pédagogiques.

En cycles 2 et 3

Il y a du matériel incontournable utilisé à l'école élémentaire.

La liste de fournitures par élève

Vous communiquerez aux parents la liste de fournitures souhaitée pour chaque élève. Elle est souvent distribuée en fin d'année à chaque élève. L'Éducation nationale conseille une liste de fournitures (voir chapitre I, p. 24).

Le matériel le plus courant par élève en cycles 2 et 3 reste celui-ci.

Exemple de liste proposée à la rentrée :

	Un cartable.
Une trousse complète	Des crayons à papier, des gommes, un taille-crayon avec réservoir, une paire de ciseaux à bouts ronds, des tubes de colle (d'une marque qui colle réellement), des surligneurs.
Activités quotidiennes et géométrie	Une règle plate en plastique rigide 20 cm (pas de règle en métal ni de règle flexible). En cycle 3 : une règle en plastique rigide 30 cm, un compas, une équerre.
Pour s'entrainer	Des feutres pour ardoise et une ardoise.
Pour embellir ou mettre en avant	Des crayons de couleur, des feutres.
Pour les exercices	Un ou deux cahiers de brouillon.
Pour classer les fiches	À vous de décider si vous souhaitez utiliser un classeur, un porte-vues ou des pochettes transparentes. Soit vous commandez ce matériel sur le budget de votre classe, soit vous le demandez aux familles.

.../...

.../...

Pour noter les devoirs	Un agenda.
Pour le confort	Des boites de mouchoirs qui seront mises en commun dans la classe.

Liste de fournitures pour les élèves de cycles 2 et 3 (sous forme de courrier aux parents).

La commande du matériel de classe

Vérifiez tout d'abord le matériel existant dans la classe.

C'est en pensant à votre organisation que vous pourrez faire des choix quant à l'utilisation du matériel scolaire : cahiers, fichiers, classeurs, etc.

Les questions à se poser seront : Est-ce que je veux coller de grandes feuilles ? Une trace écrite par page ? Une trace écrite à droite et les documents à gauche ? Est-ce que je ferai une pochette pour toutes les fiches son ? Comment se présenteront les leçons ? Etc.

Voici un tableau pour vous aider à bien penser votre matériel.

Pour l'enseignant (le matériel que l'on utilise au tableau)	Vérifiez l'état des règles, équerres et compas. Investissez dans des rubans adhésifs aimantés, très utiles pour fixer le matériel au tableau.

Pour écrire au tableau noir	Des craies blanches (au moins trois boites) et de couleur, des éponges (au moins 6 ou 8, j'en compte une par mois) et des brosses à tableau. En élémentaire, nous écrivons beaucoup.
Pour un tableau blanc effaçable	Des feutres effaçables de couleur (conseil : le noir s'efface plus proprement que le bleu).
Le petit matériel	Trombones, punaises, élastiques, ruban adhésif et adhésif aimanté (très pratique pour les affiches à fixer au tableau), des pinces à linge, des craies, de la pâte adhésive.
En plus du matériel des élèves	Des stylos rouges, bleus, verts, noirs, de la colle en bâton, des ardoises et des feutres effaçables, des gommes, des taille-crayons, des règles.
En géométrie	En cycle 2, vous prêterez des équerres.
Pour les activités artistiques et les affichages	Des feuilles blanches A4, des feuilles couleur et de la colle blanche pour l'art, des marqueurs pour réaliser vos affiches.
Pour conserver vos préparations	Trois ou quatre pochettes de feuilles de plastification.
Les cahiers	Petit format 17 x 22 cm ou grand format 24 x 32 cm ou classeurs. En cycle 3, privilégiez des cahiers 96 pages.

Pour les photocopies et l'activité artistique	Des ramettes de feuilles blanches A4, des feuilles Canson ou cartonnées 120 g blanches et de couleur.
Le matériel d'art	Vérifiez l'état des pinceaux, de la peinture, etc. Au besoin, faites un réassortiment.

Commande de matériel pour la classe.

Remarque

Le matériel « numérique » (TNI, vidéoprojecteur, tablettes, mais aussi applis…) est également à prendre en compte ; comme il dépend des équipements de chaque école, cela n'a pas été listé ci-dessus.

Faut-il acheter un fichier ?

- Calculez votre budget restant et voyez si vous pouvez acheter des fichiers.
- Les premières années, le recours au fichier élève est très utile et rassurant pour vous. Vous avez un fil conducteur, notamment en cycle 2.
- En cycle 3, les élèves ont moins besoin d'être guidés. Vous pouvez proposer de travailler à partir d'un manuel. Les entrainements sont faits sur les cahiers d'exercices.
- En géométrie, le fichier reste plutôt intéressant. Vous évitez la multiplication des photocopies.

Dans ma pratique

Plus j'acquiers de l'expérience, plus je préfère m'appuyer sur deux manuels pour choisir l'exercice qui correspond le mieux aux besoins des élèves.

Je construis également de plus en plus mes activités d'entrainement.

Le matériel de manipulation

Au programme des découvertes scientifiques en élémentaire, les élèves devraient manipuler entre autres :

- pour les engrenages : des roues dentées ;
- pour les équilibres : des leviers et pivots ;
- pour les mesures de masse : des balances et des poids ;
- pour les circuits électriques : des piles et des petites ampoules, des interrupteurs, des lampes de poche, des câbles ;
- des plantations : de la terre, des balconnières, des bulbes ;
- pour l'eau : des thermomètres, des miroirs ;
- pour la minéralisation : des cristaux et des gemmes.

Comme en maternelle, renseignez-vous auprès des équipes de circonscription sur l'existence de mallettes pédagogiques.

Les programmations et les progressions

Comme nous l'avons vu dans le chapitre I (voir notamment p. 31), planifier son travail sur l'année est une demande institutionnelle obligatoire.

Rappel

La programmation est l'ensemble des items que vous travaillerez sur l'année.

La progression va être une présentation détaillée de vos activités durant chaque période.

Dans tous les cas, ce type de planification nécessite une certaine rigueur. Nous avons brièvement présenté, dans le chapitre I, les grands principes. Nous allons développer, dans les pages qui suivent, la méthodologie.

Chaque compétence recouvre assez souvent une période. Anticipez vos grilles d'observation à partir des compétences du B.O. Préparez également vos projets en début et en cours d'année.

Comment procéder ?

1. Vous répartissez le programme sur l'année, en distribuant les notions sur les cinq périodes.

2. À partir de cette présentation générale, vous détaillez les compétences attendues. Vous aurez ainsi tous les éléments pour votre future fiche de préparation (compétences, contenus, modalités d'évaluation...). Vous vous appuyez sur les programmes et les attendus en fin de cycle.

3. À partir de la programmation, vous établissez votre progression. Vous détaillez alors le nombre de séances d'activités, par semaine, qui vous seront utiles pour que les élèves maitrisent une compétence.

Un exemple : EPS en CE2

Prenons la programmation d'éducation physique et sportive.

1. Récapitulez les grands axes à répartir sur les cinq périodes, en vous appuyant sur le B.O.

Exemple de programme sur les cinq périodes :

Période 1	Athlétisme
Période 2	Activités gymniques
Période 3	Jeux collectifs
Période 4	Jeux d'opposition
Période 5	Orientation

2. Pour élaborer la programmation par période, détaillez les compétences à travailler.

Exemple de programmation pour la période 1 :

Activité physique et sportive	Période 1 - Athlétisme
Compétences du socle commun	– S'approprier, par la pratique physique et sportive, des méthodes et des outils. – Partager des règles, assumer des rôles et des responsabilités. – Apprendre à entretenir sa santé par une activité physique régulière.
Compétence de fin de cycle	– Produire une performance optimale, mesurable à une échéance donnée. – Développer le sens de l'effort et de la persévérance. – Echainer une course, un saut, un lancer, pour faire la meilleure performance cumulée.
Progression sur la séquence (objectifs visés)	– Courir vite, longtemps (endurance), en franchissant des haies. – Lancer haut, loin, des balles, des javelots. – Sauter loin (avec et sans bonds).
Dispositifs utilisés	Type de collaboration : travail en collectif, en binôme, en ateliers ?
Modalités d'évaluation (formative et continue)	– Fiche individuelle avec tableau de performances. – Contrat (endurance). – Rencontre sportive.

3. La progression va être une présentation détaillée de vos activités durant chaque période.

Exemple de progression pour la période 1 :

Période 1	Athlétisme	Nombre de séances
Semaine 1	Courir longtemps. Courir vite. Courir en franchissant des haies.	2
Semaine 2	Courir longtemps. Courir vite. Courir en franchissant des haies.	2
Semaine 3	Courir longtemps. Lancer haut, loin, des balles, des javelots.	2
Semaine 4	Courir longtemps. Lancer haut, loin, des balles, des javelots.	2
Semaine 5	Courir longtemps. Sauter loin (sans bonds puis avec bonds).	2
Semaine 6	Courir longtemps. Sauter loin (avec et sans bonds).	2

Vous pourrez alors élaborer les activités que vous souhaitez mettre en place.

Astuce !

J'énoncerai une évidence et pourtant… prévoyez ces séances selon la météo. Les activités gymniques se déroulent en intérieur, donc sur les périodes d'hiver. L'athlétisme et la course d'orientation se déroulant en extérieur, pensez-les en période 1 ou 5. Les activités de balles, jeux coopératifs peuvent se travailler en intérieur comme en extérieur.

Les premières années, vous construirez vos progressions, mais vous serez amené à les réajuster.
Faites un bilan à chaque fin de période, selon l'avancée dans votre programme. En effet, vous vous apercevrez que certaines notions demandent qu'on s'y attarde plus que d'autres.

Programmer son année en cycle 1

La programmation

Le premier point, pour construire une programmation, est de bien lire les programmes.
Commencez par faire des résumés des attendus de fin de cycle. Cette organisation vous a été proposée dans le chapitre I (p. 31).

Mémo

Les attendus de fin de cycle 1[1]

« – Communiquer avec les adultes et avec les autres enfants par le langage, en se faisant comprendre.

– S'exprimer dans un langage syntaxiquement correct et précis. Reformuler pour se faire mieux comprendre.

– Pratiquer divers usages du langage oral : raconter, décrire, évoquer, expliquer, questionner, proposer des solutions, discuter un point de vue.

– Dire de mémoire et de manière expressive plusieurs comptines et poésies.

– Comprendre des textes écrits sans autre aide que le langage entendu.

– Manifester de la curiosité par rapport à l'écrit. Pouvoir redire les mots d'une phrase écrite
après sa lecture par l'adulte, les mots du titre connu d'un livre ou d'un texte.

– Participer verbalement à la production d'un écrit. Savoir qu'on n'écrit pas comme on parle.

– Repérer des régularités dans la langue à l'oral en français (éventuellement dans une autre langue).

– Manipuler des syllabes.

– Discriminer des sons (syllabes, sons-voyelles ; quelques sons-consonnes hors des consonnes occlusives).

– Reconnaître les lettres de l'alphabet et connaître les correspondances entre les trois manières de les écrire : cursive, script, capitales d'imprimerie. Copier à l'aide d'un clavier.

– Écrire son prénom en écriture cursive, sans modèle.

– Écrire seul un mot en utilisant des lettres ou groupes de lettres empruntés aux mots connus. »

Listez ensuite les compétences dans chaque domaine[1].

Exemple :

Commencer à écrire tout seul	
Les essais d'écriture de mots	– PS : les premiers tracés (signes, pseudo-lettres). – MS : écriture de mots simples (le nom d'un personnage). – MS-GS : faire correspondre unités sonores et graphèmes.
Un entrainement nécessaire avant de pratiquer l'écriture cursive : des exercices graphiques	– Contrôler les tracés et tracer volontairement des lettres. – Exercices graphiques. – PS : maitriser les gestes moteurs et prendre des repères dans l'espace de la feuille. – MS-GS : tâches de motricité fine qui préparent spécifiquement à l'écriture, acquérir une bonne posture d'écriture.

.../...

1. D'après le BOEN n°31 du 30 juillet 2020.

.../...

Un entrainement nécessaire avant de pratiquer l'écriture cursive : des exercices graphiques	– Gérer l'espace graphique (aller de gauche à droite, maintenir un alignement...). – Écrire en cursive. – Enchainer plusieurs lettres. – MS-GS : faire correspondre les trois écritures (cursive, script, capitales). – Transcrire des mots, phrases, courts textes connus, saisir sur ordinateur pour acquérir une relation entre l'oral et l'écrit.
Les premières productions autonomes d'écrits	– Produire des messages écrits. – Recopier des mots qu'ils connaissent. – Écrire de nouveaux mots. – Copie dans un coin écriture. – Réaliser un recueil individuel de ses premières écritures.

Vous avez déjà des éléments de votre programmation :

1. Les essais d'écriture de mots.
2. Les entrainements aux exercices graphiques.
3. Vers une écriture cursive et les premières productions autonomes.

La progression

Il vous faut désormais répartir ce travail sur chaque période, pour avoir une progression (le détail de la programmation).

Quand vous construisez une progression, gardez à l'esprit de prévoir des temps de révisions et d'évaluations.

Exemple de progression en graphisme au cycle I, suite à la lecture des programmes :

<u>Commencer à écrire tout seul</u> - Des exercices graphiques vers l'écriture cursive GS

Compétences :

– Contrôler les tracés et tracer volontairement des lettres.
– Acquérir une bonne posture d'écriture.
– Gérer l'espace graphique.

Période 1	– Tâches de motricité fine qui préparent spécifiquement à l'écriture. – Écriture de mots simples. – Recopier des mots connus.
Période 2	– Tâches de motricité fine qui préparent spécifiquement à l'écriture. – Écriture de mots simples. – Recopier des mots connus.
Période 3	– Faire correspondre unités sonores et graphèmes. – Écrire de nouveaux mots.
Période 4	– Écrire en cursive. – Produire des messages écrits. – Transcrire des mots, phrases, courts textes connus, saisir sur ordinateur pour acquérir une relation entre l'oral et l'écrit.

Période 5	– Enchainer plusieurs lettres en faisant correspondre les trois écritures (cursive, script, capitales). – Transcrire des mots, phrases, courts textes connus, saisir sur ordinateur pour acquérir une relation entre l'oral et l'écrit.
Copie dans un « coin écriture », un espace réservé pour l'écriture, aménagé dans la salle de classe. Réalisation d'un recueil individuel de ses premières écritures.	

Il vous faut désormais adapter les activités de graphisme-écriture à cette progression.

Dans ma pratique

Une fois mes progressions détaillées, j'établis un travail sous forme de projets. J'articule les notions autour d'un thème.

Par exemple, j'ai travaillé sur un projet autour des cinq continents. La période 3 était consacrée au pôle Nord. J'orientais donc la découverte du vocabulaire, le graphisme et l'écriture autour de ce thème.

Les projets en maternelle : comment les intégrer à sa programmation ?

D'après les attendus des programmes, il est vivement conseillé de mener des projets en maternelle.

Mémo

Objectif des programmes 2020[2]

Spécificité 2 – Une école qui organise des modalités spécifiques d'apprentissage

« – La mission principale de l'école est de donner envie aux enfants d'aller à l'école pour apprendre.

Posture attendue de l'équipe enseignante :

– L'équipe développe un choix de situations et d'univers culturels à la fois variés et cohérents.

– Les enseignants construisent des ressources et des outils communs afin de faire vivre aux enfants cette progressivité.

– Ils constituent un répertoire commun de pratiques, d'objets et de matériels (matériels didactiques, jouets, livres, jeux).

– L'enseignant met en place dans sa classe des situations d'apprentissage variées : jeux, résolution de problèmes, entraînements, etc. et les choisit selon les besoins du groupe classe et ceux de chaque enfant.

– Il favorise les interactions entre enfants, il développe leur capacité à interagir à travers des projets, pour réaliser des productions adaptées à leurs possibilités. »

2. Source : Programme proposé dans le B.O., rubrique « Trois spécificités de l'école maternelle ».

Le projet est motivant : il s'articule autour d'un thème qui plait aux enfants et leur donne envie d'apprendre. Le lien qu'il permet de créer entre les disciplines est rassurant.

Récapitulez alors sur un feuillet ce qui concerne ce projet, car :
- il vous occupera plusieurs semaines ;
- cette schématisation vous permet de vérifier que vous couvrez tous les domaines d'apprentissage ;
- il vous aide à être cohérent dans votre démarche.

Vous trouverez ci-après quelques exemples en maternelle.

1. Exemple pour une classe de GS-CP : écriture d'un projet en collaboration avec la LPO (Ligue de protection des oiseaux)

L'écriture du projet vous permet de définir les activités. Vous répartirez alors ces séances dans votre progression.

<table>
<tr><th colspan="2">EXPLORER LE MONDE DU VIVANT – Questionner le vivant
Projet : Les quatre saisons au jardin
Période : sur l'année</th><th>Niveau de classe
.........</th></tr>
<tr><td colspan="3">Compétence visée : Reconnaitre les principales étapes du développement d'un végétal, dans une situation d'observation du réel.
Compétences travaillées :
– Connaitre les besoins essentiels de quelques animaux et végétaux.
– Réaliser des constructions : un jardin.</td></tr>
<tr><td>Modalité de travail

Collectif
30 minutes</td><td colspan="2">Le jardin en été : plantations (Période 1 – septembre)
– Création d'un jardin potager (légumes + herbes aromatiques).
– Présentation des rythmes de la nature : saisons, jour/nuit.
– Découverte sensorielle du jardin.</td></tr>
<tr><td>Modalité de travail

Collectif
30 minutes</td><td colspan="2">Le jardin en automne (Période 2 – octobre/novembre)
– Réalisation d'un herbier.
– Atelier « land art » (utilisation d'éléments naturels trouvés sur place pour un travail d'expression artistique).
– Collecte de baies et de fruits (issus de plantes sauvages ou cultivées), identification et découverte de leur utilité pour la faune.
– Jardinage en automne : plantations de plantes vivaces et mise en place d'un compost.</td></tr>
<tr><td>Modalité de travail

Collectif
30 minutes</td><td colspan="2">Le jardin en hiver (Période 3 – janvier/février)
– Adaptation des plantes à l'hiver : germination, dormance, cycle de vie des végétaux.
– Herbier (suite).
– Jardinage en hiver : protection des plantes</td></tr>
<tr><td>Modalité de travail

Collectif
30 minutes</td><td colspan="2">Le jardin au printemps (Période 4 – mars/avril)
– Inventaire des fleurs printanières.
– Découverte du rôle des insectes au jardin : pollinisation, prédation, décomposition de la matière organique.
– Visite des serres communautaires de la ville.</td></tr>
</table>

Modalité de travail Collectif 30 minutes	**Synthèse (Période 5 – mai/juin)** – Observation de l'évolution des plantations faites en septembre. – Exposition (land art + herbier) / reportage photo des étapes de la réalisation. – Collation, avec les élèves, des légumes récoltés. – Visite commentée du jardin pour les autres classes de l'école.

Ces séances seront une base d'expériences. De retour en classe, vous proposerez aux élèves de dessiner ou d'écrire des synthèses. Puis vous présenterez des exercices pour vérifier l'acquisition des notions.

2. Exemple de projet proposé en GS, en rituel afin de structurer le temps qui passe et découvrir les nombres

<table>
<tr><th colspan="2">Les rituels – Chaque jour compte</th></tr>
<tr><td colspan="2">Le support est le dénombrement des jours d'école. Ce petit rituel consiste à dénombrer les jours en ajoutant une paille dans un verre à chaque jour d'école qui passe.
Objectif principal : constitution de collections de 10 pailles pour représenter le nombre de jours.
Structuration de la suite numérique. Les élèves prendront conscience du lien entre quantité et nombre.
Période : toute l'année</td></tr>
<tr><td>Structuration du temps
Matérialiser le temps qui passe.</td><td rowspan="2">Découvrir les nombres et leur utilisation
Construire les nombres pour exprimer les quantités (au moins jusqu'à 10) : évaluer et comparer des collections d'objets.
Acquérir la suite orale des mots-nombres jusqu'à ....
Dénombrer : comprendre qu'un nombre s'obtient en ajoutant 1 au nombre précédent.
→ Proposer des activités avec un problème de surcomptage (j'ai 5 pailles, si j'en ajoute 1, combien aurai-je de pailles ?).
Codage des nombres obtenus en chiffres. La maitresse note sur le tableau « aujourd'hui, c'est le Xe jour d'école »).</td></tr>
<tr><td>Devenir élève
Travailler en groupe, s'engager dans un projet.
Coopérer à la vie de la classe.</td></tr>
<tr><td>Motricité
Sauter 10 fois, faire 10 pas de souris, 10 pas de géant, reculer de 10 pas, ramasser 10 objets, etc.</td><td>Percevoir, sentir, imaginer, créer
Création d'une œuvre collective.
Constituer des collections d'objets.
Le 100e jour d'école sera l'occasion d'organiser des activités autour du nombre 100. Dans le cadre d'une œuvre collective, réaliser des collections de 10 objets, puis coller 10 assemblages de ces 10 objets sur des affiches, afin de l'exposer :
pièces de puzzle, fleurs / soleils / flocons de neige / feuilles en emporte-pièces sur le thème des saisons, masques de carnaval, objets du quotidien (trombones, pâtes, etc.).
Œuvre éphémère (principe du land art).
Suivre une trace au sol (« 100 ») et y déposer des objets pour matérialiser le nombre 100 (prise de photos).</td></tr>
</table>

N.B. : voir également son descriptif p. 157.

3. Exemple de projet proposé par l'équipe enseignante d'une école, commun à toutes les classes de maternelle

<table>
<tr><th colspan="2">Les couleurs – La quinzaine des couleurs</th></tr>
<tr><td>Objectifs :
– Connaitre le nom des couleurs.
– Identifier l'écriture des mots.</td><td>Période 3 : février</td></tr>
<tr><td colspan="2">Sur une période de deux semaines, une couleur est attribuée pour chaque jour à partir des couleurs sur les affichages des jours de la semaine. L'objectif est de mémoriser le nom de la couleur par imprégnation.
<table>
<tr><th rowspan="2">Semaine 1</th><td>lundi</td><td>mardi</td><td>jeudi</td><td>vendredi</td></tr>
<tr><td>bleu</td><td>jaune</td><td>orange</td><td>vert</td></tr>
<tr><th rowspan="2">Semaine 2</th><td>lundi</td><td>mardi</td><td>jeudi</td><td>vendredi</td></tr>
<tr><td>violet</td><td>noir et blanc</td><td>rouge</td><td>multicolore</td></tr>
</table>
Les élèves et l'enseignant porteront des vêtements de la couleur attribuée au jour. Exemple : lundi bleu, les élèves s'habilleront en bleu. Prendre une photo afin de compléter le cahier de vie.</td></tr>
<tr><td>Langage
Établir une collection d'objets.
Sur une table de la classe seront réunis des objets de la même couleur (jeux, fleurs, fruits, légumes…).
Acquisition du vocabulaire. Les élèves nommeront les objets présents.</td><td>Arts visuels
Réalisation d'une œuvre collective, à partir de découpage dans des catalogues : collage des images trouvées (une seule couleur) sur une affiche de couleur.
Affichage de la souris avec le nom de la couleur dans les trois écritures.
Rouge : une lanterne, un chaperon rouge, des coquelicots, une coccinelle.
Bleu : une lune (papier vitrail), un arbre en hiver.
Vert : un dragon, des bambous (dégradé de peinture), un arbre.
Jaune : un poussin, une fleur en 3D, une girafe.
Découvrir les mélanges à partir de l'album Trois souris peintres. Activité de peinture.</td></tr>
<tr><td>Poésie
Comptine « Comme ci ? Non, comme ça ! », de Corinne Albaut.</td><td>Lecture – Littérature
Albums en lien avec les couleurs.
Rouge : Le Code de la route ; Grosse colère.
Bleu : Cache-Lune ; Le Nuage bleu.
Vert : Petit-Bleu et Petit-Jaune ; Va-t'en grand monstre vert ; Je vois vert.
Jaune : Boucle d'or ; Le Canari de monsieur Li.
Multicolore : Le Magicien des couleurs ; Trois souris peintres ; Le Livre noir des couleurs ; Elmer ; Arc-en-Ciel le poisson ; 7 souris dans le noir ; Ferme les yeux ; Le Loup qui voulait changer de couleur.</td></tr>
</table>

L'écriture en fin de GS

On entend souvent dire que les enseignants calquent leur progression d'écriture sur leur progression de phonologie.

Ils étudient un nouveau son, puis le proposent en activité d'écriture. Les programmes préconisent en effet d'établir un lien entre les unités sonores et l'écriture.

Mémo

Découvrir le principe alphabétique[3]

« Cette activité d'écriture ne peut s'effectuer que si, dans le même temps, l'enfant développe une conscience phonologique en devenant capable d'identifier les unités sonores de la langue. »

Dans ma pratique

Personnellement, je ne fais pas de progressions parallèles entre la phonologie et l'écriture.

Pourquoi ?

- J'étudie les lettres qui demandent un geste graphique similaire (par exemple, toutes les lettres rondes), afin que les élèves réinvestissent l'acquis du geste. Ils contrôlent leur geste après un entrainement sur plusieurs lettres similaires.
- À l'étude d'un nouveau son, j'associe une activité d'écriture à partir d'une lettre vue précédemment : il s'agit alors d'un exercice de réinvestissement.

Exemple :

Nous sommes en période 3.

- En écriture, les élèves s'entrainent à l'écriture de la lettre « v ».
- En phonologie, nous découvrons le son [o].

Je proposerai une activité d'écriture de la lettre « o » en plus, ce qui me permettra de réinvestir les lettres rondes travaillées en période 2.

3. https://www.education.gouv.fr/bo/19/Hebdo22/MENE1913283N.htm

Programmer son année en cycle 2

La démarche est la même que pour le cycle 1 :
- repérez les attendus de fin de cycle ;
- listez ensuite les compétences (il est important de toujours s'appuyer sur les compétences attendues en fin de cycle) ;
- dégagez les grandes lignes de votre programmation sur les cinq périodes, en vous aidant des programmes (qui donnent davantage d'éléments de programmation que les programmes précédents) ;
- enfin, élaborez une progression détaillée (pour chaque période, semaine par semaine).

Vous trouverez ci-dessous un exemple à transposer pour les autres disciplines.

Exemple en lecture et compréhension de l'écrit (cycle 2)

La lecture et la compréhension de l'écrit sont étroitement liées, il est donc recommandé de proposer des activités sur le code et l'encodage.

Élaborer la programmation

- Repérer les attendus de fin de cycle : « Identifier des mots rapidement : décoder aisément des mots inconnus réguliers, reconnaitre des mots fréquents et des mots irréguliers mémorisés. ».
- Lister ensuite les compétences :

> *Connaissances et compétences associées*
> **Identifier des mots de manière de plus en plus aisée** (*lien avec l'écriture : décodage associé à l'encodage*)
> - Discrimination auditive fine et analyse des constituants des mots (conscience phonologique).
> - Discrimination visuelle et connaissance des lettres.
> - Correspondances graphophonologiques ; combinatoire (construction des syllabes simples et complexes).
> - Mémorisation des composantes du code.
> - Mémorisation de mots fréquents (notamment en situation scolaire) et irréguliers.

- Mettre en avant les grandes lignes de votre programmation :
- Connaissance des lettres (GS)
- Discrimination auditive et connaissance du code (dès le CP)
- Décoder (du CP au CE2)

- Encoder
- Combiner
- Mémorisation orthographique : reconnaitre des mots fréquents
- Mémorisation orthographique : reconnaitre des mots irréguliers mémorisés

P1	P2	P3	P4	P5
Le travail se fera en **lien avec la lecture :** – lecture de textes variés pour accroitre le lexique – mémorisation des formes orthographiques				
– Décoder – Encoder – Combiner – Mémorisation de mots fréquents et irréguliers	– Décoder – Encoder – Combiner – Mémorisation de mots fréquents et irréguliers	– Décoder – Encoder – Combiner – Mémorisation de mots fréquents et irréguliers	– Décoder – Encoder – Combiner – Mémorisation de mots fréquents et irréguliers	– Décoder – Encoder – Combiner – Mémorisation de mots fréquents et irréguliers

Construire la progression

Une fois les compétences clairement définies, établissez une progression détaillée.

Exemple pour le CE1

Organisation sur l'année		**Notions et activités associées**				**Outil**
4 séances chaque semaine		**Étude du son**	**Correspondance graphologique/ Combinatoire (syllabes)**	**Dictées de sons**	**Mémorisation orthographique de mots contenant ce son**	
Période 1	*Semaine 1*	a				Fiche personnelle OU Manuel « … », p. XX
	Semaine 2	i				
	Semaine 3	m				
	Semaine 4	n				
	Semaine 5	l				
	Semaine 6	r				
	Semaine 7	u				

…/…

.../...

Organisation sur l'année		Notions et activités associées				Outil
4 séances chaque semaine		Étude du son	Correspondance graphologique/ Combinatoire (syllabes)	Dictées de sons	Mémorisation orthographique de mots contenant ce son	
Période 2	*Semaine 8*	e				
	Semaine 9	p				
	Semaine 10	b				
	Semaine 11	ou				
	Semaine 12	o				
	Semaine 13	t				
	Semaine 14	d				
Période 3	*Semaine 15*	an				
	Semaine 16	on				
	Semaine 17	h (muet)				
	Semaine 18	é				
	Semaine 19	è				
	Semaine 20	s				
Période 4	*Semaine 21*	v				
	Semaine 22	f				
	Semaine 23	ch				
	Semaine 24	j				
	Semaine 25	k				
	Semaine 26	g				
	Semaine 27	z				
Période 5	*Semaine 28*	in				
	Semaine 29	oi				
	Semaine 30	eu				
	Semaine 31	ail, eil				
	Semaine 32	euil				
	Semaine 33	gn				
	Semaine 34	mémorisation orthographique des mots				
	Semaine 35	mémorisation orthographique des mots				
	Semaine 36	mémorisation orthographique des mots				

Remarque

N'oubliez pas de prévoir des temps d'évaluation.

Dans ma pratique

On entend souvent dire des professeurs des écoles qu'ils travaillent la phonologie en rapport avec les textes de jeunesse étudiés, en fonction du vocabulaire rencontré.

Pour ma part, je n'ai pas de méthode attitrée. Je sélectionne mes albums selon leur niveau de difficulté et les thèmes que je voulais aborder.

Je proposais en CE1 et CE2 un tableau récapitulatif (modèle fourni en ressources numériques). Les élèves le collaient sur une double page en début de cahier de lecture. Cette fiche reprend tous les sons et leurs écritures, puisque la conscience phonologique se travaille jusqu'en CE2.

Vous trouverez en ressources numériques cette fiche de synthèse en phonologie au cycle 2, à distribuer aux élèves.

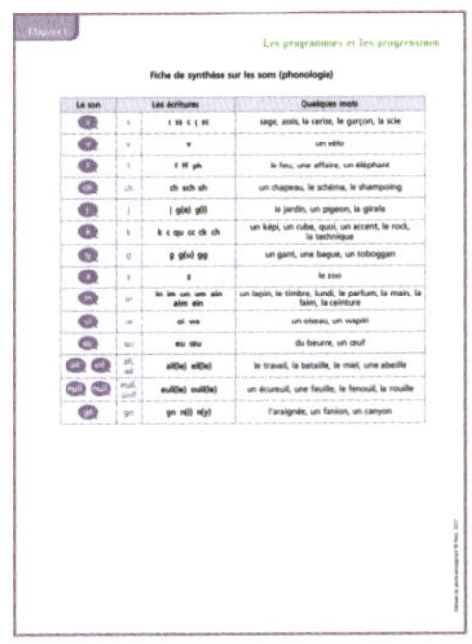

Pourquoi leur proposer la série complète en début d'année ?

– Je propose toutes les graphies.

Certaines ne sont pas évidentes (le « e » de « femme », le « aon » de « paon », le « um » de « parfum »…). Mais il vous arrive souvent d'avoir cette particularité dans un texte. Autant la présenter puisqu'elle existe. Même s'ils ne la retiennent pas, ils l'auront déjà rencontrée. Et ce sera la répétition qui aidera à l'installation de la graphie.

Établir une « règle » telle que le son [a] s'écrit *a*, *à* ou *â*, puis l'année suivante établir la même règle telle que le son [a] s'écrit *a*, *à* ou *â* et *e* peut déranger certains élèves.

– Pour qu'ils effectuent un travail efficace et fassent des retours réguliers à cette synthèse afin de mémoriser les graphies.

Les élèves coloriaient la graphie rencontrée et surlignaient les différentes écritures pour les mémoriser.

– Il est arrivé qu'une nouvelle graphie se présente dans un texte. Les élèves la remarquaient et s'en imprégnaient plus rapidement. Ils utilisaient la fiche comme un réel outil et développaient une conscience phonologique en étant actifs dans leur apprentissage.

Programmer son année en cycle 3

Les manuels vous proposent des progressions, ce qui est plutôt confortable. Je vous rappelle à nouveau que la première étape sera de lister les compétences du B.O.

Exemple en orthographe

Mémo

Attendus de fin de cycle 3 en grammaire, orthographe, lexique[4]

« – En rédaction de textes dans des contextes variés, maitriser les accords dans le groupe nominal (déterminant, nom, adjectif), entre le verbe et son sujet dans des cas simples (sujet placé avant le verbe et proche de lui, sujet composé d'un groupe nominal comportant au plus un adjectif ou un complément du nom ou sujet composé de deux noms, sujet inversé suivant le verbe) ainsi que l'accord de l'attribut avec le sujet.

– Raisonner pour analyser le sens des mots en contexte et en prenant appui sur la morphologie.

– Être capable de repérer les principaux constituants d'une phrase simple et complexe. »

Faites un résumé des compétences.

Compétences et connaissances associées

Maitriser :

- l'ensemble des phonèmes du français et des graphèmes associés ;
- la variation et les marques morphologiques du genre et du nombre, à l'oral et à l'écrit (noms, déterminants, adjectifs, pronoms, verbes).

Exemples de situations, d'activités et d'outils pour l'élève

- Pour les élèves qui auraient encore des difficultés de décodage, activités permettant de consolider les correspondances phonèmes-graphèmes.
- Activités (observations, classements) permettant de clarifier le rôle des graphèmes dans l'orthographe lexicale et l'orthographe grammaticale.
- Activités (observations, classements) permettant de prendre conscience des phénomènes d'homophonie lexicale et grammaticale, de les comprendre et, pour certains d'entre eux, de distinguer les homophones en contexte.

Notez les repères de progressivité que l'on vous propose et faites le lien avec les compétences. Ici, l'orthographe lexicale et grammaticale.

4. Programmes 2020.

- Identifier les classes de mots subissant des variations : le nom et le verbe ; le déterminant ; l'adjectif ; le pronom.
- Connaitre la notion de groupe nominal et d'accord au sein du groupe nominal.
- Maîtriser l'accord du verbe avec son sujet y compris inversé, de l'attribut avec le sujet, du participe passé avec *être* (cas les plus usuels).
- Élaborer des règles de fonctionnement construites sur les régularités.
- Reconnaître le verbe (utilisation de plusieurs procédures).
- Connaître les trois groupes de verbes.
- Mémoriser : le présent, l'imparfait, le futur, le passé simple, le passé composé, le plus-que parfait de l'indicatif, le conditionnel présent et l'impératif présent pour :
  - être et avoir ;
  - les verbes du 1er et du 2ème groupe ;
  - les verbes irréguliers du 3ème groupe : *faire, aller, dire, venir, pouvoir, voir, vouloir, prendre*.
- Distinguer temps simples et temps composés.
- Comprendre la notion de participe passé.
- Mémoriser l'orthographe des mots invariables appris en grammaire.
- Mémoriser le lexique appris en s'appuyant sur ses régularités, sa formation.
- Acquérir des repères orthographiques en s'appuyant sur la formation des mots et leur étymologie.
- Radical, préfixe, suffixe, synonyme, antonyme, homonyme, polysémie.

Vous devez répartir les compétences de vos progressions en orthographe et en grammaire sur 36 semaines. Notes aussi les repères dans le manuel que vous utilisez. Ici, concentrons-nous sur l'orthographe :

Exemple :

Organisation sur l'année		Notion et activités	Outil
Période 1	*Semaine 1*	Identifier les classes de mots : noms	Fiche perso OU Manuel « … », le préfixe *in*- p. XX
	Semaine 2	Identifier les classes de mots : déterminant	
	Semaine 3	Connaître la notion de groupe nominal	
	Semaine 4	Accord au sein du groupe nominal : déterminant	
	Semaine 5	Accord au sein du groupe nominal : nom	
	Semaine 6	Accord en genre	
	Semaine 7	Accord en nombre	

…/…

…/…

Organisation sur l'année		Notion et activités	Outil
Période 2	*Semaine 8*	Identifier les classes de mots : verbe	
	Semaine 9	Identifier les classes de mots : pronom	
	Semaine 10	Identifier les classes de mots : adjectif	
	Semaine 11	Accord au sein du Groupe nominal	
	Semaine 12	Correspondance phonèmes-graphèmes	
	Semaine 13	Mémoriser le lexique (personne et vie quotidienne)	
	Semaine 14	Formation des mots	
Période 3	*Semaine 15*	Radical	
	Semaine 16	Préfixe	
	Semaine 17	Suffixe	
	Semaine 18	Correspondance phonèmes-graphèmes	
	Semaine 19	Synonymes	
	Semaine 20	Synonymes	
	Semaine 21	Correspondance phonèmes-graphèmes	
Période 4	*Semaine 22*	Mémoriser le lexique (repères géographiques et historiques)	
	Semaine 23	Antonyme	
	Semaine 24	Antonyme	
	Semaine 25	Correspondance phonèmes-graphèmes	
	Semaine 26	Mémoriser l'orthographe des mots invariables	
	Semaine 27	Homonyme	
	Semaine 28	Homonyme	
Période 5	*Semaine 29*	Polysémie	
	Semaine 30	Correspondance phonèmes-graphèmes	
	Semaine 31	Mémoriser le lexique (l'imaginaire)	
	Semaine 32	Étymologie des mots	
	Semaine 33	Homophonie lexicale	
	Semaine 34	Homophonie grammaticale	
	Semaine 35	Analyser le sens des mots en contexte	
	Semaine 36	Prendre appui sur la morphologie	

Remarque

Prévoyez là encore des temps d'évaluation.

Préparer sa journée

Le cahier journal

Le cahier journal est votre outil fonctionnel pour le suivi du déroulement de votre journée. Vous devez vous y référer et vous y repérer facilement. Dans les textes officiels, cet outil est dénommé « cahier journal », mais il est précisé que sa présentation est laissée au soin de l'enseignant : cahier ou classeur, vous utiliserez le support que vous convient le mieux, sachant que nous vous présentons les deux possibilités.

Le contenu

Lorsque vous préparez votre journée, il est préférable d'écrire en avance tout ce que vous allez aborder, soit heure par heure, soit dans les grandes lignes. Il s'agit d'une feuille de route à la journée.

Vous allez prévoir de manière détaillée :

- les rituels ;
- les disciplines ;
- les activités par séance : objectifs pédagogiques, organisation (en binôme, en classe…), le matériel ;
- les temps d'interclasse ; etc.

Il est aussi important de trouver l'organisation qui vous conviendra le mieux.

> **Astuce !**
>
> Pour chaque séance, indiquez bien l'intention pédagogique : découverte, entrainement, réinvestissement, évaluation… Anticipez le matériel nécessaire (par exemple, en arts visuels). Ébauchez les devoirs que vous donnerez aux élèves.

La présentation

Combien de fois nous est-il arrivé de perdre la feuille de cahier journal sur le bureau, dans un tas de fiches ou sur une table d'élève ? Que de stress généré lorsque l'on n'a plus son fil conducteur sous les yeux et que l'on ne sait plus où l'on en est !

Voici deux propositions d'une organisation optimale, toutes deux testées, avec leurs avantages et leurs inconvénients.

- **Méthode 1 : la feuille**

Une première méthode consiste à imprimer une feuille contenant des cases préremplies selon votre emploi du temps. Vous remplissez manuellement ou à l'ordinateur votre journée. En voici un exemple à adapter selon votre propre organisation.

Exemple :

	LUNDI
8h50	RITUELS / EMC
9h15	COPIE MOTS DE DICTÉE
10h	FRANÇAIS – Lexique
10h15	POÉSIE
10h30 **10h50**	*Récréation*
10h50	CALCUL MENTAL
11h15	MATHÉMATIQUES
12h **13h20**	*Pause méridienne*
13h20	SCIENCES / GÉOGRAPHIE
14h30 **14h45**	*Récréation*
14h45	ANGLAIS Rituel – Un mot anglais
15h	LECTURE **Devoirs**
15h20	SORTIE

Pour un exemple plus détaillé, voir la rubrique suivante.

Dans ma pratique

Lorsque j'utilisais cette méthode, je l'imprimais sur une feuille de couleur vive et je la fixais au tableau avec un aimant pour ne pas l'égarer. Ainsi, j'avais le déroulement de ma journée sous les yeux. À la fin de la journée, je la rangeais dans mon cahier ou classeur.

L'inconvénient de cette feuille volante, c'est que, comme son nom l'indique, elle vole…

- **Méthode 2 : le cahier**

Un autre support possible pour préparer sa journée : utiliser un cahier.

Dans ma pratique

Je préfère utiliser un cahier de 17 x 22 cm que je renouvèle à chaque période. En effet, il me permet des retours en arrière, je prends des notes concernant des papiers à récupérer auprès des élèves, etc. De plus, le petit cahier n'est pas lourd dans mon sac.

Soit je le remplis à la main, soit j'imprime le déroulement de ma journée saisi à l'ordinateur et je colle ce document dans mon cahier journal. La présentation reste la même : page de gauche pour la matinée, page de droite pour l'après-midi.

Vous trouverez page suivante une présentation sommaire de ce cahier : l'idée ici n'est pas de détailler une journée, mais de montrer un exemple de présentation.

Les domaines apparaissent clairement, ce qui permet de vous repérer efficacement dans le cahier. Vous devrez impérativement compléter votre cahier journal par vos fiches de préparation.

Faites apparaitre, en couleur ou au surligneur, la question que vous poserez pour la phase de recherche et la phrase d'explication. Celle-ci apparaitra également sur votre fiche de préparation (pour cette dernière, voir la rubrique suivante).

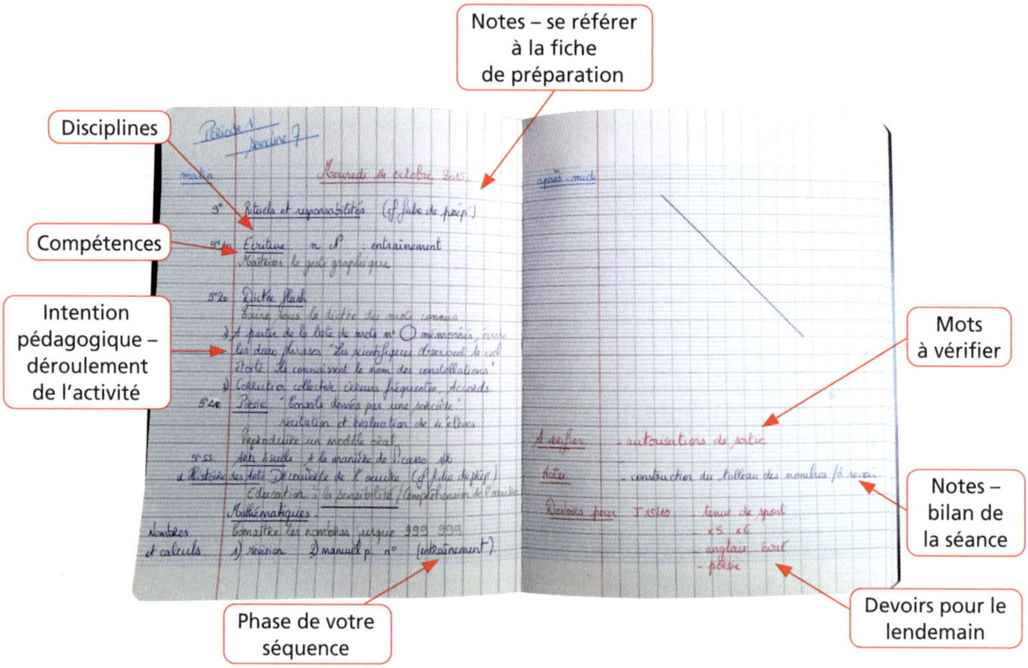

Un exemple en maternelle

Vous trouverez ci-dessous un exemple détaillé d'une demi-journée en maternelle, là encore pour clarifier la méthodologie.

	Vendredi 24 septembre 2021 – Semaine 4
8h50	**Accueil en classe :** Puzzle, lotos des animaux, écriture de la date, accès aux coins jeux (la bibliothèque, la maison, la marchande), pochoirs. **Découvrir l'écrit, écriture :** *Objectifs : savoir écrire son prénom en capitale (MS et GS).* *Évaluation diagnostique sur le sens d'écriture des lettres.* Individuellement, avec la maitresse, les élèves s'entrainent à écrire leur prénom sur l'ardoise, puis sur une grande affiche : « Dans la classe, il y a… ».
9h05	**Rituels :** *Objectifs : connaitre les règles de convivialité et reconnaitre son prénom en capitale MS, script GS.* – Devenir élève : appel avec utilisation des règles de politesse « Bonjour (prénom…) ». – Utilisation par les élèves du tableau de présence (prénoms).

9h05	**Découvrir le nombre** : *Objectifs : compter une collection. Se repérer sur une frise numérique.* – Compter les présents et les absents. – Compter les filles et les garçons : chaque fille pose un cube de couleur jaune, chaque garçon pose un cube de couleur verte pour construire des tours. Comparaison du nombre en s'appuyant sur la hauteur des tours. Quelle tour a le plus de cubes ? *Matériel : 20 cubes de couleur jaune et 20 cubes de couleur verte.* **Découvrir le temps :** *Objectifs : principe alphabétique. Identifier les jours de la semaine.* – Comptine de la date « Lundi est rouge… ». – « Lecture » de la date avec point d'appui des affichages dans la classe. – Point de repère grâce aux évènements de la classe (jeudi, jour des vélos ; vendredi, jour du parcours, etc.). – Poursuite de la construction du calendrier (avec les étiquettes à coller : identifier les jours de la semaine et les chiffres). *Matériel : calendrier linéaire (en bande chronologique) ou calendrier sous forme de tableau (selon votre choix) en format 50 x 50 + étiquettes en script et en cursive du jour, de la date, colle.* *Objectif : repérer la linéarité du temps.* – Météo. *Matériel : feutres pour « dessiner » le temps.*
9h35	**Passage aux toilettes :** *Objectifs : présentation des règles d'hygiène, s'adapter aux contraintes du groupe, se déplacer en rang par deux.*
9h45	**Ateliers :** *Objectif : apprendre les gestes de l'écriture.* ● [Enseignant] Graphisme : les points et les traits verticaux. Entrainement sur ardoise, puis décoration d'un escargot. *Matériel : ardoise, feutre effaçable, fiche avec un escargot à décorer.* *Objectifs : utiliser une technique, le découpage. Utiliser une paire de ciseaux (motricité fine).* ● [ATSEM] Découper 2 formes, puis les coller sur un décor. *Matériel : feuille de couleur imprimée avec les formes voulues (rectangle, triangle), paire de ciseaux, colle.* *Objectifs : améliorer sa technique de découpage (motricité fine). Imaginer, créer : placer des éléments dans l'espace d'une feuille.* ● [Autonome] Découper 4 formes complexes, puis les coller sur un décor. *Matériel : feuille de couleur imprimée avec les formes voulues (rectangle, triangle), paire de ciseaux, colle.* *Objectifs : apprendre les gestes de l'écriture. Le regard et le geste : adapter son geste aux contraintes matérielles (outils, support, matière). Utiliser une matière, la pâte à modeler.* ● [Autonome] Écrire son prénom à partir d'un modèle, puis réaliser son prénom en pâte à modeler. Savoir faire des colombins et suivre chaque trait pour former des lettres. *Matériel : feuille, feutre, pâte à modeler.*

…/…

.../...

10h10	**Ateliers :** *Objectifs : savoir écrire son prénom en capitale (MS et GS).* *Évaluation diagnostique sur le sens d'écriture des lettres.* [Enseignant] Découvrir l'écrit, écriture : les élèves s'entrainent à écrire leur prénom sur l'ardoise (groupe en difficulté quant à l'écriture du prénom : aucune lettre formée). *Objectif : utiliser une technique : la peinture.* [ATSEM] Découpage de formes plus complexes (triangles avec les « coins » arrondis). *Objectif : améliorer sa technique de coloriage.* [Autonome] GS. Coloriage de « vive la rentrée des classes ». *Objectifs : Le regard et le geste : adapter son geste aux contraintes matérielles (outils, support, matière). Utiliser une matière, la pâte à modeler.* [Autonome] Réaliser son prénom en pâte à modeler. Savoir faire des colombins et suivre chaque trait pour former des lettres.
10h35	**Récréation**
11h10	**Motricité :** le parcours saut, passer « au-dessus », ramper dans un tunnel, saut dans des cerceaux, saut (trampoline, maitre.sse), déplacement en équilibre (galets), ramper sous des barres, passer au-dessus d'un obstacle (escalier, ATSEM). 
11h40	**Regroupement :** « Donne m'en 5 » **Rituel :** *Objectifs : écouter des albums et les commenter. Compter une collection d'objets.* Projet « Chaque jour compte » + lecture de l'album *Les 100 jours d'école*. Mise en place de la carte à points : colorier une case. Dès que la carte est remplie (10), regrouper les pailles en une dizaine.
12h	**Pause méridienne**
13h20	Accueil en classe. Écoute musicale. Etc.

Une critique cependant : ce cahier journal est extrêmement détaillé. Votre démarche quotidienne est notée et vous êtes sûr de ne rien oublier. Toutefois, ce type de document est fort peu lisible. Soyons honnêtes, vous devez avoir tout en tête, mais comme l'esprit humain n'est pas une machine, et que vous pouvez être déconcentré par une foule de questions d'élèves, vous devez vous repérer rapidement. Et lorsque vous devez vous y référer, il doit être facilement lisible.

Préparer les séances

Les fiches de préparation

Une fiche de préparation est le fil conducteur de votre séquence d'apprentissage. Elle regroupe l'ensemble des séances nécessaires à l'acquisition de la notion par les élèves. Il vous est imposé d'en préparer deux au minimum par journée de classe.

Présentation de la fiche de préparation

La fiche de préparation doit être claire et tout présenter. Vous y exposez une séquence, c'est-à-dire l'ensemble des séances concernant une notion : la phase de découverte, la construction de la leçon, les exercices d'entrainement, le réinvestissement.

Il est conseillé de faire apparaitre votre consigne en surbrillance pour plus de lisibilité de votre document.

Exemple 1 : leçon de mathématiques pour une classe de MS-GS

DÉCOUVRIR LE NOMBRE		**Niveau de classe MS-GS**
Coin jeu - Au magasin		
Compétence visée : Construire les premiers outils pour structurer sa pensée.		
Modalité de travail En atelier dirigé, puis en autonomie	**DÉCOUVERTE** *L'enseignant explique le jeu.* *Compétence travaillée :* Associer une écriture chiffrée à une quantité. 	Découverte de l'activité en atelier dirigé : l'enseignant aura indiqué sur les étiquettes une quantité de fruits ou légumes. C'est une commande que les élèves devront préparer. Matériel : utiliser les cartes qui serviront au jeu du magasin. Les cartes sont posées dans un panier avec les quantités indiquées de fruits ou légumes souhaités. PHASE 1 : les quantités sont présentées par les doigts. PHASE 2 : les quantités sont présentées par une collection (constellation).

…/…

…/…

		PHASE 3 : les quantités sont présentées par une représentation chiffrée. Détaillez bien ces trois phases car elles sont progressives (doigts, constellation, nombre). La répétition permettra l'autonomie de l'activité.
En autonomie	**CONSTRUCTION DE LA NOTION et ENTRAINEMENT** *Compétences travaillées :* – Construction du nombre, codification orale et écrite. – Dénombrer une quantité en utilisant la suite orale des nombres connus. Associer le nom de nombres connus avec leur écriture chiffrée. – Stabiliser la connaissance des petits nombres. – Mobiliser des symboles analogiques, verbaux ou écrits, communiquer des informations orales et écrites sur une quantité.	Les élèves jouent à être les vendeurs du magasin. En cours d'année, les élèves prépareront seuls la commande à partir des quantités notées sur l'étiquette par l'enseignant. Ils iront chercher la même quantité de fruits que celle indiquée sur l'étiquette. *Variante* : l'enseignant préparera une commande et les élèves devront reporter les quantités, les écrire sur les cartes-fruits (suivant leur acquisition avec les cartes-doigts, les cartes-constellations ou l'écriture chiffrée). Exemple : compter le nombre de fruits, l'indiquer par la carte-constellation et l'écriture chiffrée. 3 niveaux de difficulté : de 1 à 5, de 5 à 10, jusqu'à 15 objets.
En atelier dirigé, puis en autonomie	**RÉINVESTISSEMENT et JEU DE MÉMORISATION** *Compétence travaillée* : – Mobiliser des symboles analogiques, verbaux ou écrits, communiquer des informations orales et écrites sur une quantité.  	*Pour remobiliser les acquisitions et complexifier la tâche, vous apportez une variante avec la mémorisation des quantités et des déplacements.* Vous expliquerez l'activité, puis les élèves travailleront en autonomie. L'enseignant pose les cartes des fruits que l'on souhaite, à distance du jeu de la marchande. Les élèves mémorisent les éléments sur la carte. Puis ils doivent aller chercher exactement tous les fruits demandés, en faisant le moins de voyages possible. À la fin, ils comptent le nombre de fruits et légumes présents sur la carte. *Variante :* augmenter la quantité de fruits à mémoriser.

En atelier dirigé, puis en autonomie	**RÉINVESTISSEMENT** **GS** *Compétence travaillée* : Surcomptage.   	Poser plusieurs cartes-fruits en y indiquant la quantité souhaitée. Les élèves doivent aller chercher, en une seule fois, la quantité correspondante à l'aide du surcomptage. (3 et 2 à 3 + 2) Vous pouvez préparer des additions jusqu'à 10, voire 15 si certains élèves sont plus à l'aise.

Exemple 2 : leçon de français pour une classe de CP

ORTHOGRAPHE / PHONOLOGIE **Étude des sons de la langue**		**Niveau de classe** **CP**
Compétence visée : maitriser les relations entre l'oral et l'écrit. *Compétences travaillées :* correspondances graphophonologiques et mémorisation des composantes du code.		
Modalité **de travail** Collectif 15 min	**DÉCOUVERTE**	**JOUR 1 – SÉANCE 1** Lecture orale par l'enseignant du texte « .... ». (source : manuel ...., page ....) – Quel son entend-on le plus ? – Où place-t-on sa **langue** par rapport aux dents ? La **bouche** est-elle ouverte ou fermée ? Les **dents** sont-elles serrées ? Est-ce qu'il y a une **vibration** dans la gorge ?
Collectif 20 min	**CONSTRUCTION** **DE LA NOTION**	Consigne : « Je vous distribue des étiquettes. Si le mot contient le son [...], vous venez placer votre étiquette au tableau. **Vous vous déplacerez** **rangée par rangée** ! » **Écrire au tableau** les noms des animaux et des objets, avec le déterminant. S'arranger pour les **grouper par terminaison**. Synthétiser avec les élèves les différentes graphies du son en les **entourant**.
Collectif, puis en autonomie 10 min	**LA FORMALISATION** **DE LA LEÇON**	Élaborer collectivement la trace écrite. Ensuite la faire lire, puis écrire par les élèves dans le **cahier de leçon de français/lecture.** **Trace écrite de l'élève :** **Le son [...]** Le son « ... » peut s'écrire _____ ou _____. Exemple de mots : ___________

.../...

.../...

Collectif, puis en autonomie 20 min	**ENTRAINEMENT**	**JOUR 2 – SÉANCE 2** Rappel des différentes graphies. Investissement du nouveau son avec des exercices. → voir la fiche X 1. La **comptine est écrite au tableau**. Chaque **élève** entoure le son pour une phrase. Ils le reproduisent en même temps sur leur feuille. 2. Exercice de reconnaissance visuelle du son. 3. Exercice de reconnaissance orale du son. 4. Place du son dans le mot. Faire classer la fiche dans la pochette des sons.
Autonomie 20 min	**RÉINVESTISSEMENT**	**JOUR 3 – SÉANCE 3** Découper des images dont les noms contiennent le son [...].

Fiche de préparation (simplifiée) : PDF ; fichier Excel à personnaliser.

Le matériel

En bilan de séance, il n'est pas rare d'entendre qu'une activité s'est mal déroulée alors qu'elle a été préparée avec soin. Et ce même si vous y avez passé des heures ! Force est de constater que sa réussite est souvent influencée par le soin apporté à son installation en classe, en amont.

En maternelle

En maternelle, les activités nécessitant beaucoup de matériel sont nombreuses. Il vous faut tout préparer à l'avance, afin que l'installation soit efficace pour conserver l'attention de vos élèves entre la passation des consignes et le déroulement de l'activité.

Vous solliciterez probablement votre ATSEM pour cette préparation, alors anticipez vos demandes. L'ATSEM est votre coéquipière, mais elle n'est pas dans votre tête. Il faut que vous soyez clair et précis.

Pour que le matériel soit présenté comme vous l'avez envisagé, consignez par écrit tout ce qui doit être installé par votre ATSEM :

- faites un modèle du rendu final de l'activité ;
- précisez le matériel que vous souhaitez pour chaque élève ;
- notez sur une feuille les quantités nécessaires et pour quand ;
- et n'oubliez pas de remercier votre ATSEM pour son travail !

Exemple :

Si vous envisagez que vos élèves catégorisent ou dénombrent une quantité de perles, vous (ou votre ATSEM) aurez installé, sur un plateau, le nombre de barquettes suffisant, les perles pour chaque élève, leurs outils référents (les aides), l'ardoise ou la feuille pour reporter leurs résultats.

Si le travail a un texte pour support, préparez-le à l'avance au tableau. Si ce texte est utilisé plusieurs fois, recopiez-le sur du papier affiche.

> **Astuce !**
>
> Si vous souhaitez utiliser plusieurs fois le support (affichage, texte…), couvrez-le d'un film transparent (tel que le papier fleuriste) afin de le compléter au feutre effaçable.

En élémentaire

• Les fichiers des élèves

Il est préférable de demander aux élèves de conserver dans leur casier les fichiers utilisés quotidiennement (surtout en français et en mathématiques). La distribution de fichiers peut vous faire perdre de longues minutes.

• Les affichages

Vous écrivez également beaucoup au tableau, alors il est bon de préparer au tableau les textes ou exercices (collectifs ou individuels) sur lesquels vous allez travailler. Toutefois, vous risquez vite d'être à cours de place. Préparez un maximum d'affiches (pour les textes de poésie, les leçons, les différentes consignes…).

Sauf si vous avez la chance d'être équipé d'un TBI…

Pour un travail autocorrectif (tel que la dictée), plutôt que de l'écrire au tableau, vous pouvez imprimer le texte en taille réduite, à coller sur le cahier du jour, sous le travail de l'élève.

Les outils référents peuvent être construits sur des feuilles de papier en grand format et affichés au mur (voir les chapitres suivants).

• Pour le sport

Vous aurez défini, en préparant votre séance, le matériel dont vous aurez besoin. Préparez-le dans un espace du local de sport et demandez aux élèves de vous aider à transporter ce matériel.

Il est parfois difficile d'installer des ateliers d'athlétisme, par exemple, à l'avance lorsque vous pratiquez dans la cour de récréation (puisque vous dépendez des accueils des élèves dans la cour).

• Pour le calcul mental

Le plus pratique est de préparer un livret pour les élèves, de la même façon que vous avez préparé pour vous un tableau où le travail en calcul mental est planifié par période (voir chapitre I, p. 40). Ils se repèrent bien plus facilement avec des cases réponses. Si vous vous appuyez sur une méthode, le cahier peut être prêt en début d'année, complété avec les compétences travaillées, selon la progression préconisée par la méthode.

La découverte et l'entrainement se feront sur ardoise. Le livret sert de trace écrite une fois que vous jugez que la notion est maitrisée.

Exemple :

date :	29. Compétence : Soustraire deux nombres entiers				
date :	**30. Compétence : Additionner 99**				
date :	**31. Compétence : Estimer l'ordre de grandeur d'une addition de nombres décimaux**				
date :	**32. Compétence : Estimer l'ordre de grandeur d'une soustraction de nombres décimaux**				
date :	**33. Compétence : Additionner un nombre entier et un nombre décimal**				
date :	**34. Compétence : Soustraire un nombre entier et un nombre décimal**				
date :	**36. Compétence : Additionner 0,9**				
date :	**37. Compétence : Soustraire 0,9**				

date :	38. Compétence : Estimer l'ordre de grandeur d'une multiplication					
date :	**39. Compétence : Trouver le double d'un nombre entier**					
date :	**40. Compétence : Multiplier par 10 un nombre entier**					
date :	**41. Compétence : Estimer l'ordre de grandeur d'une multiplication d'un nombre décimal par un entier**					
date :	**43. Compétence : Multiplier par 100 un nombre entier**					
date :	**44. Compétence : Compléter une écriture multiplicative**					
date :	**45. Compétence : Trouver le triple d'un nombre entier**					
date :	**46. Compétence : Calculer l'ordre de grandeur du résultat d'une division**					

Compétence avec un numéro pour se repérer

Cases réponses

Le nombre de cases réponses dépendra de votre méthode. En moyenne, vous pouvez prévoir 6 à 10 cases.

Si vous n'utilisez pas de méthode spécifique, vous pouvez préparer un livret qui s'adaptera à tout type de fichier.

Les élèves écriront la compétence travaillée

Date	Compétence :								

Date	Compétence :								

Date	Compétence :								

Date	Compétence :								

Date	Compétence :								

Astuce !

Je dédie souvent une table de la classe, sur laquelle je prépare tout le matériel et toutes les fiches que les élèves utiliseront au cours de la journée. Lorsqu'ils ont des étiquettes à découper et coller, je leur distribue une petite barquette en plastique pour ne rien égarer.

Moins votre matériel est éparpillé, plus vous gagnez en installation, en efficacité, et vous évitez les débordements.

Penser sa conduite de classe

Conduire la classe signifie passer des consignes claires, garder les élèves en sécurité, les aider en cas de difficultés, gérer le matériel… Esquisser une conduite de classe c'est également connaitre l'état d'esprit que vous souhaitez insuffler dans votre classe et votre posture d'enseignant : par exemple, instaurer une autorité bienveillante, privilégier la coopération…

Le cahier d'appel

Il vous faudra en acheter un sur votre budget de classe. Renseignez-vous auprès du directeur, car parfois c'est lui qui se charge de les commander.

Trouvez-lui une place accessible : soit dans le tiroir, soit sur le bureau en évidence. Pensez au ZIL[1] qui aura à vous remplacer et qui devra le trouver rapidement.

© iStock

Dans ma pratique

Je le glisse dans une pochette à élastique et j'insère les justificatifs médicaux dans une pochette perforée transparente. Un côté pratique reste de le remplir au crayon à papier… pour gommer en cas d'erreur et présenter un cahier toujours propre.

1. Le ZIL (zone d'intervention localisée) ou le BD (brigade départementale) sont les remplaçants.

Exemple :

Voici une page type à compléter.

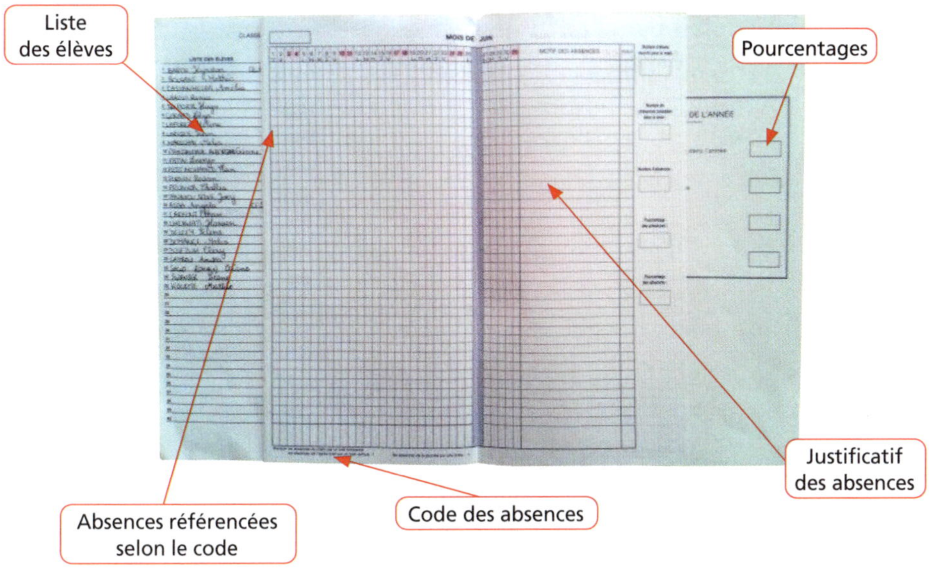

Vous pouvez noter la liste de vos élèves dans l'ordre alphabétique.

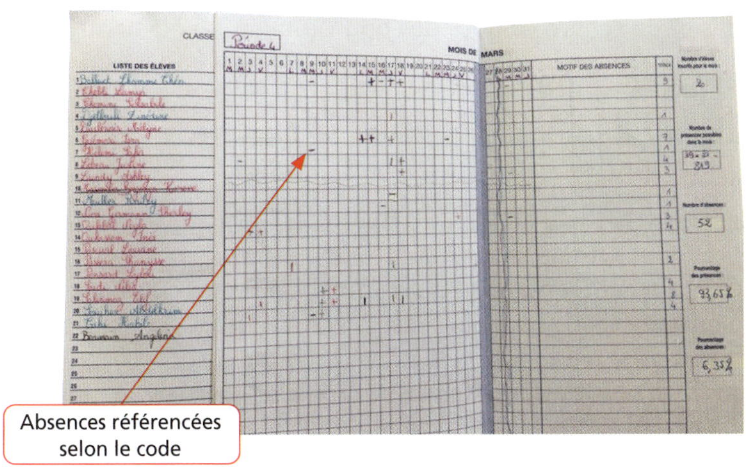

Pour le calcul des pourcentages (colonne de droite), c'est une simple règle de trois.

Comment calculer ces pourcentages ?

- **Étape 1**

Dans la première case, calculez le nombre de vos demi-journées en classe et multipliez par le nombre d'élèves.

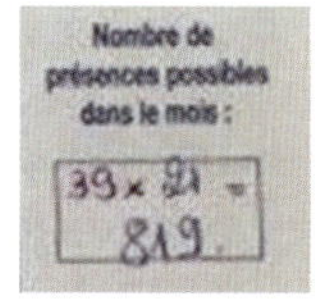

$$39 \text{ (demi-journées)} \times 21 \text{ (élèves)} = 819$$
(présences possibles sur le mois)

- **Étape 2**

Ensuite, vous recensez le nombre d'absences. Par exemple 52 absences.

- **Étape 3**

Pour calculer le taux d'absence des élèves (dernière case) :

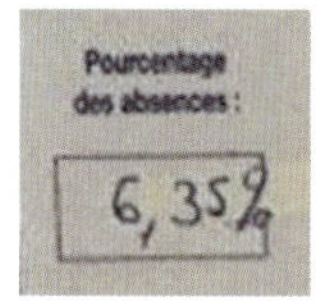

$$\frac{\text{Nombre d'absences} \times 100}{\text{Nombre de présences possibles}} = \text{Nombre d'absences en \%}$$

Exemple : $\frac{52 \times 100}{819} = 6{,}35\ \%$

- **Étape 4**

Pour calculer le taux de présence (dernière case) :

100 – % d'absence = % de présence

Exemple : 100 – 6,35 = 93,65 %

Vous êtes obligé de le remplir quotidiennement, de faire ces calculs à chaque fin de mois et de rendre compte des pourcentages en élémentaire comme en maternelle. Lors d'une inspection, votre inspecteur vérifiera que ce cahier est parfaitement tenu.

La gestion du temps

Les premières années, les enseignants débordent souvent sur le programme prévu pour la journée… Au début, vous vous ferez rattraper par le temps, inévitablement. Alors comment tenir au mieux l'emploi du temps de sa journée ?

Voici quelques conseils pour vous aider à mieux organiser et structurer les activités en classe :

- Pour un travail de classe, faites les exercices et les activités vous-mêmes en amont. Vous saurez alors combien de temps dure une activité. (On ne pense pas toujours au temps de séchage de la colle, par exemple.)
- Si vous menez un cours sur deux groupes, prévoyez des plages de 20 minutes par groupe, pour ne pas laisser un groupe en autonomie trop longtemps.
- Alternez les phases orales et les phases écrites. De retour de récréation, les élèves sont davantage agités et mobiles. Programmez un temps d'écriture ou de lecture afin qu'ils canalisent leur énergie sur l'activité.

- Pour ne pas précipiter votre fin de journée, installez une alarme à votre téléphone, 15 minutes avant la sonnerie (à midi et en fin de journée). Pensez qu'il faut un temps pour noter les devoirs ou faire le cartable, et donc sortir à l'heure. Il faut soigner la sortie. Les élèves qui se sentent pressés oublient des cahiers, écrivent les devoirs de façon illisible et la sortie de classe peut vite devenir bruyante. N'oubliez pas que les parents regardent l'agenda : il est l'interface entre l'école et la maison. Une mauvaise prise de notes peut aussi donner une image faussée du fonctionnement de classe.

Les règles de classe

À l'INSPE, on apprend à se faire respecter et à être autoritaire sans être autoritariste. On vous conseille d'impliquer les élèves en construisant les règles de classe avec eux. Les faire signer doit les engager. On vous parle de votre posture d'enseignant, en vous conseillant de marcher dans la classe, de passer entre les tables pour que vos élèves sentent votre présence.

> **Dans ma pratique**
>
> Ayant épuisé l'arsenal de bons conseils, j'ai changé ma vision de la classe. Si les élèves sont difficiles, il faut savoir communiquer avec eux.

On vous a enseigné que le retour à l'ordre se fait en baissant la voix et en vous approchant de l'élève. Mais lorsque vos élèves font du bruit… ils ne vous entendent pas. Le bruit attire le bruit. Le bruit vous fatigue et joue avec vos nerfs. Le bruit fatigue et énerve vos élèves. Personne ne travaille dans de bonnes conditions.

Vous serez confronté aux limites de ces conseils.

Une approche nouvelle

Avez-vous de votre côté la possibilité d'écrire le code de la route en collaboration avec les autorités juridiques ? Non.

Voici donc une proposition différente pour élaborer les règles de classe :

- Ne construisez plus le règlement de classe avec les élèves. Ce sont des enfants qui ont besoin de repères apportés par l'adulte. Et l'adulte, c'est vous.
- Énoncez-leur vos règles. Elles sont affichées. Vous pouvez vous accorder collectivement sur leur signification et les implications qui en découlent. Ils doivent les suivre.
- Expliquez que vous êtes « le commandant » : ce cadre rassure. Les élèves sentent que vous savez où vous allez : c'est votre autorité. Ils vous respectent alors et vous font confiance.
- Le règlement est lu, commenté, expliqué. Il est très important de faire sens auprès des élèves. Que tout soit clair. Mais rien n'est discuté, parlementé, voté.

- Les formules sont positives : « J'ai le droit » et non « Je n'ai pas le droit de… » : cette dernière formulation renforce la négativité.

Formulez ce règlement d'une manière valorisante.

Exemple[2]

La classe est un lieu de travail.

Les élèves obéissent à la maitresse.

Chaque élève a le droit d'apprendre.

La maitresse a le droit et le devoir d'enseigner.

Chacun est capable.

Chacun respecte l'autre.

Chacun lève la main pour parler.

Chacun écoute l'autre.

Chacun travaille et apprend.

Chacun est calme.

Mon métier est d'être un élève.

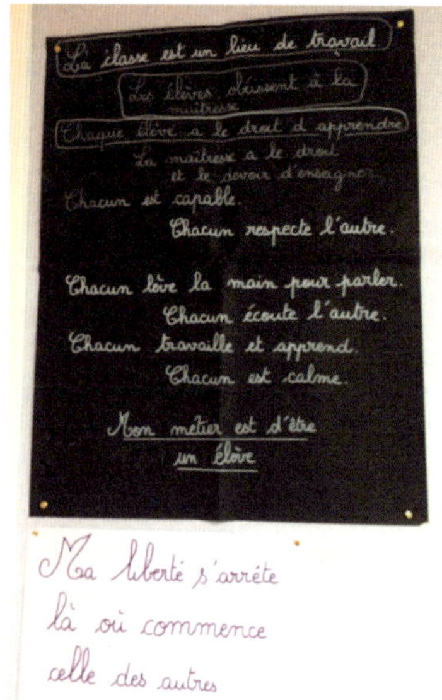

Dans ma pratique

> Lors de mes deux premières années d'enseignement, j'ai été trop douce, pas assez ferme, trop ferme, j'ai crié, j'ai sanctionné… je me suis trompée.
>
> Rassurez-vous : c'est en se trompant que l'on apprend aussi. Pensez-y lorsque vos élèves se trompent à leur tour.
>
> – J'accepte un chuchotement pour aider un camarade.
>
> – Je tolère aussi de chuchoter dans les couloirs, sauf si nous risquons de déranger d'autres classes.

Voici les conséquences probables de ce changement sur votre classe :

- Ce cadre rassure les élèves.
- Vous valorisez les élèves dans leurs capacités.
- Vous les individualisez.
- Mais vous créez aussi un esprit d'équipe. Soulignez le fait qu'ils travaillent ensemble ; qu'ils aient des affinités ou non, ils doivent avancer soudés, comme une équipe de football.

---

2. Intitulé des règles inspirées du livre *Gestion de classes et d'élèves difficiles,* de Jean-Claude Richoz, Favre, 2015.

Voici les conséquences probables sur vous :

- Vous parlerez moins lorsque vous enseignerez.
- Vous n'exigerez plus le silence complet, bien que votre tolérance au bruit soit extrêmement mince. Rester silencieux durant 6 heures de classe est difficile, même pour des adultes.
- Il y aura moins de conflits à gérer.

Conseil

Retenez aussi que vous faites partie de la classe. Donc les règles s'appliquent à vous également (par exemple, ne mangez pas de chewing-gum dans la cour).

Les rituels

On vous a appris l'importance des rituels en maternelle. Mais à l'école élémentaire, que mettre sur ce temps, hormis la date ?

Les rituels regroupent les activités qui se répètent chaque jour. Ils servent à fixer le déroulement de la journée, à une mise en route progressive et à prendre des repères.

Ayant préparé la journée de classe, vous savez comment va se dérouler cette journée, alors que l'élève l'ignore. Cette ignorance peut générer de l'inquiétude, donc de l'agitation, donc du bruit. On oublie souvent en début de carrière de tout expliquer, par manque de temps ou par peur de perdre le fil de notre pensée.

En maternelle

Le rituel en maternelle s'effectue généralement sur un temps de regroupement, le matin, après un temps d'accueil à des ateliers libres. C'est un temps d'apprentissage. Voici les activités :

- L'enseignant salue les élèves individuellement en faisant l'appel (en citant prénom et nom, pour affirmer l'identité de l'enfant. Les petits ne connaissent pas toujours leur nom de famille).
- L'enseignant explique les évènements de la journée, les visites, les absences (camarade, ATSEM...). Les petits sont très attachés au fait de remarquer l'absence de leurs camarades.
- Ainsi débute le temps de comptage des effectifs.
- Le repérage temporel avec la lecture du calendrier.
- La lecture et l'écriture de la date.
- Éventuellement, temps de lecture des lettres de l'alphabet.
- Éventuellement aussi, un temps de « *quoi de neuf ?* » *(Qu'as-tu fait hier ? Comment vas-tu ce matin ?)*, pour libérer un petit temps de parole et s'intéresser aux émotions de chacun (même celles de l'adulte).

- Éventuellement encore, instaurez le « Chaque jour compte ». Chaque matin, l'élève de service place une paille dans un verre. Au bout de dix, nous formons un paquet. En cycle 1, vous permettez aux élèves de compter des collections jusqu'à dix avec un objectif motivant : vous organisez une fête du centième jour (voir chapitre V, p. 157).

Instaurez également un rituel en fin de journée par la lecture d'une histoire.

Pour s'adapter à la capacité d'attention des élèves, vous pouvez scinder ce temps de rituel en deux (temps d'accueil, après la récréation...).

En élémentaire

Le rituel démarre dans la cour de récréation, avant l'entrée en classe.

- Se mettre en rang.
- Retour au calme.

Avant d'entrer en classe, demandez aux élèves de se taire et d'entrer en s'installant debout derrière leur chaise.

- Se saluer et faire l'appel.

Dans ma pratique

Pour que les élèves se rangent correctement, je longe le côté droit du rang. Je passe derrière les derniers élèves, puis je remonte par le côté gauche. Première prise de contact de la journée, je fais une boucle pour fermer le rang.

Dans ma pratique

- Le vouvoiement reste au choix de chacun. Il est bienvenu en cycle 3. Personnellement, je n'ai jamais forcé mes élèves à me vouvoyer. Pourtant dès la maternelle, ils m'appelaient « maitresse madame B. ». Un élève peut vous vouvoyer et ne pas vous respecter, alors qu'il peut vous respecter tout en vous tutoyant.
- En cours d'année, je fais l'appel avec des « madame F. (nom de famille) » et « monsieur N. ». Les enfants adorent ce jeu.

- Les responsabilités.

Chaque élève fait la responsabilité qui lui a été attribuée.

- Lecture orale.

Cela peut être un mot en anglais et une question de culture générale.

- Lecture plaisir.

Offrez la lecture d'un album ou d'un extrait de roman aux élèves.

- Lecture « géographique ».

Lisez ou faites lire un court texte sur les spécialités d'une région de France et placez cette région sur la carte. Cela permet d'installer des notions de géographie.

Dans ma pratique

À la fin de la période, les élèves ont mémorisé les régions de France ainsi que leurs particularités. (Ce rituel tient sur une période. Sur ce créneau, je ne découvre pas d'autres textes littéraires en rituel.) Pour que le rituel évolue au fil de l'année, je leur lis des textes sur les continents et mers du monde, puis sur les pays européens.

- « Chaque jour compte » (voir chapitre V, p. 158). Il s'organise comme en maternelle. En cycle 2, vous découvrez la notion de dizaine avec un objectif motivant : participer à la fête du centième jour. Vous adaptez les notions. De nombreux blogs traitent du déroulement de ce projet, notamment « Dame Dubois ».

Les rituels permettent une transition en douceur de la maison à l'école.

Installer son autorité grâce à un climat de classe serein

On entend souvent dire que les élèves ont de plus en plus de difficulté à se concentrer. La déconcentration mène à la dissipation, puis au bruit, puis au bavardage. La conduite de classe peut devenir brouillée. De plus en plus d'enseignants recourent à des méthodes pour motiver, mais aussi sanctionner les comportements afin de travailler dans le calme.

Voici une présentation des méthodes qui sont souvent utilisées.

Méthode 1 : le permis à points

Ce permis s'appuie sur le système du permis de conduire. Vous offrez aux élèves un capital de points par période, par mois ou par semaine.

Par exemple, chaque élève possède 12 points en début de mois. Chaque écart de conduite est sanctionné par la perte d'un point.

Notre système français est fondé sur un système de sanction et de peur de la sanction et non sur un système de récompense. Avec déception, celui qui n'enfreint jamais les règles n'est jamais récompensé par des points supplémentaires. Pire, le conducteur sera prudent aux abords d'un radar, par peur du gendarme. Sans gendarme à l'horizon, il relâche son respect des règles.

Cette attitude risque de se transposer aux élèves…

En classe, en effet, le fonctionnement est le même. Sous vos yeux, l'élève fera en sorte de vous montrer un bon comportement et lorsque vous vous éloignerez, il sera sujet au débordement. Voici donc les limites de cette méthode.

Il faut alors apprendre aux enfants à respecter les règles par citoyenneté et par savoir-vivre (non pour faire plaisir ou ne pas se faire disputer), puis à les intégrer. Il nous appartient de les amener à développer leur motivation.

Il faut alors aller plus loin et donner du sens au respect des règles. En voici un chemin par les méthodes expliquées ci-dessous.

Méthode 2 : les pétales de fleur

Chaque élève possède une silhouette de fleur composée de cinq pétales. Chaque pétale correspond à une journée.

Ce système des pétales de couleur se résume ainsi :

- Si l'élève a eu un comportement conforme aux règles, il colorie un pétale en vert.
- Si les règles ont dû lui être rappelées, il colorie un pétale en orange.
- Si les règles n'ont pas été respectées, il colorie un pétale en rouge.

À la fin de la semaine, un bilan de comportement est fait.

Ce système est assez insatisfaisant du fait de l'utilisation des couleurs. En effet, le rouge est une couleur à connotation agressive.

Et les attitudes répréhensibles sont toutes classées au même niveau. Or un bavardage n'a pas la même portée qu'une insulte envers un camarade.

Il faut pouvoir expliquer des degrés de gravité des comportements et donc de la sanction. Or ils n'apparaissent pas dans cette méthode, ce qui en fait sa limite.

Méthode 3 : les « bâtons »

Les « bâtons » sont utilisés comme un avertissement.

Dès que l'on rappelle les règles à l'élève, on trace un bâton à côté de son prénom. Généralement, au bout de trois bâtons, il est sanctionné.

En voici les inconvénients :

- Ce système renforce l'agressivité de celui qui défie l'autorité. Dans son esprit : « un bâton = j'ai fait quelque chose de mauvais = je suis mauvais ».

De plus, son intitulé renforce le côté sanction autoritaire, « à l'ancienne ». Les enfants ne fonctionnent pas comme les adultes et vous côtoyez de nombreuses personnalités, dont des hypersensibles ou des meneurs. Leur réaction à l'autorité sera différente.

- Enfin, comme dans le système précédent, les écarts de conduite ont la même valeur.

Méthode 4 : ClassDojo

À l'ère du numérique, une nouvelle application est apparue, nommée « ClassDojo ». C'est un générateur qui comptabilise les bons points. Les élèves l'adorent car on leur attribue un monstre rigolo.

En revanche, elle présente des inconvénients :

- Le côté virtuel et non palpable peut déranger. Et les élèves se voient attribuer des points positifs aussi bien que négatifs.

- La sanction a tendance à prendre trop d'importance.
- Le contrat de valorisation n'est pas rempli.

Méthode 5 : sanction et récompense par les bons points, dans le cadre d'un système civique et bienveillant

Dans ma pratique

Une maitresse formatrice rencontrée au cours de ma carrière avait instauré un fonctionnement très réfléchi et positif sur le comportement. Elle utilisait les bons points. Ce système sanctionnait, mais surtout récompensait (au contraire du permis à points).

La nouvelle génération comprend mal le rôle d'élève. Cette formatrice leur expliquait donc qu'ils avaient un métier : le métier d'élève. Or tout travail mérite un salaire. Chaque jour, elle leur attribuait un bon point.

J'avais été un peu dubitative au départ, par crainte que les élèves accumulent trop de bons points « sans rien faire ». Puis j'ai été affectée dans une école où l'absentéisme scolaire était assez important. En instaurant ce système « un jour = un bon point », la fréquentation scolaire dans ma classe s'est améliorée.

Un autre exemple : j'étais confrontée au manque de travail et aux problèmes de leçons non apprises. Les élèves ne voyaient pas l'utilité de la mémorisation. J'ai donc commencé à récompenser la récitation de la poésie ou des leçons. Si, de prime abord, les élèves apprenaient pour recevoir leur bon point, ils se sont aperçus qu'ils avaient bien moins de difficultés à mémoriser qu'avant. Ma récompense donnait du sens à leurs efforts.

Dans cette méthode, j'étais par ailleurs gênée de reprendre des bons points aux élèves. Je l'apparentais à un cadeau donné puis repris. Puis, lors d'une discussion avec la classe, nous avons imaginé un peintre qui se trompait et utilisait deux fois trop de peinture. Il perdait alors de l'argent. Lorsque vous travaillez mal, vous perdez de l'argent (ici, la monnaie virtuelle étant le bon point).

J'ai testé de nombreuses méthodes pour la gestion de l'autorité, et cette dernière est celle qui fonctionne le mieux. Je n'ai pas tout repris, mais je m'en suis inspirée, combinant mes envies de classe coopérative et bienveillante. Je me suis approprié ce système et je l'ai modelé pour le rendre simple, efficace et empathique.

Vous découvrirez ci-après quelques précisions quant à l'utilisation de cette méthode fondée sur les bons points.

- **Donner des bons points aux élèves**

N'en donnez qu'un seul à chaque fois. C'est comme le carré de chocolat : vous appréciez le premier alors qu'à la fin d'une tablette, vous êtes écœuré.

Voici quelques exemples d'occasion :

- Chaque jour de présence, c'est leur salaire pour être venu travailler. 1 bon point = 1 jour de paie. Ainsi, vous enrayez les problèmes d'absentéisme.
- Pour récompenser le travail : un exercice réussi, la récitation d'une poésie, la présentation d'un exposé, une leçon bien copiée, la tenue soignée du cahier, une poésie judicieusement illustrée, etc.
- Le jour de l'anniversaire.
- Pour les responsabilités.
- Pour une attitude altruiste spontanée.
- Quand le cahier du jour est signé.
- À toute la classe, en cas de bon comportement global ; par exemple, suite à une séance calme d'EPS : ça renforce la cohésion de groupe.

Dans ma pratique

Je ne récompense pas une bonne action : par exemple, pour avoir fait un compliment à un camarade. Je leur en fais pour montrer l'exemple, mais j'explique que c'est naturel et que ça fait du bien aux deux.

En revanche, j'organise un temps où les élèves s'offrent un bon point, parce qu'ils grandissent dans une société qui valorise l'individualisme… Ainsi, en offrant un (seul) bon point à un camarade de la classe, chacun favorise l'intégration de chaque individu au groupe. Leur nombre de bons points reste le même, mais les élèves appréhendent le plaisir d'offrir et de recevoir.

- **Reprendre des bons points aux élèves**

Vous devez définir clairement avec les élèves ce qui vaudra un retrait de bon point. Pour que le système fonctionne, ils doivent connaitre les « règles du jeu ».

Dans le cas d'une sanction ou d'une réparation :

- Quand deux élèves se disputent, demandez à l'élève fautif d'offrir un bon point au camarade pour réparer ses torts. Si les deux sont fautifs, vous reprenez un bon point à chaque élève.
- Pour faire prendre conscience du « bien vivre ensemble » (devenir citoyen), incitez les gestes empathiques : par exemple, si un élève a bavardé pendant la récitation de la poésie, il offre en réparation un bon point au récitant déconcentré. Il comprend ainsi qu'il a été perturbant pour lui : il l'offre à celui qui a été pénalisé.

Pour tout comportement qui n'entre pas dans les règles de la classe, l'enseignant.e reprend un bon point, par exemple :
- lors des devoirs non faits ou des leçons non apprises ;
- si un élève est mal assis ;
- si un élève est insolent ;
- si un élève bavarde ;
- si un élève mange un chewing-gum ;
- si un élève oublie sa tenue de sport.

• **Que fait-on des bons points ?**

Au bout d'un certain nombre de bons points (par exemple, 10), les élèves auront une image. Attendez qu'ils en aient plus de 10 (au moins 15) avant de les échanger contre l'image, sinon vous n'avez plus de marge de manœuvre pour sanctionner un comportement perturbateur.

Ce système est étonnamment apprécié, même des cycles 3.

Au bout de 10 images, vous pouvez aussi leur offrir un cadeau : un livre, des billes, une peluche, des fils de scoubidou (pensez à récolter et conserver tout ce qui peut faire office de cadeau). Faites en sorte de donner beaucoup de bons points, pour inciter les élèves à faire l'effort de les conserver et d'en gagner davantage.

Pour motiver et valoriser *toute* la classe, soyez attentif à ce que tous les élèves aient eu au moins un cadeau au cours de l'année.

Les élèves se prennent assez vite au jeu des bons points qu'ils comptent tous les jours (même en CM2). Les bonnes attitudes étant récompensées, les tensions s'apaisent et chacun ressent un sentiment de fierté.

Dans ma pratique

- Il m'est arrivé d'avoir des élèves qui interrompent un exercice de grammaire pour échanger leurs bons points. Pour éviter cet inconvénient, je définis un moment quotidien pendant lequel j'échange 10 bons points contre une image : un temps calme comme l'accueil du matin ou avant la pause méridienne.
- Par ailleurs, ce système a eu un effet pervers, qui m'a surprise. Certains élèves photocopiaient les bons points ! Je m'étonnais des quantités, mais n'avais pas de moyen de contrôle. Désormais, je fais des bons points avec des tampons et je place 10 images dans une pochette marquée au prénom de l'élève. Je conserve les pochettes dans un tiroir de mon bureau. Délivrant l'image au fur et à mesure, je peux contrôler le nombre de récompenses dans le cahier en fonction du nombre d'images restantes dans la pochette.

Il faut que le système soit simple, car il demande beaucoup d'attention sur le groupe les premières semaines, quitte à ralentir un peu les apprentissages pour renforcer la cohésion du groupe. Par ce système, vous validez la compétence du « vivre ensemble et de la citoyenneté » et pouvez commencer à instaurer un fonctionnement plus coopératif.

Comment éviter les débordements ?

• **Les écueils de la punition et de la sanction**

On entend souvent parents, enfants et professeurs se plaindre d'avoir recours à la punition collective.

Les bavardages et le bruit peuvent prendre de l'ampleur à cause de l'effet de groupe.

Pour un retour au calme, les enseignants y ont parfois recours et elle est vécue comme une injustice. Même lorsque vous êtes face à une classe difficile et bruyante, il y a toujours une petite poignée d'élèves calmes. Et ceux-ci se retrouvent sanctionnés injustement.

Surtout, si votre classe n'a pas d'esprit de cohésion, aucun n'assumera son propre bruit et les parents n'auront que ce retour : celui d'une punition injuste.

De même, on entend souvent parents et élèves se plaindre des lignes à copier données aux élèves en punition le soir à la maison. Je ne me retrouve pas dans cette pratique. Pour l'élève, la phrase n'a aucun sens, et il la recopie mécaniquement. Comment cette punition peut-elle être réparatrice et avoir un impact positif sur son attitude ? Il sera vite blasé de cette punition qui ne l'affecte plus. C'est un moment à passer, sans plus. Parfois même, ils imitent les signatures de leurs parents (même en école élémentaire).

Du côté des parents, cette copie de lignes remet en cause votre autorité. La communication sera plus difficile.

Du côté de l'enseignant, cela nécessite de tenir rapidement les comptes des punitions à vérifier. Pour peu que vous oubliiez, les élèves vous feront rapidement douter que vous leur en avez donné une. Votre crédibilité se trouve ébranlée, et votre autorité remise en question. La punition peut vite devenir un réflexe et cette sanction est sans fin.

Dans ma pratique

Il y a quelques années, j'ai réprimandé un élève et, comme l'auraient fait mes collègues, j'ai noté un mot dans le cahier à faire signer par les parents. Le lendemain, je me suis malheureusement aperçue que le parent avait eu – en retour – un geste violent envers l'enfant. Ce n'est pas un cas général, mais il m'a marquée.

Depuis ce jour, je ne donne aucune punition à la maison. J'explique aux parents que ce qui se passe dans la classe reste dans la classe.

La punition ne doit pas interférer avec la vie familiale.

- **Comment éviter le recours à la punition ?**

Les éléments présentés précédemment favorisent la discipline…

Le système de bons points régule le groupe car il récompense plus qu'il ne sanctionne. Pourtant, il avertit l'élève qui se dissipe. Généralement, tout rentre dans l'ordre assez vite.

En cas de débordement, vous pouvez vous référer au règlement de classe en citant la règle (« Tu bavardes et tu m'empêches de faire mon travail. Tu n'as pas le droit de m'empêcher de faire mon travail… »).

Grâce au système de bons points, je n'ai plus eu recours aux punitions. Tout rentrait dans l'ordre très vite.

Dans ma pratique

Après six ans d'utilisation des bons points, je n'ai, à ce jour, connu aucun élève qui ne soit pas satisfait de ce système. Même après quelques réticences, ils s'y impliquent avec plaisir.

- **Quel est impact sur les élèves ?**

C'est à l'élève de tout faire pour ne pas perdre son bien : ses bons points. La punition ne vient pas de l'extérieur (l'enseignant) mais du système utilisé. La punition vient des élèves eux-mêmes.

Pourquoi ? Parce qu'ils pratiquent l'autodiscipline. Le sentiment d'injustice n'apparait pas pour deux raisons :

- Les élèves ne peuvent comptabiliser que leurs gains (ils ne peuvent pas compter les bons points perdus).
- La punition est personnelle (jamais collective).

Les élèves intériorisent le fait que ça leur fait du bien, qu'ils travaillent pour eux. Le plaisir d'avoir des bons points est personnel (ils ne le font pas pour l'enseignant puisque celui-ci ne contrôle pas la quantité qu'ils détiennent…). Donc ils s'approprient progressivement leur rôle d'élève.

- **Et en cas de conflit avec plusieurs élèves ?**

Il faut chercher de vrais témoins de la scène. En revanche, insistez sur le fait que vous êtes le seul juge : l'adulte doit montrer aux enfants qu'il est présent pour les protéger et les rassurer. Chacun a le droit de s'exprimer dans le calme et sans insulte.

Lorsqu'un élève se montre très agressif, notre premier réflexe est de lui répondre en lui rappelant les règles. Nous voulons lui faire entendre raison. Or un enfant mécontent est aveuglé par ce qui le tracasse. Il ne vous écoute pas.

Il est important de retenir que, dans tous les cas :

- ne le touchez pas ;
- isolez-le pour qu'il ne s'énerve pas davantage ;
- revenez lui parler lorsqu'il sera plus calme.

En cas de réel débordement, informez votre directeur pour vous accorder sur la conduite à tenir. Choisissez de rencontrer les parents au lieu de noter l'incident dans le cahier de liaison. Expliquer de vive voix peut éviter des quiproquos.

Remarque

Certains s'empressent de décrier ce système qui se résume à pointer une carotte sous le nez des élèves pour qu'ils avancent comme des ânes. Mais il n'est pas sûr qu'un âne à qui l'on donne des coups de bâton avance mieux… On pourrait plutôt parler de renforcement positif.

Canaliser l'attention du groupe

On entend souvent les professeurs se plaindre de la fatigue.

Les élèves aussi sont fatigués. Vous êtes le miroir de la classe et vous avez un effet Pygmalion. Lorsque vous êtes souriant, les élèves sont détendus. Lorsque vous êtes distant, les élèves sont sur la défensive.

Conseil !

Reposez-vous, sinon vous serez moins patient face au bruit et aux sollicitations permanentes.

L'école est un micro-organisme vivant ; au cours de l'année, vous côtoierez rhumes, grippes, gastroentérites, rougeoles, rubéoles et autres. Et ces maladies vous accompagneront à la maison. Les premières années, vous construirez votre immunité. Soyons clairs, vous allez attraper tous ces petits microbes. La fatigue fait de vous un très bon sujet.

La fatigue réduit aussi votre patience.

On constate un déficit croissant d'attention chez les élèves. Alors comment canaliser la concentration du groupe ?

Grâce à la relaxation

Chaque jour, au retour de la pause méridienne, prenez un temps pour relaxer les élèves. (C'est un moment critique d'énervement, au cours duquel les élèves ont besoin d'une pause.) Par exemple, toute la classe s'installe sur ses chaises, lumières éteintes. Mettez un CD de relaxation pour vous accompagner… Les tensions s'apaisent. C'est un temps d'écoute, de calme pour recharger les batteries.

Certains élèves peuvent ne rien faire, colorier ou simplement allonger leur tête sur la table. C'est un moment pour eux.

Dans ma pratique

Enseignante en REP depuis plusieurs années, je cherchais des solutions pour réduire l'inattention, diminuer les bruits parasites et instaurer une ambiance plus sereine.

L'une de mes collègues du RASED m'a fait découvrir un livre accompagné d'un CD : *Calme et attentif comme une grenouille* d'Éline Snel (Les Arènes, 2012). C'est devenu une baguette magique.

Grâce à la méditation, à l'image de *Calme et attentif comme une grenouille*, les temps de concentration ont évolué. Les élèves se sont aperçus qu'ils avaient besoin de silence. Ma pratique a évolué en même temps que la classe.

Vous pratiquez l'exercice en même temps qu'eux, à titre d'exemple, et parce qu'il vous fera du bien. (Vous fermez les yeux, vous respirez, vous mettez les mains sur votre ventre.) Il n'y aura pas de bêtises dans votre dos. Comme vous jouez le jeu, ils auront moins d'appréhension à lâcher prise.

Vous pouvez utiliser d'autres supports, tels que de la musique classique calme (veillez à ce que le morceau soit régulier au niveau de l'intensité et du rythme) et des extraits de musicothérapie.

Grâce aux massages

Un exercice simple de relaxation consiste à masser le dos puis le front et les joues sur soi et/ou un camarade.

Le relationnel est parfois problématique dans les zones sensibles : cet exercice est important pour apaiser des tensions. Grâce à l'écoute de soi, de l'autre, il amène les élèves à vivre ensemble en bonne entente. En devenant des citoyens aimables, ils appréhendent les valeurs de la République.

Attention ! le contact ne doit pas être intrusif. Il permet d'accepter un moment de bien-être et de donner de la gentillesse à l'autre. C'est un temps fort pour unifier une classe.

Pour ma part, je propose cet exercice une fois par mois.

Les premiers pas vers une classe coopérative

Comment coopérer ? Et qu'est-ce qu'une « classe coopérative » ?

C'est une classe dans laquelle les élèves apprennent en s'entraidant. Ils peuvent s'y exprimer de diverses manières, communiquer avec l'extérieur, conduire des projets en cherchant, se tromper et surtout voir leurs réussites. L'adulte n'est pas la seule source du savoir.

Mémo

Les méthodes et outils pour apprendre[3]

« Tous les enseignements doivent apprendre aux élèves à organiser leur travail pour améliorer l'efficacité des apprentissages. Ils doivent également contribuer à faire acquérir la capacité de coopérer en développant le travail en groupe et le travail collaboratif à l'aide des outils numériques, ainsi que la capacité de réaliser des projets. Des projets interdisciplinaires sont réalisés chaque année du cycle. »

Une classe coopérative est donc une classe dans laquelle les décisions sont discutées et prises en commun. Chaque parole est écoutée et prise en considération. Le fonctionnement est fondé sur l'entraide.

Voici quelques principes facilement applicables.

Coopérer avec les parents

Expliquez aux parents que vous êtes une équipe : le triangle parent/enseignant/élève. Mais que vous faites le « gendarme » seul. Vous ne les dérangez pas pour des « anecdotes enfantines », mais vous les prévenez si le sujet a une importance.

La relation avec les parents est impressionnante lorsque l'on est débutant. Parce que nous tâtonnons, nous n'avons pas encore construit définitivement notre méthode de travail (même au bout de plusieurs années, vous évoluez encore). À vous tout de même d'instaurer un climat de confiance.

Astuce !

Mettez-vous à la place du parent : développez votre **empathie**.

Soignez votre communication face aux parents, en vous inspirant de la communication verbale non violente. Par exemple : « *Je comprends votre argument. Maintenant, je vous explique ce que j'attends de…* »

Néanmoins, vous rencontrerez toujours un parent qui ne sera pas d'accord avec vous ou qui restera insatisfait. N'hésitez pas à le rencontrer, à dialoguer, à expliquer et à essayer de comprendre son point de vue.

Lorsque vous devez communiquer avec un parent qui se montre agressif ou virulent, différez l'entretien. Informez le directeur et demandez-lui de vous accompagner lors du prochain rendez-vous.

Dans tous les cas, ne laissez pas un conflit sans réponse. Rencontrez les parents mécontents. Sinon, vous rompez la confiance. Et si un parent mécontent parle autour de lui de son problème avec vous, d'autres parents risquent de vous trouver d'autres griefs.

---

3. Extrait du B.O. sur les programmes 2020.

C'est pourquoi il est primordial de prendre du temps pour instaurer de bonnes relations avec les parents dès le premier jour.

Coopérer avec tout le groupe classe

Amenez les élèves à s'entraider. Pour cela, incitez-les à se prêter des outils, s'aider, répondre à des interrogations. Instaurez le fait que toute la classe forme là encore « une équipe ». En favorisant l'entraide, vous aidez les enfants à se rendre compte que tout le monde est face à une difficulté à un moment donné.

© iStock

Valoriser, complimenter

Faites en sorte que chacun soit valorisé aux yeux de tous. Pour cela, évitez d'énumérer les notes de chacun devant la classe, ce qui est stigmatisant et embarrassant.

Valorisez chaque élève en le complimentant. Il faut exprimer les qualités de chacun.

Développez une ambiance bienveillante et agréable. Faites un peu d'humour. Acceptez qu'un élève raconte une blague le matin, du moment qu'il n'y a pas de débordement.

Gagnez la confiance de vos élèves, en les complimentant, en les félicitant pour les efforts fournis. Vous les amènerez à vouloir se dépasser.

Dans ma pratique

Une élève avait des difficultés en mathématiques et une camarade lui expliquait les notions. *A contrario*, elle avait des dispositions en gymnastique. Elle a ainsi appris à sa camarade à faire une roue.

Dans ma pratique

J'avais un élève en grandes difficultés qui refusait totalement le travail. Il était réfractaire aux activités d'art. Un jour, il est venu en me proposant une amélioration sur l'activité. Je lui ai proposé de le nommer « conseiller en art ». Son attitude a changé. Il a pris peu à peu confiance en lui et accepté mon aide au travail.

En classe, nous nous prêtons des stylos (je participe aussi). Nous choisissons ensemble la couleur pour mettre en valeur les notions importantes, tout en respectant un cadre (date à X carreaux...). Mais je relativise ce qui a de l'importance (comprendre la notion de mathématiques, apprendre sa leçon) et ce qui en a moins (l'oubli des carreaux de marge).

Nous profitons de moments pour rire et prendre de « vraies » nouvelles les uns des autres.

Ce fonctionnement peut vous paraitre moins évident à atteindre la première année. Vous avez déjà beaucoup à gérer entre vos préparations, les corrections, la gestion. Toutefois, ce sont les premières années que vous installez vos gestes professionnels. Vous créez vos habitudes et il est plus difficile de quitter sa « zone de confort » après plusieurs années.

Astuce !

Testez des petites choses au départ (les bons points, la bienveillance), mais gardez dans un coin de votre esprit ces idées. Avancez dans votre réflexion et vos envies au fil des années.

N'oubliez pas non plus que, dans les programmes de 2020, l'accent est mis sur l'éducation morale et civique. Les aménagements proposés ci-dessus entrent dans cette lecture des programmes, où les notions de fraternité et de solidarité, la sensibilité et la gestion des émotions, l'esprit de coopération sont particulièrement cités...

Pour aller plus loin dans la classe coopérative

Vous pouvez mettre en place un projet de lecture-littérature liée à l'éducation morale et civique, propre à élargir la culture générale des élèves.

Ce réseau de lecture pourra présenter notamment des textes sur la non-violence et des grands personnages tels que Malala, Martin Luther King, Gandhi. Par cette thématique, vous renforcez la bienveillance instaurée par le système de bons points et le fonctionnement d'entraide d'une classe coopérative.

Astuce !
Je mets en place des ateliers libres lorsqu'ils ont fini leur travail : ils peuvent donc se déplacer, mais toujours dans un cadre défini, donc sans débordement. (Voir le chapitre V sur l'autonomie des élèves, p. 181.)

Les devoirs

On sait que les devoirs *écrits* sont interdits à l'école primaire depuis la loi de décembre 1956.

Pourtant, on entend dire que les enfants ont encore des devoirs à la maison.

Effectivement, les élèves sont fatigués après leur journée d'école. Les parents, eux aussi, ne sont pas toujours disponibles pour aider leurs enfants. Nos journées d'adultes sont bien remplies dans nos vies modernes. D'autant que le temps de devoirs peut devenir conflictuel.

Pourquoi ?

- L'enfant a oublié un cahier à l'école.
- Il n'a pas compris la leçon.
- Il n'a pas appris la technique opératoire de la même façon que son parent.
- Il n'a pas été attentif et ne sait pas dans quel cahier il doit faire son exercice.
- Il est en difficulté scolaire.
- Il a peur de l'échec et il est en décrochage scolaire, ce qui génère des inquiétudes.

Dans ma pratique

Je ne donne que des leçons à apprendre.

Dès le début d'année, je ritualise les devoirs. Ainsi j'apporte un repère aux parents : ils peuvent se référer à ce qui est donné couramment.

Je demande assez souvent de revoir la dernière leçon (en français, mathématiques, géographie, histoire ou sciences). Notamment, je donne plusieurs fois de suite la même leçon, car les élèves ont besoin de répétition pour mémoriser.

Je demande également de revoir les tables de multiplication. Je donne une lecture, ainsi que la poésie et les mots de la dictée.

Exemple de devoirs :

- Poésie (tous les soirs).
- Revoir les tables de 5 et 6 dans le désordre.
- Leçon Questionner le temps (QLT) 3.
- Leçon Questionner le monde (QLM) 4.

Tout au long de l'année, entrainez les élèves à la mémorisation des tables de multiplication, afin qu'ils aient les tables à revoir chaque soir.

Exemple :

Semaine 1	**lundi**	**mardi**	**jeudi**	**vendredi**
	x0 x1 dans l'ordre	x2 x3 dans l'ordre	x4 x5 dans l'ordre	x6 x7 dans l'ordre
Semaine 2	**lundi**	**mardi**	**jeudi**	**vendredi**
	x8 x9 dans l'ordre	x10 dans le désordre	x0 x1 dans le désordre	x2 x3 dans le désordre
Semaine 3	**lundi**	**mardi**	**jeudi**	**vendredi**
	x4 x5 dans le désordre	x6 x7 dans le désordre	x8 x9 dans l'ordre	x10 dans l'ordre

Quelle est l'utilité des devoirs à la maison ?

L'élève, devenu collégien, est confronté à ce schéma de devoirs à la maison. Il doit apprendre à organiser son temps. Il est important de préparer les élèves en douceur à ce rythme dès l'école élémentaire.

Donnez des devoirs dès le jour de la rentrée. Par exemple : relire le règlement intérieur, relire un texte vu en classe le jour de la rentrée ou préparer les pages de garde en les coloriant.

Les devoirs sont une interface de communication avec les parents sur les notions que vous abordez. Ils leur permettent de se situer dans le programme.

Conseil important

- Ne donnez aucune leçon à apprendre qui n'ait d'abord été vue, lue, travaillée et mémorisée en classe. En tant que professionnel, c'est à vous d'apporter les méthodes de travail et les explications.
- Donnez les mêmes devoirs plusieurs fois de suite, par exemple les leçons. En effet, un enfant a besoin de répétition : il doit aborder un texte au moins sept fois pour le mémoriser.

Pour résumer

Préparer sa classe en amont

Les fournitures scolaires

– Vérifier le budget alloué, s'il y a des commandes communes, l'état du matériel existant…

– Proposer une liste de fournitures par élève : il existe une liste officielle conseillée sur le site de l'Éducation nationale.

– La commande du matériel de classe : établissez une commande de matériel collectif à la classe en sélectionnant les outils adaptés à chaque discipline.

– Les fichiers : définissez si vous souhaitez en utiliser un (en mathématiques, géométrie, français), sachant que son utilisation est rassurante la première année.

Les programmations et progressions

Faire des progressions : résumer le B.O., lister les compétences et les répartir sur l'année, entrer dans le détail des notions.
Établir des projets sur une période ou l'année, en maternelle comme en élémentaire.

Préparer sa journée

Tenir son cahier journal (feuilles ou petit cahier). Y détailler le contenu de la journée avec les disciplines, les compétences travaillées, les outils, les sources, les textes, le détail des activités, le matériel.

Les documents à laisser dans la classe
Le cahier d'appel – Le cahier journal

Préparer ses séances

Faire des fiches de préparation. Choisir une même trame et un support, à dupliquer sur l'année.
Anticiper et préparer le matériel nécessaire à la séance.

La conduite de classe

– Tenir son cahier d'appel.

– Gérer son temps en anticipant les déplacements, les sorties des élèves…

– Les règles de la classe : les définir, et les faire valider et respecter par les élèves.

– Les rituels : la date, le programme de la journée, une lecture, un mot d'anglais, le projet « chaque jour compte »…

– Installer son autorité grâce à un climat serein : éviter les sanctions et les punitions, préférer les bons points dans une perspective de renforcement positif et bienveillant.

– Canaliser l'attention du groupe pour éviter le recours à la punition : penser à la relaxation, au massage…

– Les premiers pas vers une classe coopérative : favoriser l'entraide et la valorisation, élaborer un projet en lien avec l'EMC.

– Les devoirs : privilégiez les révisions de leçons, de poésie, de tables (pas d'écrit)… Pensez-les en préparant votre journée de classe.

Gérer l'organisation de la classe

Conserver en mémoire

À l'entrée dans le métier, vous n'avez pas encore vos marques. Il est donc important de se donner des repères (dans la classe, dans les activités avec les élèves…), que vous retrouverez facilement d'une année sur l'autre, mais aussi d'une période à l'autre. Organiser votre classe va vous permettre de vous poser les bonnes questions de mise en route.

La prise de photos

La salle de classe

Affecté dans une nouvelle école pendant l'été, vous pouvez photographier la salle avant la rentrée pour réfléchir à l'aménagement qui vous conviendra le mieux (prenez de préférence tous les murs en photo). Ainsi, vous tiendrez compte de l'emplacement des fenêtres, des armoires, du tableau et vous vous imprégnerez de la place disponible pour les affichages.

Salle de classe de maternelle, avec les affichages

Dans ma pratique

Je demande souvent à mes élèves (de tous niveaux) de réaliser leur autoportrait à partir de leur photo. Outre l'intérêt de les faire travailler sur le portrait en arts plastiques, ils sont très motivés par cette activité !

Les photos d'identité

Le jour de la rentrée, demandez aux familles une photo de leur enfant ou photographiez vos élèves. Créez un trombinoscope avec ces photos. Cela vous permettra de mémoriser rapidement leur prénom, et cela peut être utile à un remplaçant si vous êtes absent.

La photo pourra aussi servir, en maternelle, à décorer les cahiers et à personnaliser le portemanteau ou encore, en élémentaire, servir de support pour des activités d'arts plastiques.

Les parcours de motricité ou ateliers de sport

Le fait de prendre en photo un parcours organisé, en salle de motricité pour la maternelle ou en ateliers de sport pour l'élémentaire, vous permet à la fois de vous souvenir de ce que vous avez travaillé avec vos élèves, de le reproduire en cas de besoin, ou encore de l'améliorer pour créer un nouveau parcours.

Activité sensorielle et motricité en MS-GS

Les photos qui serviront de trace

En maternelle comme en élémentaire, il est toujours intéressant de prendre des photos des différentes activités. À l'ère numérique, il n'y a rien de plus facile que de saisir l'instant avec son téléphone.

Les traces pour vous

Certaines situations sont intéressantes à prendre en photo, soit parce que vous souhaitez les réutiliser plus tard dans l'année, soit parce que vous les garderez dans vos archives en vue de les exploiter une autre année. Photographiez la situation (ou le résultat de l'activité) et enregistrez-la dans votre ordinateur (pour le classement, voir ci-après). Une photographie est souvent plus explicite qu'un texte descriptif.

Voici quelques exemples de situations à prendre en photo en vue d'être conservées.

- Lorsque vous avez réalisé une production intéressante, qui a bien fonctionné auprès des élèves.

Exemple de production en arts visuels, CM1

- Lorsque vous voulez garder une trace des productions orales ou d'une leçon construite collectivement pour la transcrire le soir sur ordinateur (le fait de la photographier au lieu de la noter rapidement sur une feuille pendant la classe est un gain de temps).

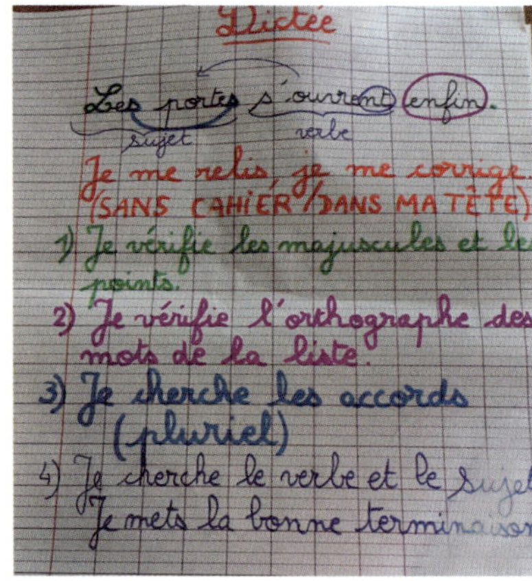

Production collective : méthode de relecture de la dictée, CM1

- Lorsque vous décidez de conserver une trace des activités « éphémères » pour l'évaluation et la communication aux parents. Ce sont les activités que vous ne pourrez pas conserver, telles qu'un schéma corporel en pâte à modeler, un entraînement à l'écriture sur l'ardoise ou une construction avec des cubes par exemple.

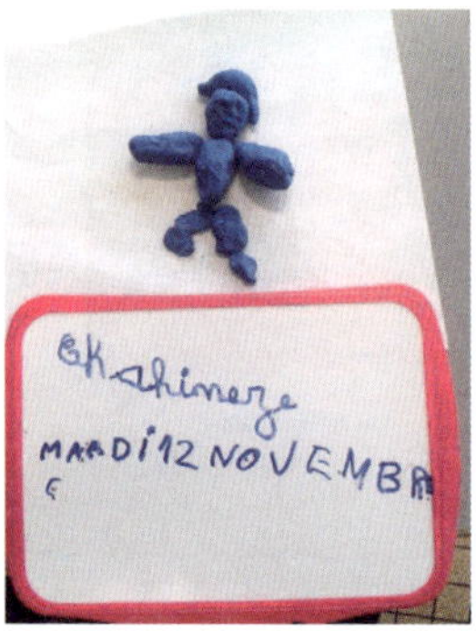

Schéma corporel : le bonhomme en pâte à modeler, GS-CP

Les traces pour vos élèves

Certaines photos seront à imprimer et à distribuer à vos élèves, pour qu'ils gardent en mémoire leurs activités, leurs compétences ou encore pour qu'ils enrichissent leurs propres traces écrites.

- Lorsque vous souhaitez garder en mémoire les activités de classe, notamment en maternelle.

Élevage d'escargots, MS-GS

- Lorsque vous réalisez une expérience en sciences, vous y consacrez généralement plusieurs séances. Pour garder en mémoire les étapes successives et élaborer la trace écrite des élèves, vous pouvez imprimer une photo en plus de proposer un schéma.

- Lorsque vous voulez conserver des souvenirs de la classe : les jours d'anniversaire, les sorties en forêt, les sorties culturelles, les rencontres sportives, les exposés, etc.

Une étape d'une expérience autour de l'eau, au CM1

Le classement des photos

Dans votre bibliothèque de travail

Pour retrouver rapidement vos photos et les réutiliser, il est primordial de les trier et de les classer. Dans votre dossier « École », créez-vous un dossier « Photos » dans lequel vous ajouterez des sous-dossiers (comme expliqué dans le chapitre II, p. 55).

- Par exemple, pour une classe de maternelle : matériel de la classe et jeux ; cahier de vie ; parcours de motricité ; productions des élèves ; sorties et spectacles.

  Au sein de chacune de ces rubriques, classez les photos par période ou par date, de façon à les retrouver plus facilement dans l'ordre chronologique. Nommez les photos selon le thème. Par exemple, en motricité, « équilibre », « saut », et les productions d'élèves « automne – hérisson – pliage et découpage de papier », « peinture et craie grasse, le prénom », etc.
- Autre exemple pour une classe élémentaire : matériel de la classe et jeux ; cahier de vie (moments de la classe) ; ateliers d'EPS ; expériences de sciences ; productions des élèves ; sorties et spectacles.

  De la même façon qu'en maternelle, classez les photos par période ou par date, de façon à les retrouver plus facilement dans l'ordre chronologique. Nommez les photos selon le thème. Par exemple, en EPS, « lancer », « sauter », et les productions d'élèves « ombre et lumière », « à la manière de… », etc.

Pour enrichir le cahier de vie

En maternelle

En maternelle, une grande partie des photos réalisées en classe servira à enrichir le cahier de vie tout au long de l'année, voire, dans certaines écoles, à élaborer le carnet de suivi des compétences (ou de réussite).

Le cahier de vie sert de trace écrite et de communication avec les parents (voir le chapitre VIII).

En élémentaire

On entend souvent dire que le cahier de vie est réservé à la maternelle. Pourtant, ce cahier a tout autant sa place en élémentaire, qui est également un lieu de vie. On y apprend, certes, mais on y parle, on y rit, on s'y dispute aussi.

Le cahier de vie à l'école élémentaire va non seulement apporter aux élèves des souvenirs de leur année, mais il va aussi vous permettre de développer des compétences autour du langage écrit et de croiser divers enseignements comme le préconisent les programmes. Il n'a donc pas la même finalité qu'à l'école maternelle, mais il reste individuel.

Dans ma pratique

L'idée de garder un souvenir de la vie de la classe a vite séduit mes élèves. Je leur demandais de prendre eux-mêmes les photos. L'appareil était à disposition dans la classe. En demandant aux élèves de prendre des photographies spontanément, je les ai responsabilisés et je les ai amenés à observer la vie de la classe. L'objectif était de les intéresser au reste du groupe et d'être moins égocentré.
À partir de cette activité simple, j'ai regroupé plusieurs compétences :
– développer la sensibilité (soi-même et les autres) ;
– le jugement (penser par soi-même et avec les autres) ;
– l'engagement (agir individuellement et collectivement).
Ce sont des points essentiels de l'enseignement civique et moral.

- Par ailleurs, les spectacles auxquels nous participons font l'objet d'une critique consignée dans le cahier. Par cette activité, je regroupe divers enseignements : l'éducation aux arts visuels (la sortie est figurée par le ticket collé dans le cahier), le sens critique (il faut donner une note), le travail de rédaction (une courte critique), le développement lexical (chacun doit trouver trois adjectifs pour définir le spectacle).
- Une année, dans le cadre d'un projet en maitrise de la langue française intitulée « Écrire un journal » en CM1, les élèves ont saisi les textes sur l'ordinateur. Ces derniers, une fois imprimés, ont été collés dans le cahier de vie. Cette expérience leur a par ailleurs permis de valider des compétences du B2i.

Voici des exemples de traces à regrouper dans le cahier :
– les photos des exposés, avec un résumé ;
– les photos des rencontres sportives, avec une activité de rédaction ;
– la photo d'un spectacle avec le ticket, ainsi que sa critique ;
– les photos d'une sortie scolaire, avec un résumé ;
– les images gagnées grâce aux bons points ;
– des photos d'un souvenir collectif (un fou rire, un moment émouvant, le premier jour d'un nouvel élève, etc.) ;
– un « cadeau » d'anniversaire (un mot ou un poème écrit par les camarades, un coloriage partagé par l'enseignant...).

Astuce !

Chaque élève a son propre cahier. J'utilise une pochette cartonnée dans laquelle j'insère des feuilles blanches. Toutes les photos y sont imprimées et collées au format A5. En fin d'année, j'attache le tout avec des clips.

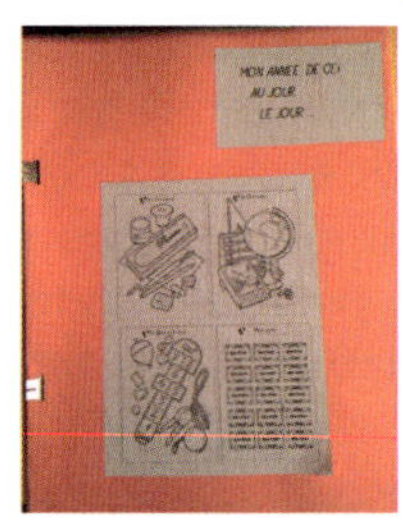

Ordonner le matériel

Les réserves

Le jour de la rentrée, vos élèves arrivent avec des cartables remplis de fournitures : tubes de colle, crayons en quintuples exemplaires, gommes… Pour stocker ces réserves, plusieurs possibilités s'offrent à vous.

Méthode 1 : les boites de mouchoirs

Vous pouvez récupérer les boites de mouchoirs vides (à condition de s'y être pris d'une année sur l'autre) pour y déposer les différentes fournitures personnelles de l'élève (de préférence, une boite par élève). Toutefois, le carton est assez fragile.

Méthode 2 : les barquettes

Vous pouvez également utiliser les barquettes que l'on trouve à la cantine scolaire. Vous y collez une étiquette avec le prénom de l'enfant. Cependant, vous noterez plusieurs inconvénients : les barquettes ne ferment pas, elles peuvent tomber facilement et vous ne savez plus à qui appartient le matériel. Il est malheureusement facile de confondre le matériel de plusieurs élèves. Ce type de rangement est également encombrant.

Méthode 3 : les boites de glace

Très pratiques, elles sont fermées par un couvercle et marquées avec le prénom de l'élève. En revanche, il vous faut consommer beaucoup de glace durant votre été !

Méthode 4 : les bouteilles d'eau

Elles sont coupées à moitié et marquées au prénom de l'élève.

C'est la méthode la plus économique et durable, car les réserves sont solides et prennent relativement peu de place. Les crayons tiennent debout et sont accessibles facilement, les gommes au fond moins.

Les pochettes

Sur les étagères en fond de classe, chaque élève possède un casier. Le matin, il range ses photocopies dans le dossier correspondant. Je contrôle plus efficacement, puisqu'il n'y a pas à manipuler les anneaux. Les feuilles s'abiment moins. Je peux faire un dossier par période ou ponctuel.

Le matériel et les jeux que vous concevez

Vous transportez fréquemment le matériel (d'une classe à une autre, de votre domicile à l'école), vous stockez. Il vous faut un système de rangement pratique et léger.

Lorsque vous exercez dans votre classe, vous laissez aisément votre matériel sur place. Lorsque vous complétez le poste de collègues, votre matériel vous accompagne (d'autant qu'il y a des possibilités que vous ayez le même niveau mais dans deux écoles différentes).

Conseil pratique

Vous pouvez alors mettre votre matériel dans des boites hermétiques. Pour ma part, je suis une grande utilisatrice de sacs de congélation.

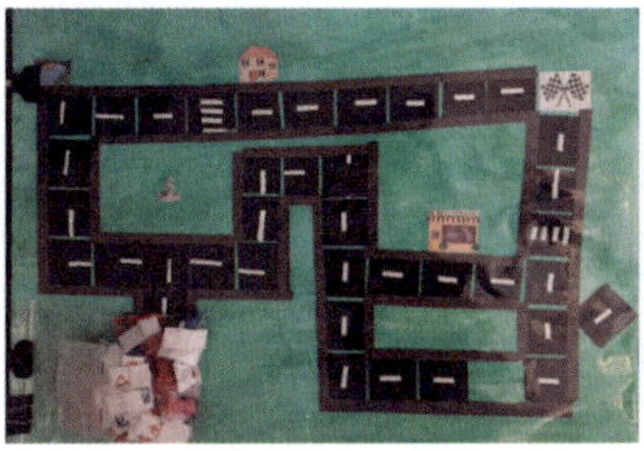

Les cahiers

Les étiquettes autocollantes

Le jour de la rentrée, la préparation des cahiers est très longue, que vous les prépariez à l'avance ou que les élèves le fassent avec vous. Une première façon de gagner du temps est d'investir dans des vignettes autocollantes pour les prénoms (7 x 4 cm), les entêtes des cahiers (7,4 x 10,5 cm). En bref, vous économisez des tubes de colle, du temps et rien ne se décolle.

Codage des cahiers

Tous les élèves, petits ou grands, ont déjà oublié une fois un cahier à l'école. Chaque année, les couleurs et les formats changent, les enfants doivent s'habituer aux méthodes du nouveau maitre ou de la nouvelle maitresse. Pour les aider à se repérer, nous vous proposons d'afficher les couleurs de tous les cahiers qu'ils utiliseront au cours de l'année, au-dessus du tableau.

Affichage reprenant le code couleur des cahiers

Cahiers

Le soir, arrêtez vos leçons dix minutes avant la fin de la journée de classe pour préparer les cartables avec vos élèves, afin de les habituer à réfléchir à ce dont ils ont besoin pour travailler. Énumérez les cahiers à emporter tout en lisant les devoirs notés dans l'agenda ou le cahier du soir, montrez-les et faites faire un tas sur la table. Une fois le tas amassé, invitez les élèves à ranger le tout dans le cartable.

Dans ma pratique

Pour limiter le bruit et éviter des moments d'inattention, je prépare des formats rectangulaires représentant chaque cahier. Un petit rectangle équivaut à un petit format, un grand rectangle équivaut à un grand format. Ensuite, je colle du ruban aimanté au dos afin d'afficher les cahiers cartonnés ou plastifiés au tableau.

Sont affichés les cahiers que les élèves ont à emporter dans leur cartable.

Au fil de l'année, un élève est chargé d'indiquer à ma place les cahiers à mettre dans le cartable.

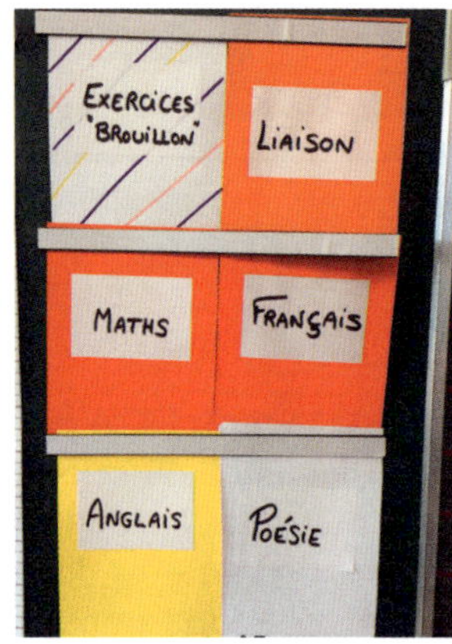

Lorsque vous travaillez à deux dans une classe, vous ne regardez pas systématiquement les devoirs demandés par le collègue. Prévoyez un affichage dédié au cartable, sur le modèle présenté ci-dessus.

Exemple

Vous ne travaillez que le lundi dans la classe, affichez alors les cahiers que les élèves devront emporter le vendredi soir (pour le lundi) à la maison. Votre collègue affichera les cahiers qui concernent ses journées de travail.

Les cahiers pour lundi	Les cahiers pour mardi	Les cahiers pour mercredi
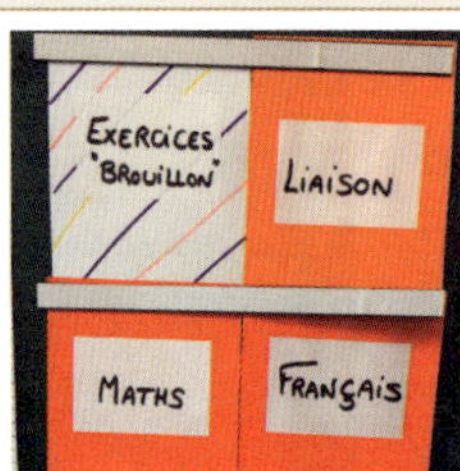	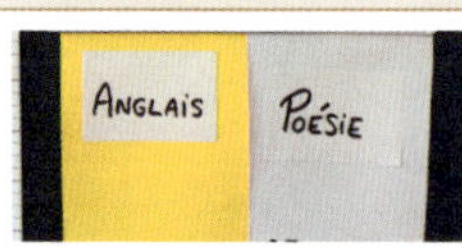	

L'essentiel est de communiquer avec votre collègue, pour une meilleure coopération au profit des élèves.

Anticiper

À l'INSPE, on vous a probablement parlé de l'anticipation… Mais qu'est-ce que cela signifie ? Anticiper quoi et comment lorsque l'on a une classe pour la première fois ?

Une fois dans la classe, il s'agit d'anticiper l'élève qui aura rêvé, celui qui aura mal interprété la consigne, cet autre qui vous posera la même question plusieurs fois et vous fera perdre le fil de vos explications, etc. Pour éviter des problèmes techniques parasitant le bon déroulement de vos séances, il faut anticiper au maximum.

La duplication des cahiers

Il vous sera utile d'avoir en votre possession les mêmes cahiers que les élèves, et si possible de les remplir au fur et à mesure, en même temps qu'eux. Ainsi, soit vous y collez les exercices, les leçons photocopiées, soit vous y notez la page et le numéro d'exercice, tout cela en parallèle des élèves qui le feront sur leurs propres cahiers.

Cela vous permettra de :

- conserver une trace des leçons, des exemples donnés, etc. (ce qui est bien utile lorsque vous êtes affecté sur plusieurs classes) ;
- compléter au besoin votre progression, de façon concrète (avec exercices à l'appui) ;
- donner un modèle à l'élève qui a été absent afin qu'il le recopie ;
- montrer l'exemple, inciter à présenter avec soin et revoir éventuellement la méthodologie avec les élèves.

Dans ma pratique

Pour chaque exercice donné, je fais deux photocopies supplémentaires. À quoi servent-elles ?

- Si un élève se trompe ou perd sa feuille (et, mystère absolu, vous ne la retrouvez jamais), je peux lui fournir un support en plus.
- J'utilise une photocopie pour mes propres cahiers.

Les activités

Pour anticiper au mieux les séances, vous devrez réaliser les différentes activités en vous mettant dans les mêmes conditions que les élèves. Voici quelques exemples.

- Faites les exercices, car :
- – Vous n'êtes pas à l'abri d'une coquille dans un manuel et dans une fiche.
- – Vous aurez une réelle estimation du temps nécessaire pour réaliser une activité (en l'adaptant, car vous êtes plus rapide qu'un élève).
- – Vous pourrez ainsi repérer les difficultés, les pièges ou les possibles incompréhensions de consignes.
- Faites les activités manuelles, car :
- – Vous pouvez mieux prévoir le matériel nécessaire.
- – En élémentaire comme en maternelle, cela peut vite tourner au cauchemar ; la réaliser en amont, dans les mêmes conditions que les élèves permet de vérifier le niveau de difficulté (découpe, coloriage…), la durée, la taille des gabarits, etc.
- Copiez également les leçons sur le cahier afin de calculer le temps et la place nécessaires. De plus, vous présenterez un joli modèle, propre, que l'élève aura plaisir à reproduire.

Le soin et la copie des leçons

Les élèves ne sont pas tous soigneux ni tous motivés par les activités de copie. Cela reste une activité difficile, par déficit d'attention, par manque d'envie, par blocage pour la rigueur, par l'accès aux ordinateurs… Beaucoup de raisons peuvent en être la cause.

Toutefois, les élèves ont besoin d'écrire, de copier, notamment les leçons à apprendre. Les anticiper un minimum permettra de rendre les leçons plus claires et accessibles.

Méthode 1 : le texte photocopié

Vous pouvez tout d'abord photocopier le texte de la leçon en petit format et le faire coller dans le cahier. Mais les élèves doivent le recopier correctement en dessous. De cette façon, ils copient, mais la leçon reste claire.

Méthode 2 : le texte à trous

Pour les copies de leçons, vous pouvez également prévoir des textes à trous de façon à ce que :

- les élèves soient plus concentrés sur la leçon et les notions importantes ;
- ils gagnent du temps sur les apprentissages ;
- ils apprennent plus facilement leur leçon (car il y a moins de corrections formelles de l'enseignant.e) ;
- certains élèves n'aient plus de difficultés à se relire.

Conseil

Lorsque vous rédigez un texte à trous, attention aux emplacements vides qui sont souvent trop petits ! Certains élèves écrivent gros.

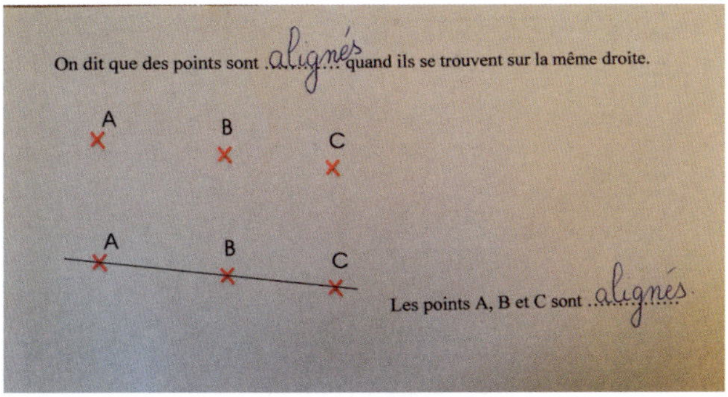

Il arrive aussi de préparer sa leçon et de l'imprimer en format A5. Prenez en compte que l'espacement sera réduit.

Méthode 3 : la copie au tableau

Les élèves qui copient avec soin n'auront plus besoin de recourir aux méthodes 1 ou 2. Vous pouvez alors les laisser copier à partir d'un modèle au tableau, qui est la méthode la plus classique. Quelle que soit la méthode d'aide apportée aux élèves, il est conseillé de présenter simultanément le texte au tableau.

C'est une forme de différenciation (voir à ce sujet le chapitre V sur la conduite de classe).

La copie est un exercice qui demande de la récurrence jusqu'au collège, c'est pourquoi il est important de mettre également des exercices de copie active (voir le chapitre V, « Les méthodes qui fonctionnent pour tous les cycles », p. 164).

Valorisation du travail soigné

Plus on valorise le travail soigné, plus les élèves auront à cœur de réaliser un travail propre. Il existe de nombreuses astuces auxquelles vous aurez probablement de plus en plus recours, car les élèves fonctionnent énormément à l'affectif, à la valorisation individuelle et ils sont très sensibles aux petites attentions.

Dans ma pratique

Pour ma part, j'utilise un tampon « Travail soigné (ou propre) » afin de mettre en valeur le soin porté à la copie.

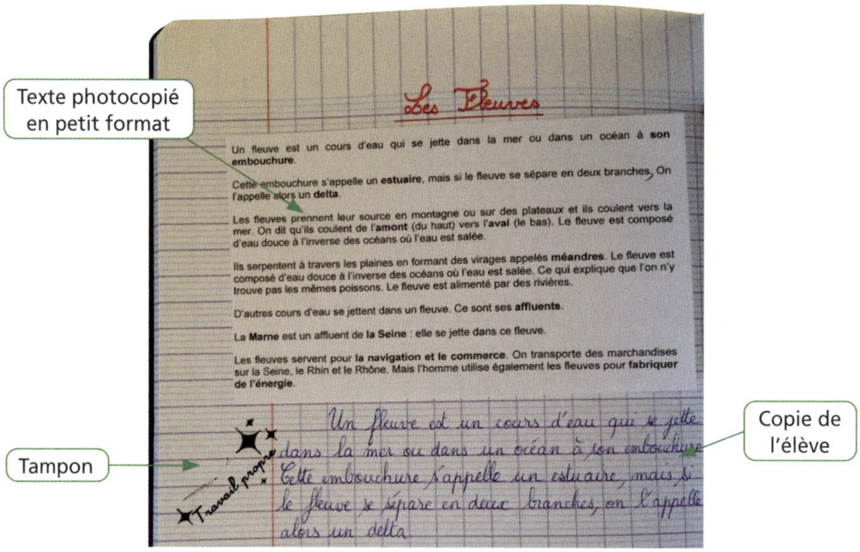

Pour développer la motivation, j'autorise également les élèves à utiliser des stylos de couleur (il y a de jolis stylos à encre gel colorés…) ou des surligneurs pour les poésies, les titres…

Je suis plutôt tolérante lorsqu'ils ont oublié les carreaux d'émargement ou qu'ils se sont trompés de couleur pour le titre (ça peut arriver à tous, même à vous), mais j'insiste sur l'importance d'avoir un cahier propre et soigné.

Responsabiliser

Une fois que les élèves sont informés des évènements concernant la vie de la classe, faites-leur confiance. Donnez-leur des responsabilités.

Les responsabilités

La plupart des classes confient des missions aux élèves : les responsabilités de la classe. (Il est courant que les collègues les appellent les « métiers » de la classe.) Chacun décidera de la liberté et des responsabilités qu'il souhaite accorder aux élèves : effacer le tableau, allumer la lumière, distribuer les cahiers… La limite est mince entre ce qui est autorisé ou non. Que peut-on faire exactement ?

Quelques exemples en maternelle

- Lire la date sur le calendrier. Afficher la date à l'aide d'étiquettes.
- Distribuer et ramasser les feuilles et le matériel.
- Être un chef de rang (ou « pilote »).
- Circuler avec la poubelle pour avoir un espace de travail propre, avant chaque sortie de la classe (en récréation ou en fin de demi-journée).
- Allumer et éteindre la lumière.
- Arroser les plantes.
- S'occuper des animaux lorsque vous faites un élevage.
- Installer le matériel pour une activité, par exemple une activité de peinture.
- Prendre des photos.

Quelques exemples en élémentaire

Cette liste n'est pas exhaustive, mais elle propose des tâches couramment réparties dans la classe, en élémentaire notamment.

- Écrire au tableau la date, en français et en anglais.
- Indiquer la météo, la température, la saison, en français et en anglais. Un emplacement du tableau est dédié à cette tâche (sur un affichage ou au tableau, selon l'organisation de la classe).
- Lire les étiquettes des rituels (un mot d'anglais, un mot de vocabulaire, une énigme, un proverbe…). Elles sont doublées (une pochette avec les étiquettes et une pochette vide agrafée au dos) et peuvent être punaisées au mur, dans des pochettes plastifiées. L'élève sort l'étiquette pour la lire. Pour ne pas lire deux fois la même, on la place dans la pochette vide.
- Distribuer et ramasser les feuilles et cahiers.
- Être un chef de rang (ou « pilote »).
- Circuler avec la poubelle pour avoir un espace de travail propre, avant chaque sortie de la classe (en récréation ou en fin de demi-journée).
- Allumer et éteindre la lumière.
- Prendre des photos : le responsable photographie les moments clés de la vie de la classe (un anniversaire, un élève présentant un exposé, une rencontre sportive, etc.). Les photos serviront de support pour le cahier de vie (voir p. 129), pour un travail en production d'écrits (par exemple un journal de classe), etc.

Il est préférable d'indiquer la conduite à tenir à côté de chaque responsabilité (sur l'étiquette, dans le tableau ou autre), en une phrase.

Exemple :

Météorologue
J'écris la saison,
je note la température
et je dessine la météo
au tableau *(à un endroit défini par l'enseignant sur le tableau).*

Comment s'organiser ?

La tâche attribuée est à effectuer durant une semaine. Il faut prévoir un remplaçant à chaque fois, qui accomplira la tâche si le responsable est absent. Ce remplaçant peut aussi coller les documents dans le cahier d'un élève malade.

Dans ma pratique

J'ai longtemps multiplié les métiers (parfois jusqu'à quinze) et j'en perdais mon latin lorsqu'il fallait rappeler à l'ordre l'élève qui avait oublié sa tâche.

« Alors, Jules, ta responsabilité… ?

– C'est pas moi, maitresse. Moi, c'était la semaine dernière.

– Donc, qui est-ce ?

– *(Silence.)*… »

J'ai tenté plusieurs systèmes d'attribution des responsabilités : le tirage au sort, la liste que je coche (qui au bout de quatre semaines est illisible), la liste de prénoms que l'on fait coulisser à côté de celle des métiers. Le plus simple a encore été un tableau.

La liste des prénoms est par ordre alphabétique. Lorsque je désigne un élève, je surligne son prénom.

Le prénom de l'élève est immédiatement affiché à côté de l'étiquette de responsabilité. De cette façon, je suis certaine que les élèves tourneront sur toutes les responsabilités possibles de façon équitable (puisque sur le tableau, le prénom est indiqué dans toutes les cases de toutes les responsabilités).

Une fois le prénom surligné sur toutes les responsabilités indiquées, vous imprimez un nouveau tableau.

Sur l'exemple ci-dessous, Brandon a déjà été dateur et remplaçant.

Exemple de tableau de responsabilités :

Dateur	Météorologiste	Angliciste	Photographe	Distributeur	Pilote 1	Pilote 2	Nettoyeur	Remplaçant
Brandon	*Brandon*	*Brandon*	*Brandon*	*Brandon*	*Brandon*	*Brandon*	*Brandon*	*Brandon*
Carmin	*Carmin*	*Carmin*	*Carmin*	*Carmin*	*Carmin*	*Carmin*	*Carmin*	*Carmin*
Jade	*Jade*	*Jade*	*Jade*	*Jade*	*Jade*	*Jade*	*Jade*	*Jade*
Johan	*Johan*	*Johan*	*Johan*	*Johan*	*Johan*	*Johan*	*Johan*	*Johan*
Louane	*Louane*	*Louane*	*Louane*	*Louane*	*Louane*	*Louane*	*Louane*	*Louane*
Paul	*Paul*	*Paul*	*Paul*	*Paul*	*Paul*	*Paul*	*Paul*	*Paul*
Safia	*Safia*	*Safia*	*Safia*	*Safia*	*Safia*	*Safia*	*Safia*	*Safia*
Théo	*Théo*	*Théo*	*Théo*	*Théo*	*Théo*	*Théo*	*Théo*	*Théo*
Jeanne	*Jeanne*	*Jeanne*	*Jeanne*	*Jeanne*	*Jeanne*	*Jeanne*	*Jeanne*	*Jeanne*

Le tableau des responsabilités (PDF ; fichier Excel à personnaliser).

Pour les responsabilités, il y a donc trois éléments à afficher de façon bien visible dans la classe (sur une porte d'armoire, par exemple) :

- la liste des responsabilités avec une phrase les définissant ;
- le tableau des responsabilités ;
- le prénom des élèves.

Pour l'étiquette du prénom, prévoyez une étiquette de couleur et une écriture à gros caractère pour qu'elle soit lisible de loin. Elle sera placée sur l'étiquette de la responsabilité et fixée grâce à un système à scratch, de pâte adhésive…

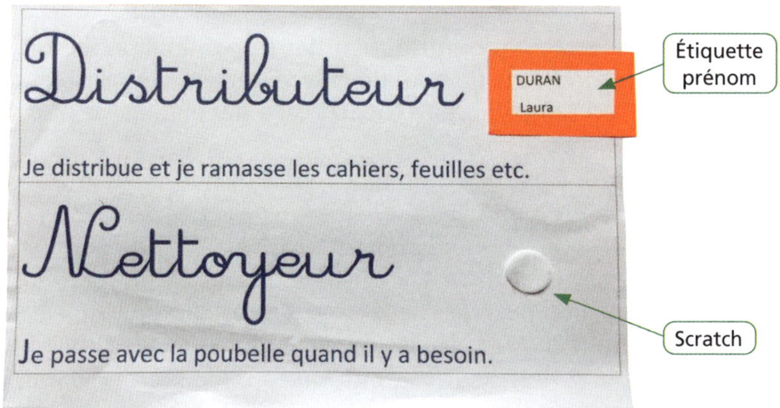

Aménager l'espace

Un aménagement se pense en amont, sur un temps hors classe. Cela fait partie de votre posture d'enseignant.

Mémo

D'après le « Référentiel de compétences des métiers du professorat et de l'éducation » (B.O. 2013)[1], vos missions sont :

– Organiser les conditions de vie des élèves dans l'établissement, leur sécurité, la qualité de l'organisation matérielle et la gestion du temps.

– Garantir, en lien avec les autres personnels, le respect des règles de vie et de droit dans l'établissement.

La disposition de la salle de classe

On entend souvent critiquer les tables en *rangs d'ognons,* et pourtant…

Certaines classes sont disposées en U. D'autres en ilots. D'autres encore sont alignées. Et chaque installation a son utilité.

La disposition en U

L'agencement en U est intéressant lors de débats, ou pour que l'enseignant voie tous ses élèves. Toutefois, il n'est pas sûr que les élèves aient une bonne visibilité du tableau lorsque les tables sont perpendiculaires à celui-ci, ce qui peut gêner lors d'un travail de copie, par exemple.

La disposition en ilots

Une disposition de classe en ilots est intéressante, mais pas tout le temps. Le travail de groupe est porteur… Toutefois, les élèves ont également besoin de concentration et de temps individuels lors d'exercices ou lors d'évaluations. Or, il est impossible de regrouper ou séparer les tables à volonté.

1. Voir sur le site institutionnel : www.education.gouv.fr

La disposition face au tableau

Les tables alignées face au tableau, en *rangs d'ognons,* sont la disposition la plus simple selon moi. Vous pouvez coller les tables par deux si vous utilisez un manuel pour deux. Vous devez également pouvoir circuler facilement entre les tables.

Dans ma pratique

J'installe les tables, collées par deux, face au tableau. Je réserve trois ilots de deux tables au fond de la classe pour regrouper les élèves qui nécessitent de l'aide.

Les élèves s'y regroupent également à leur gré lorsque j'installe un travail de groupe.

Mon plan de classe (en élémentaire)

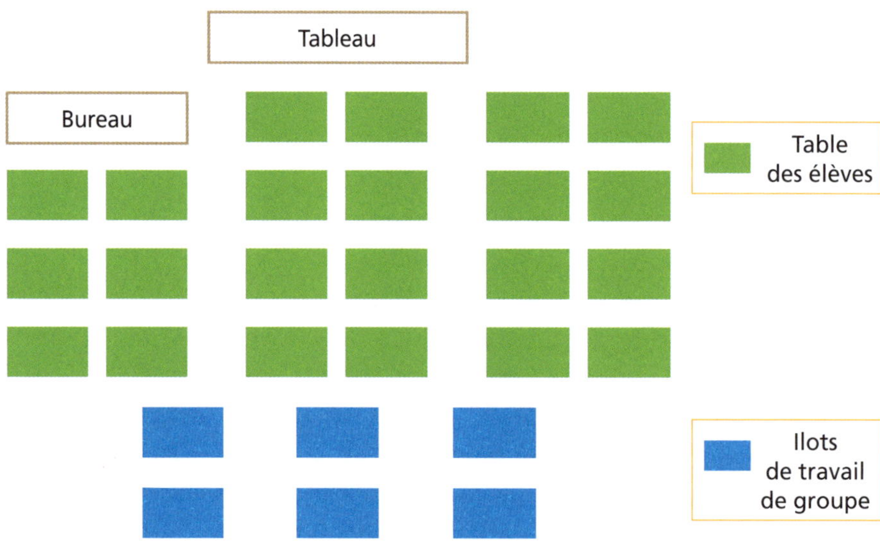

Remarque

D'autres dispositions sont possibles en maternelle. Vous pouvez vous référer à l'ouvrage *Aménager les espaces pour mieux apprendre – Maternelle* (de J. Bossis, C. Dunas, C. Livérato, C. Méjean ; Retz, 2015).

Le bureau de l'enseignant

Si vous installez votre bureau au fond de la classe, vous avez une vue d'ensemble. Vous voyez tout sans être vu. Cependant, vous multipliez les allers-retours vers le tableau.

Dans ma pratique

Ayant travaillé en REP, j'ai eu des configurations de classes difficiles. Dans certains groupes de classe, cette disposition est périlleuse. Pour un groupe bavard et inattentif, lorsque vous vous installez au bureau dans leur dos, vous *disparaissez*. Vous pouvez vite devenir la victime des bavardages des élèves. Ces derniers auront besoin d'un contact visuel, de se sentir vus pour ne pas enfreindre la règle du travail dans le calme.

Le bureau devant le tableau entraine une gêne pour les élèves.
Sur les côtés, vous êtes plutôt bien placé, proche des élèves et proche du tableau (*cf.* le schéma ci-dessus).

L'aménagement de votre espace

© iStock

Le matériel des années précédentes encombre souvent les étagères. Épurez les étagères des manuels que vous n'utilisez pas, pour plus de clarté dans la classe. Par exemple, conservez un nombre raisonnable de dictionnaires. Votre salle de classe doit être un lieu de travail agréable pour tous. Affichez près du tableau les outils auxquels les élèves se référeront tout au long de l'année (consignes de mise en route, modèle de présentation du cahier, etc.). Sur les côtés, affichez les leçons en cours (conjuguer au présent…) ou les aides méthodologiques construites (tableau de nombres…). N'hésitez pas enfin à rendre la salle attrayante, jolie, afin que l'on s'y sente bien (à l'aide de couleurs, de plantes, etc.).

Les affichages

Les affichages pour s'organiser

Le métier d'élève s'apprend tout au long de la scolarité. Pour se familiariser avec son rôle, l'élève doit se sentir impliqué. Donnez-lui des repères dans la classe pour qu'il se sente intégré aux apprentissages, aux activités, aux rituels, aux sorties et à tous les divers évènements.

Le calendrier de la classe pour connaitre la vie de la classe

Que vous soyez en maternelle ou en élémentaire, il est important d'accrocher un calendrier dans la classe, visible par tous (au tableau, par exemple).

Vous y ferez apparaitre de façon bien visible les weekends, les vacances, les anniversaires, les sorties régulières (piscine, médiathèque...), les rencontres sportives, les spectacles culturels, bref tous les évènements de la classe.

Les élèves s'y réfèrent régulièrement le matin.

Dans ma pratique

Je choisis un format A3 en élémentaire et A2 en maternelle que j'accroche en haut du tableau.

Ritualiser et donner des repères pour la mise au travail

En tant que professionnel, vous avez des exigences. Ces exigences doivent être explicitement définies auprès des enfants. Vous devez leur proposer des modèles afin qu'ils répondent aux attentes scolaires.

Les entrées et les sorties

Ritualiser les entrées et les sorties de la salle de classe est important pour mettre les élèves en condition de travail et capter leur concentration. La cloche sonne et elle vous remplace. À l'instant où elle retentit, vous n'existez plus et les élèves s'agitent.

La mise en route est un moment crucial qui peut devenir tendu. Chaque cassure du rythme (la pause méridienne, la récréation) interfère dans la concentration des élèves.

À peine entrés dans la classe, les élèves sont déjà mobilisés par le hors classe et peu disposés à la mise au travail.

Soit vous entassez les informations sur un coin de bureau au risque d'oublier ce qui est urgent, soit vous répondez à tous et votre journée de classe ne démarre pas aussi rapidement que vous le souhaitez. De plus, le bruit amène le bruit. Dans une classe difficile à gérer, vous pouvez vite perdre le contrôle de vos élèves.

Comment répondre aux sollicitations des élèves et mobiliser la concentration ?

La gestion des sorties

Avant de sortir en récréation, demandez à ce que chacun range sa table : trousse fermée, cahier ouvert ou fermé mais placé sous la trousse, pas de papier qui traine. C'est une sorte de transition qui facilite une sortie au calme. De plus, le retour dans une classe organisée donne envie de se remettre à l'ouvrage.

La gestion des entrées et retours en classe

À chaque retour de récréation, procédez au même rituel que celui du matin (se mettre debout derrière sa chaise, faire le silence puis s'assoir).

Ce rituel est très important et rassurant. Il marque par une limite claire la vie de l'école en récréation et la vie de l'école en classe.

Dans ma pratique

Lors de l'entrée en classe du matin, je demande aux élèves de passer la porte dans le calme et d'« enfiler leur manteau d'élève ». J'enfile également « mon manteau de maitresse ». Je salue les élèves un à un et ils me saluent en retour.

Voici l'affiche sur la porte de la classe qu'ils lisent chaque matin.

Puis nous nous positionnons debout derrière nos chaises en silence, afin de nous saluer avec respect (nous théâtralisons un peu).

Je dis alors : « Bonjour à tous. Vous pouvez vous assoir. La journée peut démarrer. »

Je rentre dans la classe.

→ **Je suis un élève.**

→ **Je fais le silence.**

→ **Je m'installe debout derrière ma chaise.**

→ **Je suis prêt à travailler.**

Affiche pour l'entrée en classe.

Dès la rentrée de septembre, j'insiste sur la politesse d'écouter celui qui termine sa phrase, même si la sonnerie nous perturbe.

Les repères pour la mise en route

Vos élèves ont besoin d'une certaine routine pour s'épanouir. Les repères en font partie.

Les consignes d'installation pour le début de la journée

Dès le début de la classe, il vous faut trouver une solution pour mobiliser les élèves, lancer les métiers et contrôler les mots rapidement. Certains élèves ont besoin de se mettre en route en douceur, de « se réveiller ». D'autres ont beaucoup à raconter. Quant à vous, vous avez souvent de nombreux documents à vérifier avant de lancer vos activités.

Dans ma pratique

J'affiche un guide de consignes simples au-dessus du tableau pour que les élèves se mettent en route de façon autonome. Ce rituel d'installation prend cinq à dix minutes. Au bout d'une semaine, je ne m'y réfère plus. Les élèves le lisent, s'impliquent et tout se passe en silence.

Exemples :

Voici l'affiche reproduite pour le cycle 3 :

Consignes d'installation

- → **Je sors mon cahier de liaison** **(pour que la maitresse vérifie les mots et les signatures).**
- → **Je sors les cahiers de mon sac et je range ma case.**
- → **Je sors ma trousse et mon cahier du jour.**
- → **Je fais ma responsabilité.**
- → **J'écris la date** **(sur mon cahier d'exercices).**
- → **J'écris la saison, la température. Je dessine la météo** **(dans la marge du cahier du jour et au crayon de couleur).**
- → **Je relis la poésie, une leçon ou une lecture.**

Affiche des consignes d'installation (cycle 3).

Voici l'affiche reproduite pour le cycle 2 :

Affiche des consignes d'installation (cycle 2).

Remarque

Dans ses responsabilités, l'élève doit écrire la date en français et en anglais au tableau. Toutefois, je prépare également le modèle en arrivant (pour que les élèves accomplissent leur rituel 5) sur une feuille sur mon bureau. Ils s'y réfèrent après avoir accompli leur rituel pour en vérifier l'exactitude.

Les consignes formelles pour la mise au travail

Il s'agit des consignes d'installation et de mise au travail sur lesquelles vous allez passer du temps au début. Si vous avez bien préparé vos élèves, vous ne reviendrez plus dessus en cours d'année et vous n'aurez plus à répéter les mêmes indications.

Vous « perdez » du temps à la rentrée pour en gagner au fil de l'année.

Ces consignes de travail sont ces consignes récurrentes qui indiquent à l'élève le matériel qu'il va utiliser, les outils ou savoir-faire dont il aura besoin. Elles sont parfois remplacées par un pictogramme sur les fiches.

L'élève doit rapidement savoir associer à son travail :

- la présentation du cahier ;
- l'outil scripteur à utiliser (surligneur, crayon de couleur…) ;
- le matériel à prévoir (règle, paire de ciseaux…), surtout en CP ;
- les actions récurrentes (copier, entourer, barrer, lire, relier, colorier, souligner, surligner, découper…).

Pour cela, vous définirez les points importants et établirez des modèles.

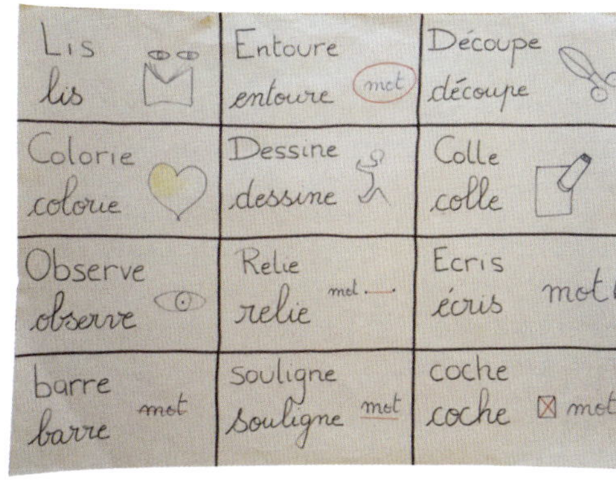

Exemple pour une classe de CP

Affiche des consignes de travail (CP), au format A5 pour l'élève, et A4 pour la classe

Les attentes et les modèles de travail

Dès le début de l'année, définissez vos attentes et les points qui vous semblent importants en terme de méthodologie et de présentation du travail.

La présentation du travail

La date

Comme certains écrivent encore gros, demandez-leur d'écrire la date le long de la marge lorsqu'ils travaillent sur des petits cahiers.

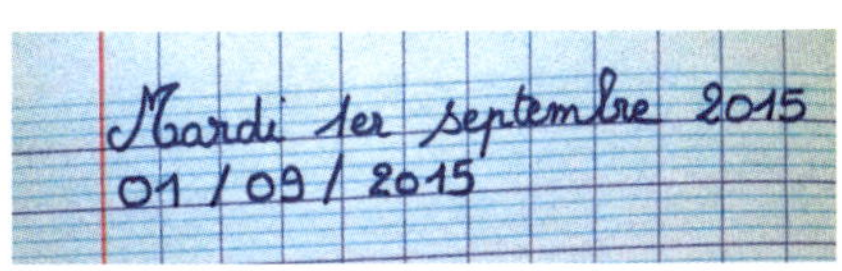

L'écriture

Ils doivent écrire une lettre dans un carreau, intercalée par un carreau vide.

Le calcul mental

Ils écrivent le nombre séparé d'une barre oblique (/). Rejetez la virgule, car elle amène des confusions lors du travail sur les nombres décimaux, ainsi que le tiret, qui peut se confondre avec le signe de soustraction.

Les exercices

Lorsqu'il s'agit d'un entrainement, soit vous travaillez sur le cahier d'exercices, soit vous travaillez sur le cahier du jour, au crayon à papier. Dans la marge, les élèves écrivent qu'il s'agit d'un essai. Notez-y également la page du manuel et le numéro de l'exercice.

Les consignes

Lorsque vous enseignez dans une classe dont les élèves présentent de bons acquis, vous pouvez faire copier les consignes aux élèves. Quand il s'agit d'élèves moins à l'aise, ne demandez pas aux élèves de les noter, afin qu'ils se concentrent sur la réalisation de l'exercice. Consacrez alors d'autres créneaux pour la copie active.

Les leçons

Usez des crayons de couleur et des surligneurs ! La couleur permet de mettre en valeur les mots importants. On désigne un symbole à côté de ce qui est à mémoriser. La couleur doit sauter aux yeux des élèves.

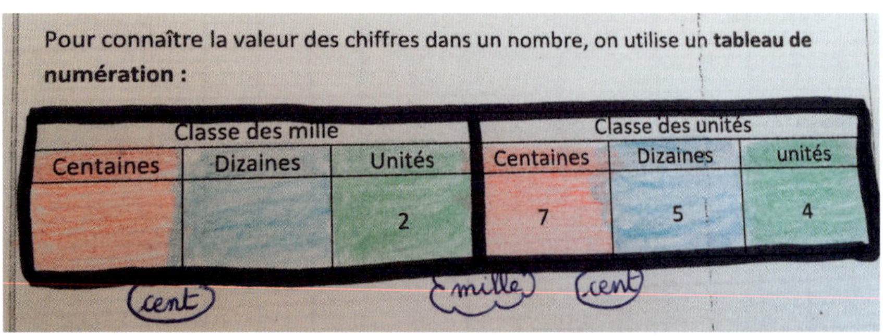

Exemple en classe de CE2-CM1

La préparation des modèles

Le déroulement d'une rentrée de classe sera expliqué en détail (voir le chapitre VI, p. 207). Toutefois, pensez à préparer des modèles pour que les élèves (et vous) aient rapidement des repères concernant vos attentes. Ce que nous entendons ici par modèles sont les exemples et outils référents sur lesquels peuvent s'appuyer les élèves.

Affichez un modèle au-dessus du tableau et faites coller un modèle de présentation sur la première page du cahier du jour.

La date : À combien de carreaux écrit-on la date ? L'écrit-on en entier et en abrégé ?

Le titre : À combien de carreaux écrit-on le titre ? Le souligne-t-on ? de quelle couleur ?

En voici un exemple, que vous pourrez adapter :

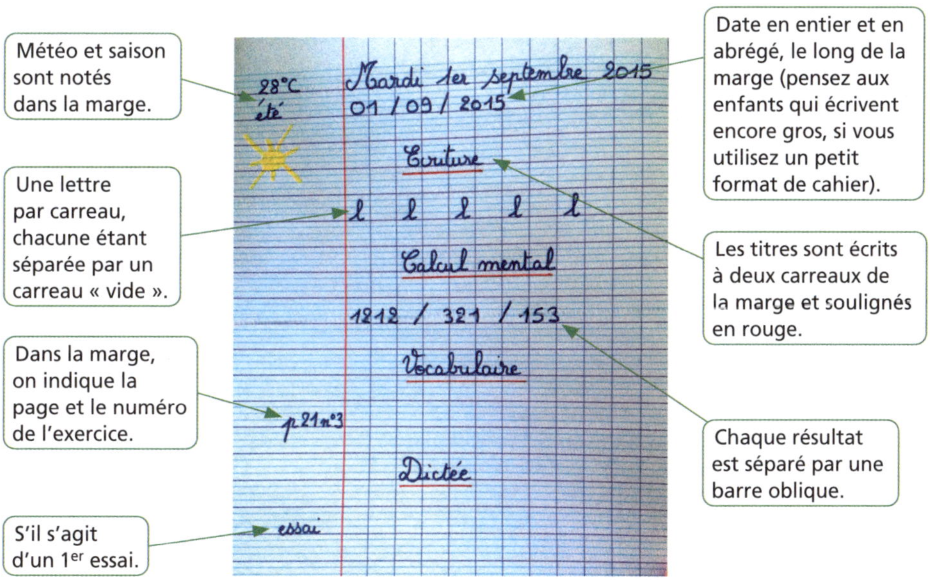

Modèle de présentation d'une page de cahier du jour

Pour résumer

Gérer l'organisation de la classe

Conserver en mémoire

– **Photographier** : la salle, les élèves, les parcours d'activités sportives, les productions, les expériences de sciences, les traces écrites pour les élèves et, pour vous, les affichages, les activités éphémères, les souvenirs.

– **Le classement des photos** : organiser des dossiers numériques dans votre bibliothèque de travail.

Ordonner le matériel

– **Les réserves** : les constituer le jour de la rentrée, par exemple dans des bouteilles d'eau en plastique coupées en deux.

– **Les jeux et le matériel que vous concevez** : utiliser des pochettes de congélation pour les ranger et les transporter facilement.

– **Les cahiers** : utiliser les étiquettes autocollantes et des couvertures de couleur pour la présentation des cahiers ; préparer des pancartes cartonnées à positionner sur un coin du tableau pour faire préparer les cartables sans avoir à parler.

Anticiper

– **La duplication des cahiers** : pour avoir un modèle soigné à présenter aux élèves et conserver une trace.

– **Les activités** : les préparer avant pour gérer au mieux votre temps de classe.

– **Le soin et la copie** : opter pour une présentation colorée, des modèles photocopiés, des textes à trous, des tampons d'encouragement pour favoriser la mise en forme et valoriser le travail soigné.

Responsabiliser les élèves

Les responsabilités sont définies, affichées dans la classe et expliquées. Elles impliquent les élèves et leur permettent de participer à la vie de la classe.

Aménager l'espace

– **La salle de classe** : organiser la classe, les tables en rangées, le bureau, épurer les étagères des nombreux manuels que vous n'utilisez pas pour plus de clarté.

– **Le calendrier de la classe pour impliquer les élèves** : l'afficher et y noter les évènements et leur date, pour construire le métier d'élève.

Ritualiser et donner des repères pour la mise au travail

– **Les entrées, les sorties** : les déplacements des élèves sont ritualisés. Soigner la sortie en récréation en retirant de la table les papiers inutiles, amener le calme, sortir en silence.

– **Les repères pour la mise en route** : favoriser l'autonomie en préparant un affichage des consignes d'installation pour le début de la journée, et un affichage des consignes de mise au travail.

– **Les attentes et les modèles de travail** : afficher des *modèles* de présentation des cahiers pour faciliter le soin et la copie des élèves, l'utilisation des bons outils, en utilisant des couleurs pour favoriser la mémorisation des leçons.

La conduite de classe

Les méthodes qui fonctionnent sur tous les cycles

Une fois que vous avez planifié votre année et établi une idée de votre fonctionnement, vous allez entrer dans le détail de votre conduite de classe.

Quelles méthodes exploiter ?

On entend souvent que le métier d'élève est de plus en plus difficile à mettre en œuvre. On constate aussi que l'élève connait sa leçon, mais qu'il n'arrive pas à réinvestir ce qu'il a appris.

Il y a donc un besoin important de donner du sens aux apprentissages et de développer une méthodologie.

Voici un panel d'outils ou de méthodes exploités et éprouvés en classe.

Justifier, expliquer

Il est important d'être clair et de préciser l'intérêt des différents apprentissages. Autrement dit, n'hésitez pas à tout expliquer pour que les élèves comprennent le sens de l'école. Vous établissez ainsi un lien entre l'école et la vie quotidienne.

- Pourquoi apprenons-nous les règles de classe ? Pour notre sécurité et celle des autres, pour que les adultes fassent confiance aux élèves, pour apprendre à être de bons camarades et mieux s'entendre avec les autres, pour travailler dans le respect.
- À quoi sert l'apprentissage de la grammaire ? À écrire avec une bonne orthographe (grâce aux accords), à comprendre l'organisation d'un texte et donc son sens, à comprendre la grammaire des langues étrangères et donc à mieux les apprendre.
- À quoi sert de connaitre l'histoire, le passé (au sein de la discipline « Questionner le temps ») ? À comprendre l'évolution, les progrès des hommes et des sociétés (modes de vie, technologie...), à y réfléchir, voire à les améliorer ; à savoir qu'il n'y a pas eu que des événements heureux et que nous avons la chance de vivre en temps de paix ; etc.
- À quoi sert la poésie ? À exercer la mémoire orale, à partager un patrimoine culturel (notamment avec les parents et les grands-parents), à découvrir une idée et une vision du monde, à développer la sensibilité et le sens critique.

– À quoi sert le calcul mental ? Même si on a souvent recours à des machines automatiques, il aide à vérifier la monnaie que l'on nous rend, mais aussi à développer le raisonnement, la réflexion et la logique.
– Pourquoi apprenons-nous les départements ? Pour nous repérer sur une carte, si nous voulons partir en vacances.
– Pourquoi apprenons-nous à lire l'heure ? Pour pouvoir fixer des rendez-vous et s'y rendre au moment venu.
– À quoi sert l'orthographe ? À communiquer et à bien se faire comprendre.

Dans ma pratique

Un de mes élèves de CE2 était proche du décrochage scolaire. Ses difficultés lui faisaient perdre confiance en lui.

Lors d'une séance de mathématiques, il m'a dit qu'il ne lui servait à rien d'apprendre tout ça puisqu'il voulait devenir peintre.

J'ai alors modifié ma séance de mathématiques en lui donnant un problème.

« *La pièce que tu dois peindre a une surface de x m^2. De quelle quantité de peinture as-tu besoin ? Et si tu achètes trop de pots ?*

Conclusion : tu perds de l'argent… »

À partir de cet exemple et d'autres, je lui ai démontré que les mathématiques lui seraient très utiles.

Au fil des années, j'ai intégré de courtes activités de mise en pratique reliées au quotidien extrascolaire, comme des jeux de rôle. Par exemple, un élève devait prendre un train à 15 h 10. Il devait lire l'heure sur l'horloge pour ne pas le manquer.

Travailler sous forme de projet

Les programmes de 2020 préconisent de travailler sous forme de projet.

En voici un qui peut trouver une continuité sur toute une école : « Chaque jour compte ». Il est parfaitement détaillé sur le site de « La classe de Dame Dubois »[1].

Chaque matin, au cours des rituels, l'élève de service place une paille dans un gobelet pour comptabiliser les journées d'école. Il y a un gobelet pour la classe. Le comptage se fait en collectif, puis l'élève inscrit le nombre de pailles sur une affiche plastifiée (que vous aurez réalisée). Ce rituel ne prend que quelques minutes.

Cette activité s'inscrit dans un projet dont le but est de compter les 100 premiers jours d'école. Si les élèves le souhaitent, il est intéressant de poursuivre sur l'année complète.

---

1. Adresse du site : http://damedubois.eklablog.com/ (Rubrique « Les rituels »).

Cette tâche quotidienne peut être un support pour développer différentes activités, à mettre en place chaque vendredi pendant 10 à 15 minutes par exemple, et qui ont des objectifs très intéressants en terme d'apprentissage…

Au cycle 1

Voici quelques exemples d'activités pour la maternelle.

Activités	Objectifs	Compétences transversales
Compter les pailles chaque matin.	Structuration de la suite numérique pour prendre conscience du lien entre quantité et nombre.	Matérialiser le temps qui passe. Coopérer à la vie de la classe.
Associer le nombre de pailles à l'écriture chiffrée dès la MS.	Associer une quantité à une écriture chiffrée.	
Savoir quantifier des collections de 10 objets, c'est-à-dire regrouper les pailles sous forme de paquets de 10 pailles.	Regrouper des objets pour faire des collections de 10 (imprégnation de la notion de dizaine).	
Travailler sur des albums autour du nombre 100. Il en existe intitulés *Mes 100 jours d'école* qui vous permettent de raconter une courte histoire en rapport avec le nombre du jour.	Écouter et comprendre un texte.	
Au 100e jour d'école, organiser une exposition autour du nombre 100 pour réinvestir les notions de « dizaines » (voir ci-après).	Réaliser une œuvre collective. Communiquer en présentant un travail.	Participer à la vie de la classe. Travailler en groupe, s'engager dans un projet.

Vous serez surpris de voir certains élèves compter au-delà des attendus des programmes. En fin d'année, six élèves de MS et GS comptaient au-delà de 100 !

Voici des exemples, à titre indicatif, qui montrent les différentes possibilités de « fêter les 100 jours » :

- Courses de relais : par exemple, 10 élèves se déplacent en 10 bonds de lapin, aux élèves de former les équipes.
- – Former le nombre 100 avec son corps, seul ou en équipes. Par exemple, en groupe de huit élèves allongés sur le sol ou alors la classe entière se tenant par la main. Vous prendrez une photographie en vue de dessus.
- – Réaliser des puzzles de 100 pièces en binôme. Etc.
- Préparation d'œuvres collectives autour des collections de 10, afin d'obtenir 100 objets : écrire 10 collections de 10 lettres ou chiffres, coller 10 branches de 10 feuilles d'arbres, illustrer 10 collections de 10 lunes, etc. Les parents peuvent être invités à voir l'exposition.

Voici quelques exemples :

Exposition : 10 lunes formées de 10 étoiles, 10 soleils formés de 10 ronds, etc.

10 ballons contenant 10 chiffres, soit 100 chiffres

10 branches comportant 10 feuilles, soit 100 feuilles

Au cycle 2

Voici quelques exemples d'activités pour le cycle 2.

Activités	Objectifs	Compétences transversales
Compter les pailles chaque matin.	Connaitre la suite des nombres jusqu'à 100 et au-delà.	Matérialiser le temps qui passe. Participer à la vie de la classe.
Écrire et lire des nombres jusqu'à 100.	Associer le nombre de pailles à l'écriture chiffrée.	Structurer la construction du nombre.
Faire des « paquets » de 10 et installer la notion de dizaines.	Compter des dizaines entières.	Structurer la construction de la dizaine.
Comme au cycle 1, s'appuyer sur des albums tels que *Mes 100 jours d'école* afin de raconter une courte histoire en rapport avec le nombre du jour.	Écouter et comprendre un texte.	
Organiser une fête des 100 jours (voir ci-dessus, le cycle 1).	Réaliser une œuvre collective, un exposé.	Participer à la vie de la classe. Travailler en groupe, s'engager dans un projet.

Au cycle 3

Voici quelques exemples d'activités pour le cycle 3. Vous comptez les pailles et travaillez à partir de la date.

Activités	Objectifs	Compétences transversales
À partir de la date, transformer le nombre en mille, million, en nombre décimal.	Découvrir le nombre et ses différentes écritures.	Structurer la construction du nombre.
Proposer des calculs avec les nombres de la date et de pailles (multiplications, additions, divisions…).	Maitriser les techniques opératoires.	
Ranger les nombres, les décomposer.	Structurer les notions de dizaines, centaines et les classes de nombres. Savoir ordonner.	
Organiser une fête des 100 jours (voir ci-dessus, le cycle 1).	Réaliser une œuvre collective, un exposé.	Travailler en groupe, s'engager dans un projet. Présenter un exposé.
Lire un texte en rapport avec les 100 jours. Support d'un album *100 days of school.*	Écouter et comprendre un texte en anglais.	

D'autres exemples de projets

- En maternelle, vous pouvez développer un projet de « voyage autour du monde ». Vous pouvez faire lire des histoires en lien avec les continents, faire découvrir des puzzles avec les symboles des pays d'Europe et du monde, faire repérer ces pays sur un planisphère, faire réaliser des activités de graphisme et d'arts visuels en rapport avec ce tour du monde (par exemple, des iglous, des cases, des animaux sauvages, des lanternes chinoises…), faire écouter des chants du monde entier. Ce type de projet s'articule sur une année complète.
- Toujours en maternelle, voire en cycle 2, vous pouvez réaliser un jardin potager commun à l'école, des semis jusqu'à la récolte (voir aussi p. 78).
- La correspondance scolaire est également très riche. De nombreuses classes sont intéressées pour participer à des échanges épistolaires. Vous pouvez prendre contact avec les écoles de votre circonscription. Soit vous rédigez un courrier collectif à la classe, soit chaque élève écrit à un correspondant dans l'autre classe. Le support peut être le courrier électronique ou la voie postale.

  Le projet « Clément aplati » vous permet d'aller plus loin dans les échanges, à savoir correspondre au niveau national et international. Il suffit alors d'inscrire votre classe sur les forums et de prendre contact avec quelques écoles. Vous travaillez alors la production d'écrit et la discipline Questionner le monde, en plus de l'Éducation morale et civique.

Les méthodes qui fonctionnent aux cycles 2 et 3

Les programmes de 2020 soulignent l'importance de l'organisation pour une meilleure transition entre l'école élémentaire et l'entrée au collège.

Mémo

En gagnant en aisance et en assurance et en devenant capables de réfléchir aux méthodes pour apprendre et réaliser les tâches qui leur sont demandées, les élèves acquièrent une autonomie et organisent mieux leur travail personnel, mais aussi développent des stratégies de recherche.

Domaine 2 : Les méthodes et outils pour apprendre[1]

« Tous les enseignements doivent apprendre aux élèves à organiser leur travail pour améliorer l'efficacité des apprentissages. Ils doivent également contribuer à faire acquérir la capacité de coopérer en développant le travail en groupe et le travail collaboratif à l'aide des outils numériques, ainsi que la capacité de réaliser des projets. Des projets interdisciplinaires sont réalisés chaque année du cycle. Dans tous les enseignements en fonction des besoins, les élèves se familiarisent avec différentes sources documentaires, apprennent à chercher des informations et à interroger l'origine et la pertinence de ces informations dans l'univers du numérique. »

Les leçons et les devoirs

Comment rendre les exercices plus efficaces ?

On observe souvent, dans les exercices proposés, qu'ils se caractérisent par un énoncé où l'on demande aux élèves « ce qui manque ».

1. Toutes les citations des programmes (élémentaire) viennent du PDF du site : https://www.education.gouv.fr/au-bo-du-30-juillet-2020-programmes-d-enseignement-pour-le-primaire-et-le-secondaire-305398

Exemple :

As-tu bien compris ?

Exemple 1	*Exemple 2*
Est-ce une phrase ? Colorie les phrases correctes. • le voisin est grand. • La souris est grise. • Les enfants dansent • Courir dans les rues enfants.	Est-ce une phrase ? Indique s'il manque un élément pour que la phrase soit correcte ? • le voisin est grand. La majuscule / Le point / Le sens • La souris est grise. La majuscule / Le point / Le sens • Les enfants dansent La majuscule / Le point / Le sens • Courir dans les rues enfants. La majuscule / Le point / Le sens

Or, lorsque vous procédez de cette façon, vous mettez vos élèves en position d'« expert ». C'est bien le niveau que vous voulez leur faire atteindre, mais… avant de faire du VTT, vous avez appris à faire du tricycle !

Alors avant d'accéder à ce stade, il faut décomposer en étapes. Apprendre aux élèves à procéder à l'aide d'une méthodologie a pour objectif de donner du sens à une leçon qu'ils apprennent généralement par cœur.

Une méthode efficace consiste à mettre en avant les critères d'une leçon, les faire comprendre puis les identifier dans les exercices.

Reprenons notre exemple, avec une formulation différente.

As-tu bien compris ?

Est-ce une phrase ?

	Est-ce qu'il y a ?			*Donc :*
le voisin est grand.	La majuscule	Le point	Le sens	Phrase correcte
La souris est grise.	La majuscule	Le point	Le sens	Phrase correcte
Les enfants dansent	La majuscule	Le point	Le sens	Phrase correcte
Courir dans la rue les enfants.	La majuscule	Le point	Le sens	Phrase correcte

Les critères ont été donnés pendant la leçon : la présence de trois éléments. Dans l'exercice, on apprend aux élèves à rechercher ces trois éléments. En pointant ce qu'il y a, ils identifient ce qu'il manque. Ainsi, ils apprennent à lire et comprendre des critères donnés.

Comment présenter une leçon ?

Les élèves ont besoin de repères pour comprendre, mémoriser, investir. Comment leur en donner ?

Voici un exemple de leçon détaillée. La fiche est collée dans le cahier de leçons de l'élève. Au fur et à mesure des explications que vous apportez à cette leçon, demandez aux élèves de colorier, surligner ce qui est à retenir. Afin de les aider à se repérer, procédez en même temps qu'eux sur un modèle papier agrandi.

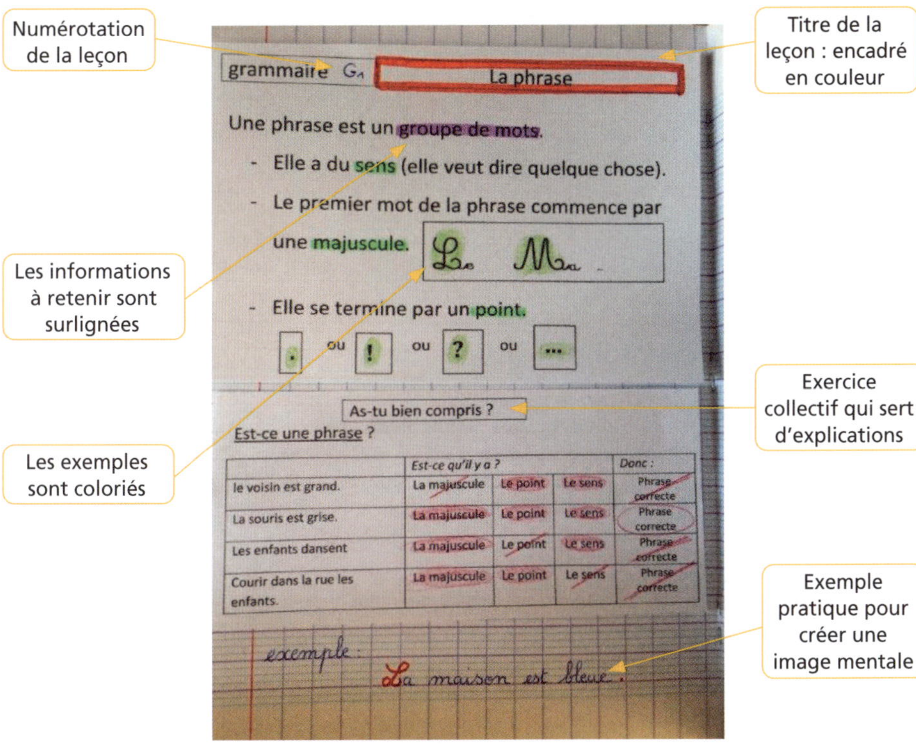

Leçon de grammaire pour une classe de CP

> **Astuce !**
>
> Essayez au maximum de garder le même type de présentation pour toutes les leçons, afin de créer des repères stables.

Comment appréhender les devoirs ?

Tout d'abord, il n'est pas inutile d'expliquer aux élèves ce qu'est l'acte d'apprendre. Dès le premier jour, vous pouvez leur proposer une fiche de conseils qui les aidera à mieux appréhender les devoirs à la maison.

Exemple :

Apprendre une leçon, c'est quoi ?
- Comprendre.
- Mémoriser le plus important.
- Vérifier qu'on a compris.

Apprendre doit se faire au bon moment, lorsque j'ai gouté et que je suis reposé (pas après avoir regardé la télévision ou joué à la console, par exemple).

Quelques pistes pour apprendre tes leçons (tout n'est pas à faire à chaque fois, ce sont des aides) :
- Je lis ma leçon au moins deux fois. Je la lis à voix haute (ou quelqu'un me la lit).
- J'apprends par cœur les titres des leçons.
- Je recopie les mots importants.
- J'essaie de répondre à des questions : qui ? où ? quand ? comment ? pourquoi ?
- Je résume la leçon en quelques phrases.
- Je peux aussi noter sur une feuille tout ce que je sais. Je compare avec la leçon et j'écris tout ce que j'ai oublié.

Fiche méthodologique pour l'apprentissage d'une leçon (format A4 pour l'affichage et A5 pour l'élève).

Ensuite, vous ritualisez la prise de devoirs (voir à ce sujet le chapitre III, p. 121).

La copie

La copie fait partie des objectifs des programmes de 2020 de cycle 2.

Mémo

Apprendre à copier

« Ayant commencé d'apprendre à écrire en cursive en grande section, ils complètent l'apprentissage du geste d'écriture non achevé et perfectionnent leurs acquis (sûreté et vitesse), automatisant progressivement le tracé normé des lettres.

Quel que soit le niveau d'enseignement, la fréquence, la régularité des situations d'écriture et la quantité des écrits produits, dans leur variété, sont gages de progrès. Les activités de copie visent à entraîner les élèves aux gestes d'écriture et favorisent la mémorisation orthographique des mots écrits. Au début du cycle 2, le temps que demande toute activité d'écriture pour de jeunes élèves non experts ne doit pas dissuader de lui donner toute sa place tous les jours.

Les élèves apprennent à utiliser les fonctions simples d'un traitement de texte, ils manipulent le clavier. De façon manuscrite ou numérique, ils apprennent à copier ou transcrire sans erreur, depuis des supports variés (livre, tableau, affiche, etc.) en veillant à la mise en page. Les exigences qui s'appliquent à la copie sont justifiées par l'usage réel qui sera fait des messages ou des textes copiés. »

.../...

…/…

> **Attendus de fin de cycle**
> « Copier ou transcrire, dans une écriture lisible, un texte d'une dizaine de lignes en respectant la mise en page, la ponctuation, l'orthographe et en soignant la présentation.
> Rédiger un texte d'environ une demi-page, cohérent, organisé, ponctué, pertinent par rapport à la visée et au destinataire.
> Améliorer un texte, notamment son orthographe, en tenant compte d'indications. »

On observe souvent que la copie se résume à recopier une leçon ou recopier un texte de dictée. Pourtant, les activités de copie peuvent être variées et stimulantes (voir le chapitre IV, p 136).

Voici des exemples d'exercices de copie active mis en place dès la fin du CP (et jusqu'en CM2).

Activité 1 – Dès le CP

Objectif : Mémoriser des groupes de lettres ou de mots par séquençage pour améliorer sa vitesse de copie.

Une phrase est notée au tableau.

Les élèves la visualisent, puis l'enseignant retourne les volets du tableau. Les élèves écrivent ce qu'ils ont mémorisé. Lorsqu'ils ne savent plus, ils s'arrêtent et tracent un trait au crayon à papier. Ce trait symbolise une pause.

Puis l'enseignant retourne le tableau à nouveau et les élèves visualisent ce qui reste à copier. L'enseignant.e cache le tableau et les élèves écrivent ce qu'ils ont mémorisé. Et ainsi de suite, jusqu'à ce que la phrase soit écrite en entier.

Ainsi on apprend aux élèves à mémoriser des mots puis des phrases au fur et à mesure, par groupes de lettres, puis de sens.

<table>
<tr><td>En CP : mémoriser des groupes de lettres ou de syllabes</td><td>Par exemple : « Les oiseaux »
<table>
<tr><td>Groupe de lettres 1</td><td>Groupe de lettres 2</td><td>Groupe de lettres 3</td></tr>
<tr><td>« Les »</td><td>« oi »</td><td>« seaux »</td></tr>
</table></td></tr>
<tr><td>En CE1 : mémoriser des groupes de syllabes puis des mots</td><td>Par exemple : « Les oiseaux sont revenus. »
<table>
<tr><td>Groupe de syllabes 1</td><td>Groupe de syllabes 2</td><td>Groupe de syllabes 3</td></tr>
<tr><td>« Les »</td><td>« oi »</td><td>« seaux » etc.</td></tr>
</table>
Étape 2 :
<table>
<tr><td>Mot 1</td><td>Mot 2</td></tr>
<tr><td>« Les »</td><td>« oiseaux » etc.</td></tr>
</table></td></tr>
<tr><td>En CE2 : mémoriser des groupes de sens</td><td>Par exemple : « Ce matin, les oiseaux migrateurs sont revenus. »
<table>
<tr><td>Groupe de sens 1</td><td>Groupe de sens 2</td><td>Groupe de sens 3</td></tr>
<tr><td>« Ce matin, »</td><td>« les oiseaux migrateurs »</td><td>« sont revenus. »</td></tr>
</table></td></tr>
</table>

En CM1-CM2 : mémoriser des phrases de plus en plus longues	Par exemple : « Ce matin, les oiseaux migrateurs, alertés par le froid, ont pris leur envol pour les pays chauds. » L'activité peut être présentée sous forme de défis.

Activité 2 – Dès le CE1

Objectif : Reproduire des signes[2].

Copiez au tableau des séries de symboles, des pseudo-mots, des adresses e-mail et des numéros de téléphone. C'est une méthode éprouvée par les orthophonistes qui aide les élèves ayant des difficultés de copie et d'écriture. Elle permet également de fixer l'orthographe des mots, puisqu'elle entraine à la mémorisation. Il s'agit d'une « gymnastique du cerveau ».

> **Astuce !**
> Développez ces activités sous forme de petits défis personnels ritualisés.

Symboles	Pseudo-mots
→ // + « • * x ?	falbala dufinu noumana
E-mails	**Numéros de téléphone**
patrick.maison@youhou.fr	10 41 42 33 90

Dans ma pratique

En CE2 et en CM1, de nombreux élèves ne maitrisaient pas encore la copie ni les gestes de l'écriture. Et ces difficultés se répercutaient sur le bon apprentissage de l'orthographe. Après plusieurs recherches sur la dysorthographie et la dysgraphie, je me suis intéressée à la rééducation en écriture.

J'en ai tiré les exercices mentionnés ci-dessus et observé une amélioration chez les élèves.

2. Voir *Dysorthographie et dysgraphie/300 exercices : Comprendre, évaluer, remédier, s'entrainer*, Françoise Estienne, Elsevier Masson, 2014.

La lecture et la compréhension

De plus en plus d'enseignants soulignent la difficulté principale en lecture : le sens. Les élèves lisent mécaniquement, mais ne réussissent pas à se construire une représentation mentale. Ils lisent le texte en silence.

L'activité souvent proposée est de lire un texte et de répondre à un questionnaire s'y rapportant.

Comment rendre les élèves plus actifs dans leur lecture ?

Voici une démarche possible : travailler l'explicite.

- **Identifier les questions courantes** : Proposez divers questionnaires que les élèves liront. En collectif, identifiez les questions fréquentes. Vous pouvez les synthétiser sur une affiche. Par exemple : Qui sont les personnages, que font-ils et pourquoi ? Quels sont les lieux ? etc.
- **Anticiper les questions** : De ce premier travail, expliquez aux élèves de garder en tête, lors de leur première lecture, l'importance d'identifier en priorité les personnages, les lieux, le thème de l'histoire.
- **Rechercher les informations importantes dès la première lecture** : Lors de la première lecture, en travail individuel, incitez les élèves à surligner ces informations importantes.
- **Apprendre à trier les informations et travailler sur la compréhension de l'implicite** (inférences, émotions des personnages…) : Lors de la deuxième lecture, les élèves affinent leur perception et repèrent ce qui est le plus important en surlignant de couleurs différentes ce qui se rapporte aux personnages, aux lieux… au cours d'un travail individuel. Ce tri permet de se reporter plus facilement au texte pour répondre aux questions.
- **Résumer en dessinant l'histoire et/ou en écrivant quelques phrases** : Proposez aux élèves de faire un dessin très simple avec le nombre de personnages, une maison, un objet… tout d'abord dans une phase collective (afin de leur montrer la méthodologie) puis en travail individuel. Cette étape peut aider à ensuite rédiger un court résumé.
- **Écrire des questions** : Avant de proposer le questionnaire, à la fin de la première lecture, demander aux élèves d'imaginer deux questions que l'on pourrait poser[3].

3. Vous pouvez vous appuyer sur la méthode *Lector & Lectrix* (de Roland Goigoux et Sylvie Cèbe, Retz, 2009) qui reprend les principes ci-dessus et permet de travailler l'implicite.

Dans ma pratique

Les élèves en difficulté lisent peu. Ils attendent souvent la lecture collective pour retirer les informations importantes.
Je leur demande donc de trouver deux questions et nous les mettons en commun. Ainsi, nous avons un référentiel pour travailler sur la compréhension du texte.
Le fait de surligner dans le texte leur permet de retrouver plus facilement les réponses aux questionnaires.
Enfin, ils travaillent régulièrement en groupe, ce qui favorise les échanges et les justifications.

Les dictées sous toutes leurs formes

La baisse du niveau des élèves en orthographe est un sujet récurrent de préoccupation, auprès des enseignants, chez les parents, dans les médias… On entend souvent que c'est à cause des SMS que la mémorisation orthographique est de plus en plus difficile pour nos élèves. Les raisons sont multiples. Mais il revient à nous, enseignants, de trouver comment y remédier.

Mémo

Connaissances et compétences
« Comprendre le fonctionnement de la langue
– Maitriser les relations entre l'oral et l'écrit.
– Acquérir la structure, le sens et l'orthographe des mots.
– Maitriser la forme des mots en lien avec la syntaxe.
– Observer le fonctionnement du verbe et l'orthographier.[6] »

Les dictées font elles aussi partie des programmes 2020, dans la rubrique « Acquérir l'orthographe lexicale par des dictées, écrits, favorisant la mémorisation de la graphie ».
Les attendus des programmes sont de faire acquérir par nos élèves le sens des textes ainsi qu'une bonne maitrise de l'orthographe dans leurs divers écrits : production d'écrits, réponses structurées à des questionnaires. La dictée est un entrainement fondamental pour y arriver si elle ne se contente pas d'être sommative. C'est pourquoi il est intéressant de proposer différents entrainements avant de proposer une forme de dictée plus « traditionnelle ».
Voici des outils possibles qui ont fait leurs preuves dans ma pratique.

4. https://cache.media.eduscol.education.fr/file/A-Scolarite_obligatoire/24/5/Programme2020_cycle_2_comparatif_1313245.pdf

La liste de mots

Les mots sont recopiés en classe, dans un carnet. Chaque « particularité » est repassée en rouge, ainsi que la majuscule et le point dans les phrases.

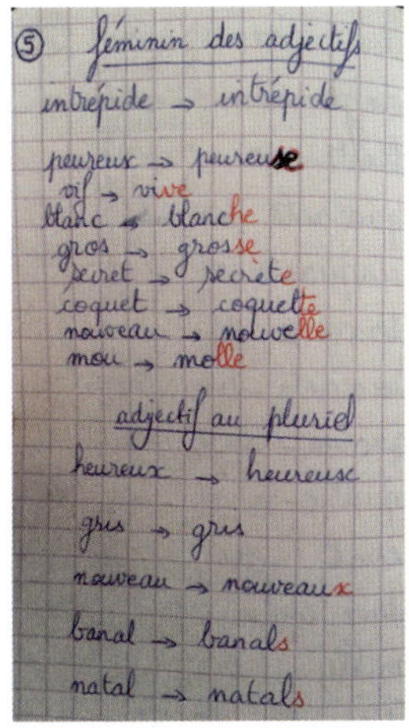

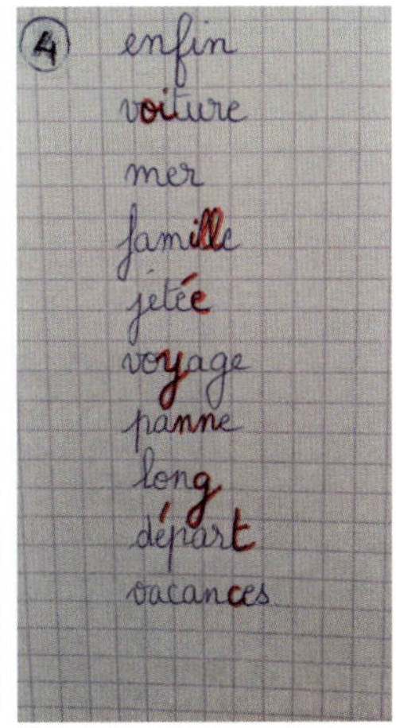

La méthode de mémorisation

Elle est collée au début du carnet d'orthographe.

Exemple :

Pour apprendre les mots de dictée

1. Je lis les mots. Je fais une « photo » dans ma tête, surtout les lettres rouges.
2. J'épèle chaque lettre et accent.
3. (*Cf.* fiche) J'épèle et j'écris le mot « dans les airs » avec mon doigt.
4. Je copie le mot une fois.
5. J'épèle le mot à un camarade.
6. J'essaie d'écrire le mot sans modèle.

Fiche méthodologique pour l'apprentissage des mots de la dictée (version A4 pour l'affichage ou version A5 pour l'élève).

Le premier soir, à la maison, les élèves doivent mémoriser deux mots.
Le lendemain, ils rappellent les deux mots et ajoutent deux autres mots, et ainsi de suite.
La liste de mots est à mémoriser sur la semaine.

Le réinvestissement : la dictée

On garde l'image du maitre ou de la maitresse qui déambule dans la classe en dictant le texte. Les élèves écrivent en silence. Cet exercice convient à l'élève qui possède des stratégies de mémorisation, d'analyse de l'orthographe, d'étude de la phrase. Pour l'élève en difficulté, l'activité est déjà plus compliquée.

La dictée peut prendre des tournures plus variées et intéressantes, permettant ainsi une forme de différenciation.

> **Astuce !**
>
> Ne vous contentez pas d'une dictée « classique », car pour apprendre, l'élève a besoin d'un modèle. Pratiquez un travail de dictée quotidien, de quinze minutes.

Voici différentes méthodes de dictée, dont l'ordre permet une progression.

- **La dictée inventée (travail individuel)**

C'est la première étape.

J1 : Dès que les élèves prennent connaissance de la liste de mots, ils doivent inventer deux phrases avec ceux-ci. Ils peuvent alors immédiatement travailler sur le sens et le contexte.

Les phrases inventées sont corrigées individuellement dans le cahier. Certaines d'entre elles peuvent être lues à l'oral ou copiées en exercice de copie active, voire notées sur une affiche afin de proposer un exemple, une aide aux élèves qui en auraient besoin.

- **La dictée enchainée (travail individuel)**

J1 : L'enseignant dicte une phrase, avec les mots travaillés, qui est corrigée en collectif.

Cette phrase sera toujours proposée en référence à son texte de base (celui qui est utilisé en dictée finale, « sommative », préparée ou non).

J2 : L'enseignant dicte la phrase du J1 et en ajoute une autre. Elles sont corrigées collectivement.

J3 : L'enseignant ajoute une nouvelle phrase aux phrases précédentes. La correction est collective.

J4 : L'enseignant propose une dictée bilan, proche de celle pratiquée les jours précédents.

Cette répétition permet de fixer l'orthographe et de donner confiance aux élèves.

- **La dictée négociée (en binôme)**

Chaque élève écrit le texte lu par l'enseignant sur le cahier d'exercices.

En binôme, les élèves se mettent d'accord sur l'orthographe des mots en comparant leurs productions. Puis ils recopient cette dictée négociée dans leur cahier du jour, en inscrivant les prénoms du binôme. L'enseignant annote et corrige cette production, sans lui donner une note, dans le cahier de chaque élève pour une autocorrection.

Cette méthode les amène à justifier leurs choix. Exemple : « Pourquoi as-tu mis un *-s* ? – Car il s'agit d'un pluriel ».

- **La dictée à transformer (travail individuel)**

L'enseignant dicte une phrase (elle est écrite au stylo bleu). La correction, collective, est prise en dessous au stylo noir.

Puis l'élève doit transformer cette phrase (il écrit la phrase transformée au stylo bleu) : par exemple, il la met au pluriel. La correction est prise en dessous au stylo noir.

- **Autodictée (travail individuel)**

Lecture et mémorisation d'un texte de dictée, à l'oral en collectif. La classe cherche oralement ce qui est important : chacun repasse les graphies particulières et les accords en rouge sur son texte polycopié.

Elle est à apprendre par cœur et à restituer dans le cahier d'exercices ou cahier du jour (selon votre organisation de travail). Les élèves ont plus de quatre jours pour la mémoriser.

J1 : Le texte est travaillé et mémorisé en collectif. Les élèves s'entrainent sur le cahier d'exercices. Puis ils s'autocorrigent à l'aide du modèle.

J2 : Le texte est écrit dans le cahier d'exercices sous forme d'exercice d'entrainement à la copie.

J3 : Les élèves s'entrainent à nouveau à restituer individuellement le texte sur le cahier d'exercices, ils s'autocorrigent.

J4 : Test. Sur le cahier du jour, les élèves doivent restituer le texte qu'ils ont mémorisé. L'enseignant corrige cette restitution.

- **La dictée – copie (travail individuel)**

Montrez une phrase. Lisez-la. Les élèves observent et énoncent les difficultés. Dictez la phrase juste après avoir caché le texte.

- **La dictée préparée (travail individuel et en binôme possible)**

J1 : Les mots de vocabulaire sont travaillés, et à apprendre.
J2 : Dictée d'un texte inconnu contenant les mots de vocabulaire appris.
J3 : Les élèves inventent une dictée avec les mots de vocabulaire.
J4 : Dictée d'un texte proche de celui de la dictée finale (non préparée).

• **Dictée non préparée (travail individuel)**

Évaluation finale par un texte inconnu : elle reprend des mots de vocabulaire appris précédemment.

Dans ma pratique

La première étape de dictée inventée met les élèves en confiance, puisqu'ils intègrent à la fois des mots nouveaux et un vocabulaire qui leur est connu. Au fil des semaines, ils réutilisent spontanément du vocabulaire des listes précédentes ; ainsi, ils réinvestissent leurs acquis. Et la dictée sommative n'est donnée qu'en phase finale.

© iStock.

Les problèmes : développer la réflexion

Au cycle 2, la résolution de problèmes est au centre de l'activité mathématique des élèves, développant leurs capacités à chercher, raisonner et communiquer.

Mémo

Compétences attendues au cycle 2[5]

« Chercher

• S'engager dans une démarche de résolution de problèmes en observant, en posant des questions, en manipulant, en expérimentant, en émettant des hypothèses, si besoin avec l'accompagnement du professeur après un temps de recherche autonome.

• Tester, essayer plusieurs pistes proposées par soi-même, les autres élèves ou le professeur.

Raisonner

• Anticiper le résultat d'une manipulation, d'un calcul, ou d'une mesure.

• Raisonner sur des figures pour les reproduire avec des instruments.

• Tenir compte d'éléments divers (arguments d'autrui, résultats d'une expérience, sources internes ou externes à la classe, etc.) Pour modifier ou non son jugement.

• Prendre progressivement conscience de la nécessité et de l'intérêt de justifier ce que l'on affirme. »

.../...

5. Extraits des programmes 2020.

.../...

Compétences attendues au cycle 3

« • Prélever et organiser les informations nécessaires à la résolution de problèmes à partir de supports variés : textes, tableaux, diagrammes, graphiques, dessins, schémas, etc.

• S'engager dans une démarche, observer, questionner, manipuler, expérimenter, émettre des hypothèses, en mobilisant des outils ou des procédures mathématiques déjà rencontrées, en élaborant un raisonnement adapté à une situation nouvelle.

• Tester, essayer plusieurs pistes de résolution.

Raisonner

• Résoudre des problèmes nécessitant l'organisation de données multiples ou la construction d'une démarche qui combine des étapes de raisonnement.

• En géométrie, passer progressivement de la perception au contrôle par les instruments pour amorcer des raisonnements s'appuyant uniquement sur des propriétés des figures et sur des relations entre objets.

• Progresser collectivement dans une investigation en sachant prendre en compte le point de vue d'autrui.

• Justifier ses affirmations et rechercher la validité des informations dont on dispose. »

On entend souvent que les élèves ne comprennent pas les problèmes. Pour comprendre un problème, il faut déjà maitriser la lecture, donner du sens au texte et comprendre la situation mathématique en jeu.

Cependant, même si la lecture de l'énoncé est acquise, il y a des stratégies de résolution à appliquer : là encore, c'est une question de méthodologie.

Dans ma pratique

Je donne toujours des problèmes pour d'abord travailler le sens : il n'y a aucune opération à appliquer. Il faut un lien étroit entre compréhension et résolution. Une progression assez simple permet de ne pas vous perdre dans la mise au travail des élèves.

Choisir une progression

Voici une progression possible pour aider à la résolution de problèmes.

Tous niveaux

1) Comprendre les énoncés, en utilisant les raisonnements par l'absurde : est-ce que c'est possible ?

Exemple : Un éleveur doit réparer sa bergerie et emprunte 1 500 euros à un ami. Combien a-t-il d'animaux dans sa bergerie ?

2) Sélectionner et organiser les données : éliminer les nombres inutiles.

Exemple : À 9 h du matin, le facteur doit déposer 15 lettres et 22 colis. Il termine sa tournée à 11 h. Combien de courrier a-t-il déposé ?

3) Trouver la bonne question.

Exemple : À 9 h du matin, le facteur dépose le courrier dans le village. Il termine sa tournée à 11 h.

Combien de temps dure sa tournée ?

Combien de kilomètres parcourt-il ?

Quelle est l'heure de début de sa tournée ? (réponse possible, mais ce n'est pas un problème)

4) Chercher et vérifier les résultats : proposition de trois réponses, trouver celle qui convient.

Exemple : À 9 h du matin, le facteur dépose 15 lettres et 22 colis. Il termine sa tournée à 11 h. Combien de courrier a-t-il déposé ?

- *22 – 15 = 7*
- *9 + 15 + 22 + 11 = 57*
- *15 + 22 = 37*

Du CP au CM2

5) Problèmes avec des additions.

Sans retenue : CP-CE1
Avec retenue : fin CE1-CE2-CM1-CM2

6) Problèmes avec des soustractions.

7) Problèmes avec des multiplications puis des divisions.

Multiplications à 1 chiffre : CE2
2 chiffres : CM1-CM2
Divisions : CM1-CM2

8) Procéder par étapes pour résoudre des problèmes complexes.

Fin CE2, CM1-CM2

Exemple : Un éleveur possède 15 moutons et 18 vaches. Lundi, il achète 4 moutons. Mardi, il vend 9 vaches. Combien possède-t-il d'animaux mercredi ?

Méthode 1 :
Étape 1 : 15 + 18 = 33
Étape 2 : 33 + 4 = 37
Étape 3 : 37 – 9 = 28

Méthode 2 :
Étape 1 : la quantité de moutons : 15 + 4 = 19
Étape 2 : la quantité de vaches : 18 – 9 = 9
Étape 3 : la quantité d'animaux : 19 + 9 = 28

9) Créer des énoncés.

CM1-CM2

Développer la méthodologie de l'élève

Faire sens

Pour les leçons, relisez le texte en classe, puis surlignez ce qu'il est important de retenir. Collectivement, cherchez les questions qui pourraient être posées à l'évaluation.

Construire les affichages collectivement

Prenez un problème en exemple et déterminez les différentes étapes :

1) Je lis le texte.

2) Je comprends la question. J'entoure le mot interrogateur.

3) Je cherche et je surligne les informations importantes.

4) Je fais un schéma.

5) Je cherche mon calcul et je l'effectue.

6) J'écris la phrase réponse.

Utilisez si possible des couleurs.

Exemple :

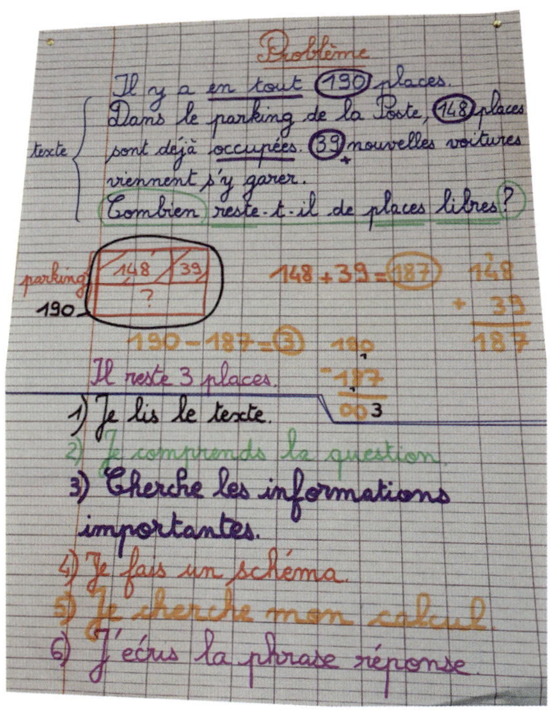

Toute affiche construite en classe est systématiquement photocopiée et collée sous forme de fiche méthodologique dans le cahier des élèves.

La différenciation

La classe est un groupe hétérogène, c'est pourquoi il est nécessaire de recourir à la différenciation.

La différenciation permet de mettre en œuvre une démarche pédagogique diversifiée adaptée à l'élève, par respect du principe d'égalité des chances.

> Mémo
>
> **Le référentiel de compétences des métiers du professorat et de l'éducation**
>
> – Connaitre les élèves et les processus d'apprentissage.
>
> – Prendre en compte la diversité des élèves.

Pourquoi différencier ? Parce que les élèves ont des savoir-faire hétérogènes et n'apprennent pas de la même manière ni au même rythme.

La différenciation peut être proposée :

– par les **manuels** : elle se présente souvent sous forme de deux (ou trois) parcours d'exercices, l'itinéraire A et l'itinéraire B. Lorsque vous observez en détail, les itinéraires sont assez similaires. Sont adaptés quelques termes, la quantité de questions et/ou le niveau de difficulté.

– en **classe** : l'enseignant met en place soit un soutien individualisé, soit une fiche avec une variable quantitative (moins de questions).

Le sociologue Philippe Perrenoud, dans son ouvrage *La Pédagogie différenciée – Des intentions à l'action* (ESF, 2016), résume la différenciation en ces termes : « *C'est rompre avec la pédagogie frontale, la même leçon, les mêmes exercices pour tous ; c'est surtout mettre en place une organisation du travail et des dispositifs didactiques qui placent régulièrement chacun, chacune dans une situation optimale.* »

Comment mettre en place des dispositifs didactiques ?

S'appuyer sur les intelligences multiples

On entend de plus en plus parler du recours à la théorie des intelligences multiples pour développer les apprentissages scolaires. Cette théorie suggère qu'il existe plusieurs types d'intelligence chez l'enfant d'âge scolaire et chez l'être humain en général. Elle fut pour la première fois proposée par Howard Gardner en 1983[1].

1. Son ouvrage *Les Intelligences multiples* a été traduit pour la première fois en France en 1996.

Les intelligences seraient au nombre de neuf :
- l'intelligence verbo-linguistique ;
- l'intelligence logico-mathématique ;
- l'intelligence spatiale ;
- l'intelligence intrapersonnelle ;
- l'intelligence interpersonnelle ;
- l'intelligence corporelle-kinesthésique ;
- l'intelligence musicale-rythmique ;
- l'intelligence naturaliste-écologiste ;
- l'intelligence existentielle.

Dans ma pratique

Je laisse les élèves tester plusieurs méthodes. Toutefois, si je cerne un élève qui mémorise mieux en dessinant (ce qui laisse présager une intelligence plutôt kinesthésique), je l'oriente vers la méthode appropriée. De façon générale, les enfants trouvent assez facilement une méthode qui leur convient en fonction de leurs préférences d'apprentissage.

Comment alors l'exploiter en classe ? Vous trouverez ci-après des exemples d'application dans différents domaines[2].

La poésie

En poésie, vous pouvez mobiliser le corps des élèves. Vous attribuez une gestuelle au texte, pour donner du sens et pour mettre le ton.

Pour les élèves visuels, vous pouvez copier le texte et au fur et à mesure de la mémorisation, effacer des mots… Le dessin est réalisé en premier pour faire sens.

Pour les « auditifs », vous pouvez lire le texte à voix haute plusieurs jours de suite en adoptant un ton « exagéré » (voire le faire enregistrer et réécouter).

L'apprentissage des tables de multiplication

On entend souvent que, pour mémoriser les tables de multiplication, il suffit de les apprendre par cœur… Malgré tout, certains élèves répètent et peinent à les retenir. À part la répétition, que proposer ?

Partant des prédispositions d'apprentissage de chacun, voici différentes procédures :
- Pour l'intelligence musicale-rythmique : apprendre les tables en chantant.

2. Voir également le *Guide pour enseigner autrement – Selon la théorie des intelligences multiples*, sous la direction de V. Garas, B. Hourst, D. Devé Bourquin, D. Adad (Retz, 2009).

• Pour l'intelligence verbo-linguistique : réciter la table travaillée, tous ensemble ; les élèves qui le souhaitent peuvent la copier.

• Pour l'intelligence logico-mathématique et spatiale : matérialiser le calcul par des cubes sur un damier.

Exemple :
4 × 5, ce sont 4 lignes de 5 cubes ■.

×	1	2	3	4	5	6	7	8	9
1	■	■	■	■	■				
2	■	■	■	■	■				
3	■	■	■	■	■				
4	■	■	■	■	■				
5									
6									
7									
8									
9									

Ce tableau de manipulation permet la construction de la notion grâce au sens qui lui est donné, à savoir :
$4 \times 5 = 4 + 4 + 4 + 4 + 4 = 20$
Ce sont 4 paquets de 5 cubes. Ce sont 20 cubes en tout.
Lorsque l'élève a cette image mentale, il peut recourir à la transformation de l'addition en multiplication.

• Pour l'intelligence corporelle-kinesthésique et l'intelligence spatiale, on peut utiliser la méthode sensorielle de Waldorf-Steiner, celle du disque. Chaque soir, en cycle 3, les élèves ont deux tables à apprendre (de 1 à 10) dans l'ordre. Puis ils en apprennent deux dans le désordre et ainsi de suite (ils ont un mini-contrôle hebdomadaire). En cycle 2, optez pour une table à la fois.
Pour présenter la table en classe, utilisez le cercle. Au fur et à mesure que vous récitez la table, vous reliez les traits du résultat du calcul, afin d'obtenir une figure qui aide à mémoriser la table. Vous alliez alors la mémorisation à une image mentale.
Des fiches autocorrectives permettent de vérifier la mémorisation.

Étape 1

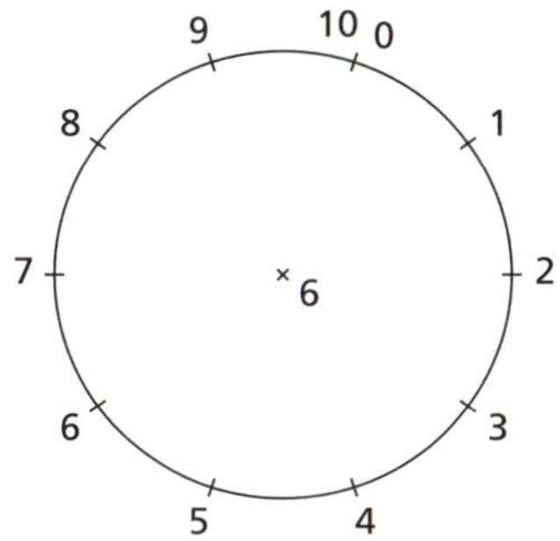

Cercle de la table des 6 (*cf.* le centre)

Étape 2

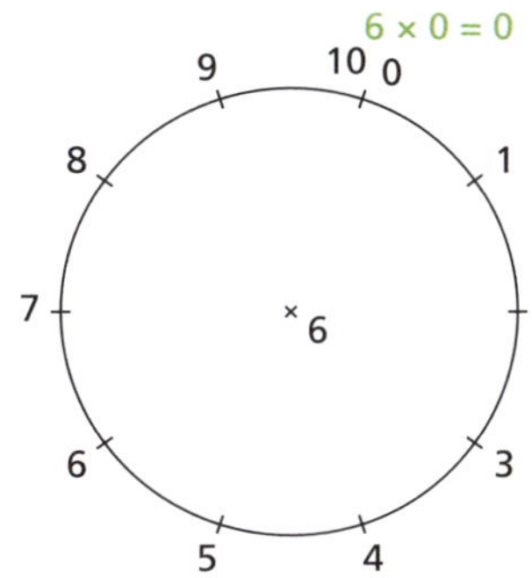

6 × 0 = 0 donc le point de départ du dessin est le résultat « 0 »

Étape 3

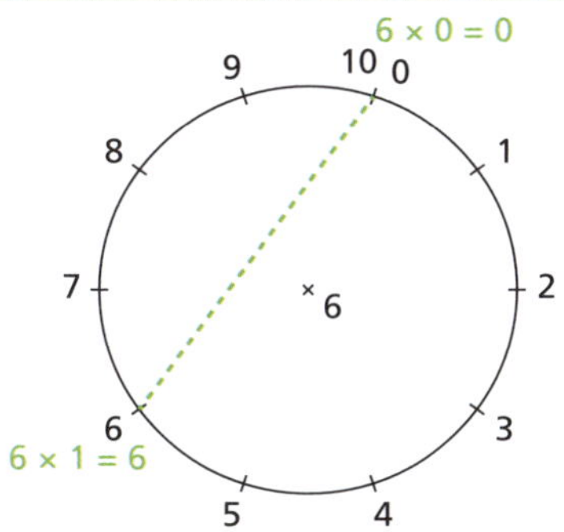

6 × 1 = 6 donc vous dessinez en reliant le résultat « 0 » au résultat « 6 »

Étape 4

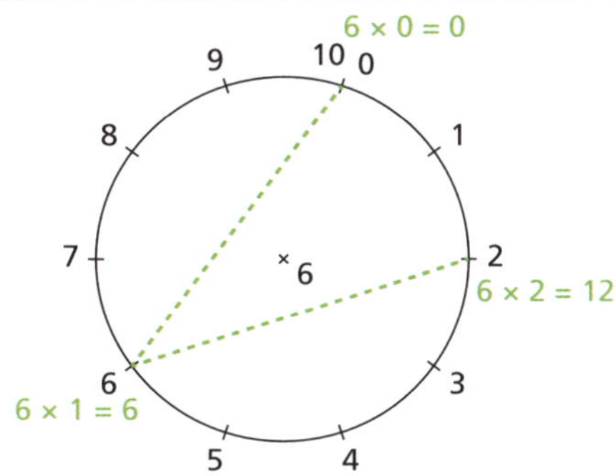

6 × 2 = 12 vous dessinez en reliant le résultat « 6 » à l'unité 2 du résultat « 12 »

Étape 5

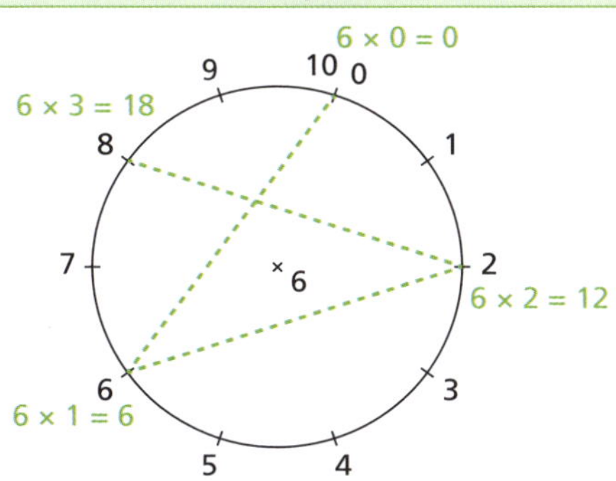

6 × 3 = 18 vous dessinez en reliant le résultat « 12 » à l'unité 8 du résultat « 18 »

Étape 6

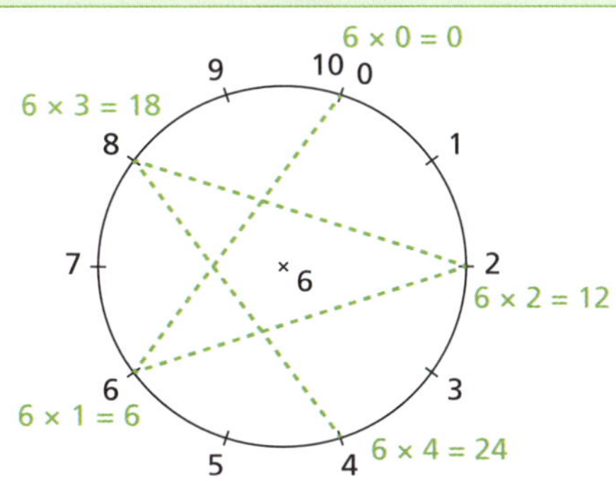

6 × 4 = 24 vous dessinez en reliant le résultat « 18 » à l'unité 4 du résultat « 24 »

Étape 7

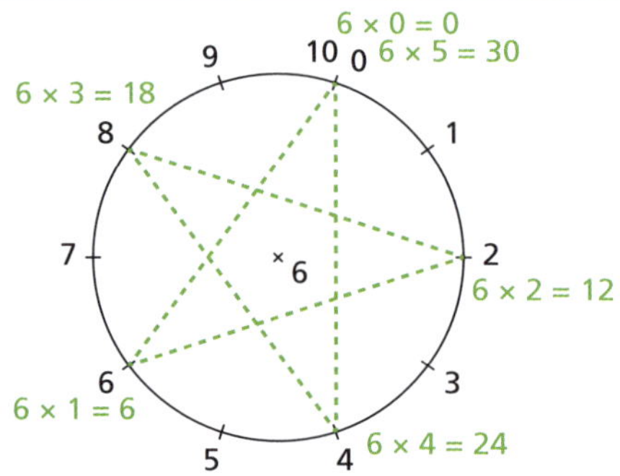

6 × 5 = 30 vous dessinez en reliant le résultat « 24 » à l'unité 0 du résultat « 30 »

Étape 8

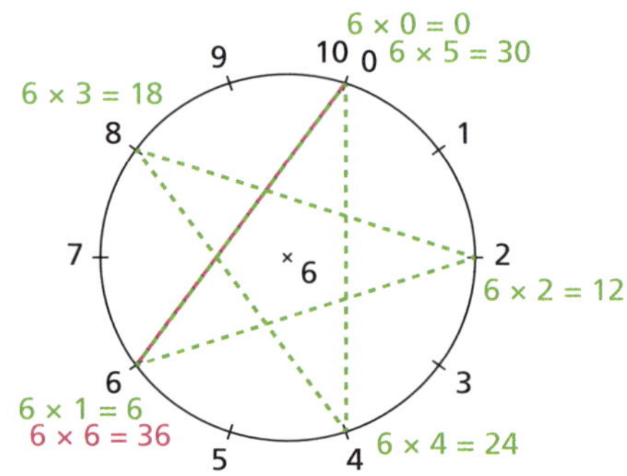

6 × 6 = 36 vous dessinez en reliant le résultat « 30 » à l'unité 6 du résultat « 36 »

Étape 9

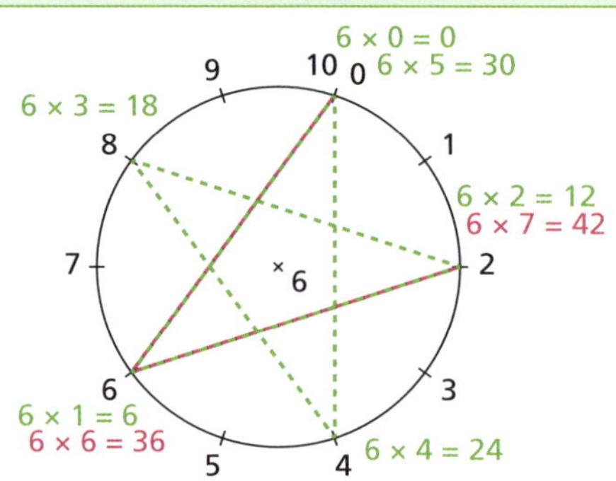

6 × 7 = 42 vous dessinez en reliant le résultat « 36 » à l'unité 2 du résultat « 42 »

Étape 10

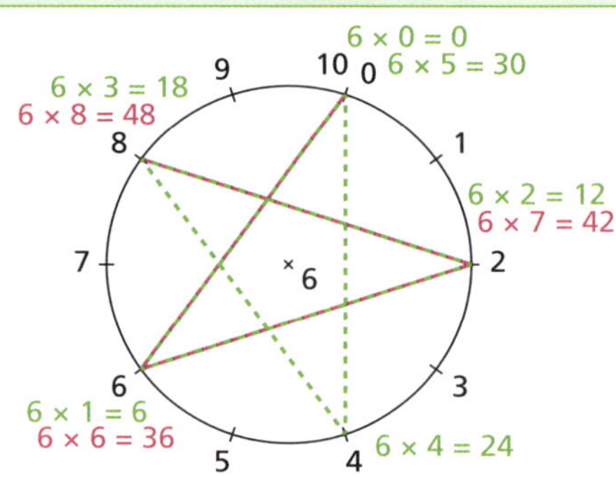

6 × 8 = 48 vous dessinez en reliant le résultat « 42 » à l'unité 8 du résultat « 48 »

Étape 11

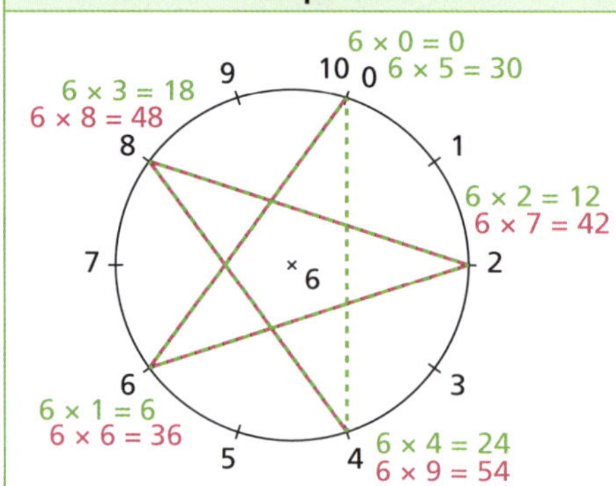

6 × 9 = 54 vous dessinez en reliant le résultat « 48 » à l'unité 4 du résultat « 54 »

Étape 12

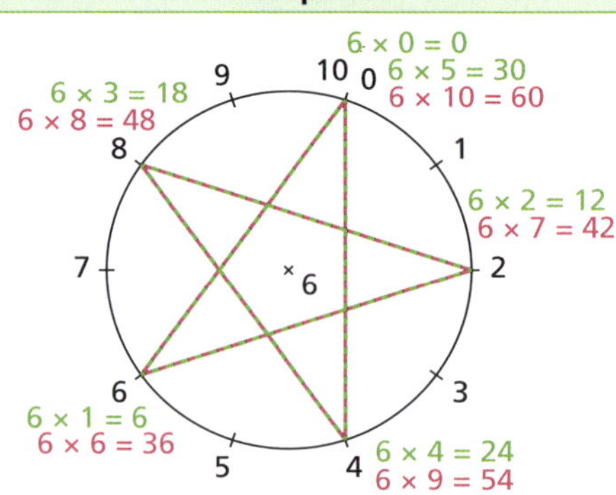

6 × 10 = 60 vous dessinez en reliant le résultat « 54 » à l'unité 0 du résultat « 60 »

Représentation finale

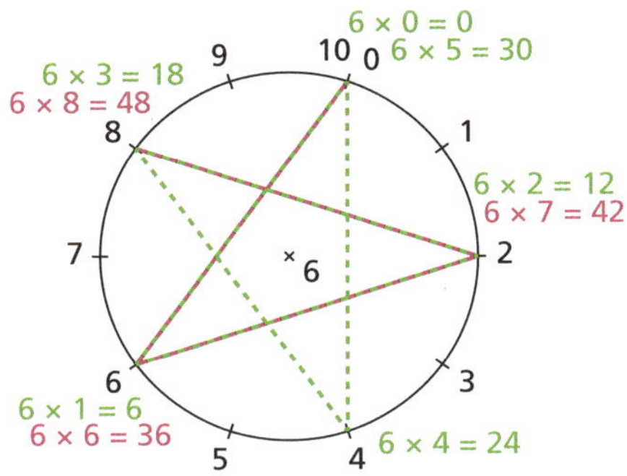

Les cercles de Steiner (table de 6, cercles vierges et fiches autocorrectives).

Dans ma pratique

Lors des séances de découverte, je propose plusieurs procédures d'apprentissage. Les élèves utilisent celle (ou celles) qui leur convient (conviennent) le mieux.

Développer des activités autonomes et de réinvestissement

Personne ne travaille au même rythme. Or il peut être frustrant de voir un élève qui a fini en avance devoir attendre ses camarades. S'il est sage, vous aurez une classe calme, s'il est bavard, il peut vite devenir perturbateur.

Que faire de cet élève rapide comme l'éclair ?

- Vérifiez tout d'abord qu'il a compris et réussi correctement son travail.
- Mettez en place des cahiers d'autonomie avec des fiches de révision… mais ce système peut s'avérer fastidieux.

Dans ma pratique

Le système des fiches de révision s'est révélé un peu lourd : pour moi, à cause des corrections ; pour les élèves, qui accumulent les fiches. En cours d'année, ils se sont lassés de ce travail supplémentaire.

Au fil des années, j'ai préféré un système de stimulation intellectuelle différent : la pochette d'autonomie et « les barquettes ». Les élèves ont le droit d'y accéder lorsqu'ils ont fini leur travail, si tout se déroule dans le calme.

Voici donc quelques exemples permettant de motiver autrement l'autonomie des élèves, particulièrement ceux qui terminent avant les autres. Laissez également un temps, une fois par mois ou plus, où toute la classe aura accès à ces activités d'autonomie pour récompenser les élèves qui fournissent des efforts, et afin d'éviter des frustrations et des jalousies.

Une fiche par jour

Les élèves ont accès à des fiches d'autonomie, mais ne doivent pas en faire plus d'une par jour. L'objectif est de varier les activités tout en gérant les photocopies. Ces fiches autonomes proposent :

- une lecture de culture générale, une fiche technique ou un documentaire (par exemple, « comment jouer aux billes », « les jouets d'autrefois », « le langage morse ») ;
- des documents extraits de magazines adaptés à leur âge (plastifiez-les avant de les soumettre aux élèves) ;
- un tracé de géométrie ;
- un document à lire, avec un test (par exemple : « Es-tu gourmand ? ») ;
- un mandala…

Regroupez les lectures dans des dossiers par thème (les pays du monde, les monuments, les oiseaux…). Vous pouvez proposer une fiche différente par semaine. L'objectif est d'encourager la manipulation et de limiter la photocopie.

Des exemples de fiches autonomes sont proposés en ressources numériques.

Les barquettes

Vous pouvez proposer également des activités, différentes des fiches, avec davantage de matériel à manipuler. Les « barquettes » sont des supports dans lesquels sont proposées des activités autonomes et de réinvestissement, disponibles toute l'année. Elles sont à disposition dans la classe sur les étagères.

Chaque activité, contenue dans une barquette, s'appuie sur une discipline et réinvestit un point du programme déjà étudié ; ce point peut être précisé sur la barquette en une phrase. Toutes les disciplines sont abordées et l'accent est mis sur la manipulation. On y trouve donc du matériel.

Quelques exemples :

Activités	Domaine travaillé	Tâche de l'élève
Lire des enquêtes policières (CE2, CM1, CM2).	Lire, comprendre, raisonner.	Lire un texte et répondre à une question, c'est-à-dire l'énigme à résoudre (exemple : « Qui a volé les bijoux de… ? »).
Textes de lecture sur divers thèmes (CP au CM2).	Français : lire, comprendre Développer sa culture générale.	Répondre à trois questions. Lire pour le plaisir.
Des lectures sur la mythologie et l'Égypte (CE2, CM1, CM2).	Questionner le monde : le temps Français : lire, comprendre.	Trier les informations de textes documentaires pouvant servir de base à un exposé.
Des jeux de carte (CP, CE1, CE2, CM1).	Logique, stratégie.	Jouer à la réussite, à la bataille, etc. Les règles sont exposées sous forme de tutoriel (avec photos). 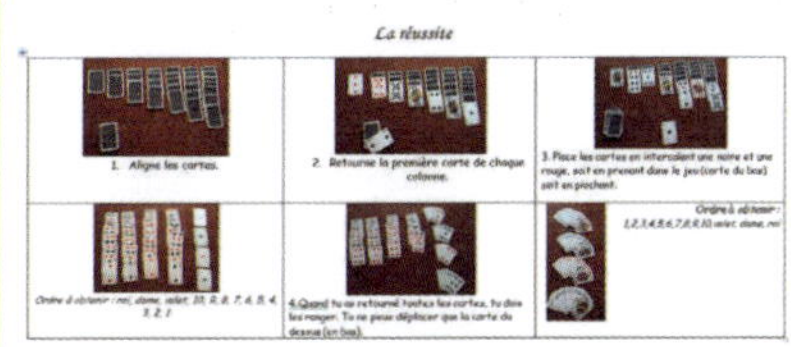 « La résussite » est fournie en ressources numériques.
Des frises à reproduire (CP, CE1, CE2).	Géométrie.	Utiliser le matériel géométrique, se repérer sur un quadrillage pour reproduire un modèle.
Reproduire avec du papier calque (CP, CE1).	Géométrie.	Reproduire des dessins, des figures géométriques, etc.
Jeux pour mémoriser les tables de multiplication (CE1 à CM2).	Mathématiques : le nombre.	Associer les cartes calcul aux cartes réponses. 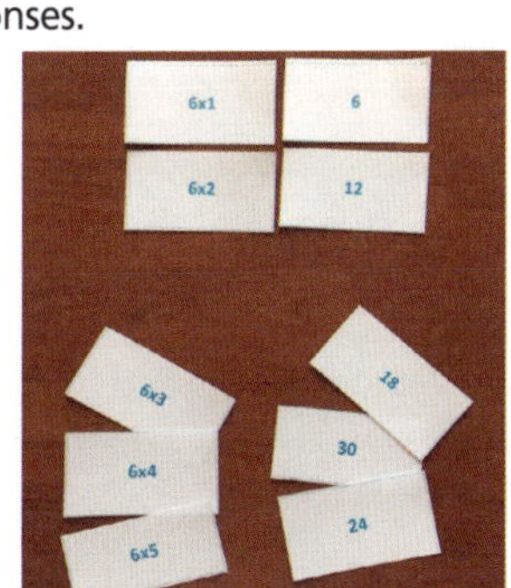

Activités	Domaine travaillé	Tâche de l'élève
Reproduction de formes avec des allumettes (CP, CE1).	Géométrie, se repérer dans l'espace.	Positionner correctement les allumettes, dans le même sens que le modèle, pour reproduire la figure.
Tangrams (tous niveaux).	Géométrie.	Reproduire un modèle avec des figures géométriques.
Des casse-tête (tous niveaux).	Logique.	Des jeux prêts à l'emploi sont proposés dans le commerce (par exemple, « Casse-Tête métal »).
Des pliages d'origami (tous niveaux).	Sciences : lire une fiche technique. Géométrie.	Suivre les étapes d'une fiche technique et reproduire un animal ou un objet par pliages successifs.
Patrons de solides à construire (CE2, CM1, CM2).	Géométrie.	Construire des pavés, des cubes, des pyramides, etc.
Des labyrinthes (CP, CE1, CE2).	Géométrie, logique, repérage spatial.	À partir de fiches plastifiées, se repérer dans un labyrinthe. Tracer le chemin au feutre effaçable jusqu'à la sortie.
Dés (tous niveaux, selon activité).	Calcul mental.	Par exemple, le jeu du yam. 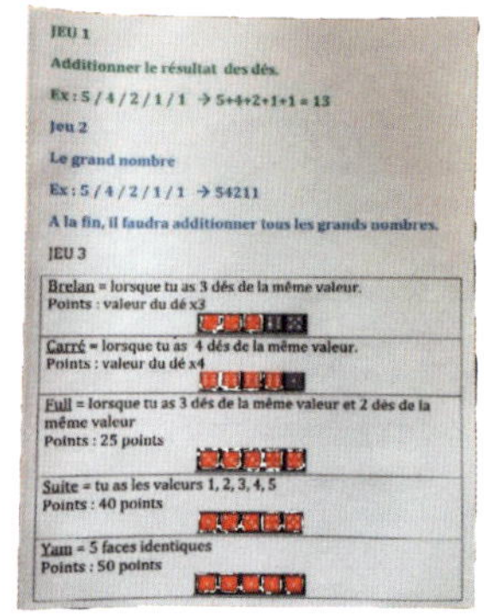 JEU 1 Additionner le résultat des dés. Ex : 5 / 4 / 2 / 1 / 1 → 5+4+2+1+1 = 13 Jeu 2 Le grand nombre Ex : 5 / 4 / 2 / 1 / 1 → 54211 A la fin, il faudra additionner tous les grands nombres. JEU 3 Brelan = lorsque tu as 3 dés de la même valeur. Points : valeur du dé x3 Carré = lorsque tu as 4 dés de la même valeur. Points : valeur du dé x4 Full = lorsque tu as 3 dés de la même valeur et 2 dés de la même valeur Points : 25 points Suite = tu as les valeurs 1, 2, 3, 4, 5 Points : 40 points Yam = 5 faces identiques Points : 50 points
Plans (de leur ville, de Paris) (tous niveaux).	Questionner le monde : l'espace ou géographie.	Se repérer sur un plan, une carte. Trouver un endroit précis, suivre une route d'un point A à un point B. (J'utilise des cartes IGN.)
Des œuvres d'art à découvrir (tous niveaux).	Enseignements artistiques.	Observer les œuvres. Lire un texte s'y rapportant. Classer les œuvres suivant le même mouvement artistique (par exemple, le pointillisme).
Dessins à reproduire (tous niveaux).	Enseignements artistiques.	À l'aide de cahiers de dessin par étapes, les élèves s'appliquent à reproduire les gestes. Très utile lors d'illustrations en poésie notamment.

.../...

…/…

Activités	Domaine travaillé	Tâche de l'élève
Des recherches à effectuer dans le dictionnaire (tous niveaux).	Français : lexique.	À partir d'étiquettes préparées par l'enseignant.e, chercher un mot dans le dictionnaire (au dos de celle-ci, la définition est écrite). Les élèves cherchent le mot (activité en autocorrection).
Des recherches à effectuer dans l'annuaire (tous niveaux).	Français : lexique.	1. À Reims, trouve l'adresse et le numéro de téléphone du restaurant « Au bureau ». *recto* 1. Page 348 9 place du Cardinal-Luçon, 51100 Reims 03 26 35 84 83 *verso*
Des recherches à effectuer dans les calendriers (tous niveaux).	Français. Questionner le monde : le temps.	5. trouve la date de l'été. / 6. trouve la date de l'hiver. 7. Au 4e mois, trouve la *Saint-Parfait*. / 8. Trouve l'éphéméride à la date du 9 novembre. *recto* 6. Le 21 décembre. / 5. Le 21 juin. 8. La Saint-Théodore. / 7. Le 18 avril. *verso*
Drapeaux du monde à colorier (tous niveaux).	Questionner le monde : l'espace.	Les élèves doivent colorier les drapeaux en s'aidant d'un dictionnaire. Ils inscrivent ensuite le nom du pays correspondant.
Des lectures sur les pays du monde (tous niveaux).	Français : lire, comprendre. Questionner le monde : l'espace.	Les élèves lisent des textes documentaires. Ils peuvent ensuite réaliser des fiches signalétiques du pays (pays, langue parlée, monnaie, etc.).

Dans ma pratique

J'ai longtemps hésité et redouté que les élèves se déplacent dans la classe, par crainte du débordement. Mais si les règles sont bien instaurées et que les élèves sont intéressés, généralement tout se déroule pour le mieux.

C'est motivant pour tous les élèves, quel que soit leur profil scolaire.

Comment entrer dans ce fonctionnement par étapes ?

Cinq ans plus tôt, j'avais instauré un rituel.

Chaque soir, nous arrêtions le temps de classe 10 à 15 minutes avant la sonnerie. Les cartables étaient faits et chaque enfant avait le droit de prendre une barquette. Dans le calme, ils réalisaient des activités de géométrie, de mesure, de lecture.

Je leur offrais ce temps « en récompense », mais il s'agissait en fait d'activités de réinvestissement.

Au fil de l'année, ils se sont montrés plus concentrés, plus efficaces. Ils savaient qu'en travaillant avec concentration la journée, ils avaient droit à leur temps d'« activités du soir ».

Autres exemples d'activités

Se poser des questions, trouver les réponses

Des papiers sont à la disposition des élèves. Lorsqu'ils s'interrogent sur un sujet, ils posent leur question et l'épinglent sur le panneau. Chacun est libre de chercher la réponse sur Internet.

Dans ma pratique

> En fin de mois, je récapitule les questions et propose des réponses sous forme d'une fiche de lecture.

Les puzzles pour questionner le monde

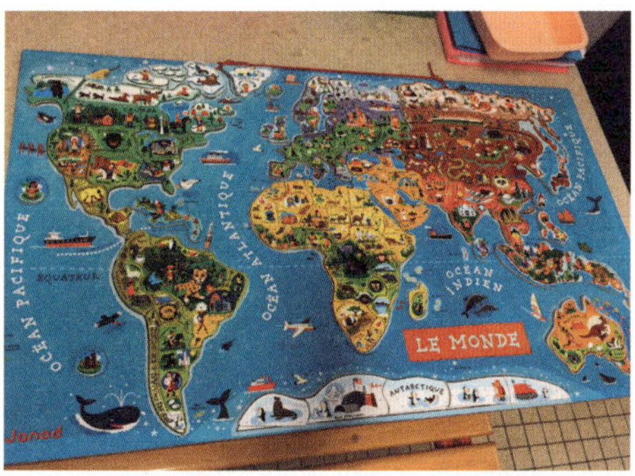

Type de puzzle à proposer de la maternelle au cycle 3

La place des puzzles est réduite à la sortie de la maternelle, et pourtant les élèves en sont friands. Vous pouvez donc mêler l'utile à l'agréable en utilisant des puzzles de dinosaures, des régions de France, voire un planisphère. Cela rencontre un vif succès.

Des fossiles pour questionner le temps

La reconnaissance de fossiles permet de travailler des compétences dans le domaine « Questionner le temps et le vivant » : comprendre la classification et l'évolution de l'espèce, situer sur une frise du temps.

Les élèves se mettent dans la peau d'un archéologue. Ils disposent d'empreintes réalisées dans du plâtre. L'enseignant les a recouvertes de sable. À l'aide d'un pinceau, les élèves balaient le sable, observent les traces, comparent avec les animaux vivants à la préhistoire, peuvent classer (animal, végétal, minéral). Ils peuvent comprendre le travail d'extraction des chercheurs, développer leur patience et le soin. Vous leur apportez une situation concrète.

Ils réaliseront un croquis des empreintes découvertes, noteront leurs hypothèses sur l'animal, le végétal ou l'objet découvert.

Proposez-leur en complément des documents sur la préhistoire et une frise du temps, ainsi que sur les fossiles. L'élève fera un lien direct entre son expérimentation et les leçons que vous présenterez. Vous impliquez davantage d'intérêt et de motivation.

Un sac de gemmes à identifier et des fiches descriptives

La reconnaissance des minéraux permet de travailler des compétences dans le domaine « Questionner le temps et le vivant » : identifier les constituants des minéraux, décrire et classifier les minéraux.

L'élève observe la gemme, la dessine sur une feuille et y note les caractéristiques (couleur, forme, etc.). Il cherche parmi les fiches outils que l'enseignant propose le nom de la gemme correspondante. Puis il lit les caractéristiques.

Il analysera alors les points communs entre les gemmes qu'il étudie.

La correction

La correction est une question que l'on se pose généralement une fois en classe. Pourtant, la correction n'est pas anodine. Quelles en sont les modalités ?

Les pratiques « classiques »

On entend souvent les enseignants demander aux élèves de noter la correction au stylo vert sous l'exercice ou la dictée.

Comment noter les corrections ?

Méthode 1

L'enseignant corrige et le texte est recopié en entier par l'élève.

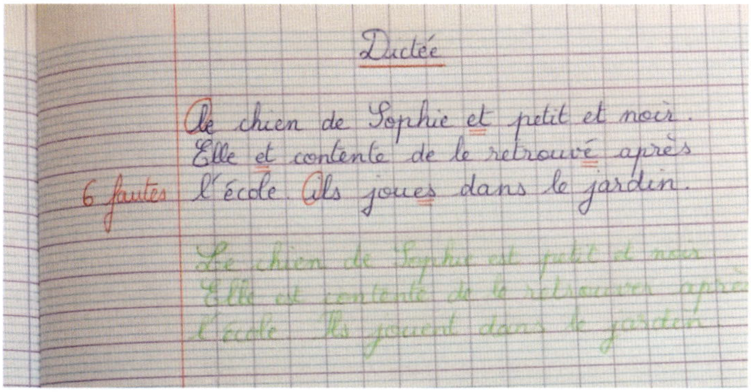

Méthode 2

L'enseignant corrige et seuls les mots mal orthographiés sont recopiés par l'élève.

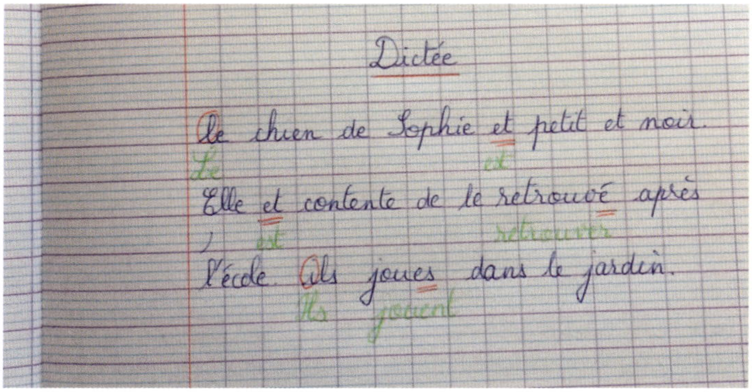

Quand noter les corrections ?

Là encore, plusieurs possibilités :
- soit c'est un temps collectif : la correction s'effectue oralement ; les élèves corrigent leur exercice en parallèle ;
- soit elle est à faire lorsque les élèves ont « *cinq minutes* », c'est-à-dire que lorsque l'élève a fini un travail, il doit corriger seul (à partir de la correction notée au tableau) un autre exercice ;
- soit elle est laissée à la maison.

Chaque moment a ses avantages et ses inconvénients, comme le montre le tableau suivant.

	Quels avantages ?	Quels inconvénients ?
Temps collectif	Vous pouvez revenir immédiatement sur l'exercice : réexpliquer, voir les points de difficultés.	Si l'on se réfère à l'exemple de la dictée : - l'élève qui n'a eu aucune faute s'ennuie durant cette phase collective ; - l'élève qui n'a eu que peu de fautes doit recopier tout le texte.
Temps individuel : lorsque les élèves ont « *cinq minutes* » en classe	L'élève est actif car il réfléchit à nouveau à l'exercice.	La correction peut devenir un handicap pour un élève en difficulté ou qui travaille lentement. Soit il n'a pas le temps de terminer en même temps que les autres, soit il n'a jamais « *cinq minutes* » pour le faire.
Temps individuel : à la maison	L'élève est actif car il réfléchit à nouveau à l'exercice.	Ce sont des devoirs supplémentaires. Vous laissez l'élève seul face à une difficulté, un échec. Vous demandez au parent d'être un enseignant.

D'une manière générale, il est assez frustrant pour un élève de voir un cahier avec beaucoup d'écritures vertes. Il peut se dévaloriser face à ses difficultés et peu à peu perdre confiance. Et lorsque vous donnez un texte ou un exercice à recopier, il n'est pas rare de retrouver des erreurs de copie dans le texte de correction ou des fautes là où il n'y en avait pas au départ.

Une autre solution possible

Les classes sont hétérogènes et vous devez répondre aux besoins de tous les élèves.

Prenons l'exemple d'une dictée.
- Invitez les élèves à s'autocorriger au crayon à papier, à l'aide d'un modèle (polycopié ou noté au tableau).

- Vous pouvez demander aux élèves de relever les réussites plutôt que les erreurs : faites compter aux élèves les mots orthographiés correctement (en prenant en compte les mots, la majuscule et le point final).
- Plutôt que de proposer une copie, donnez un nouvel entrainement le lendemain, s'appuyant sur les mêmes spécificités mais un peu différent.

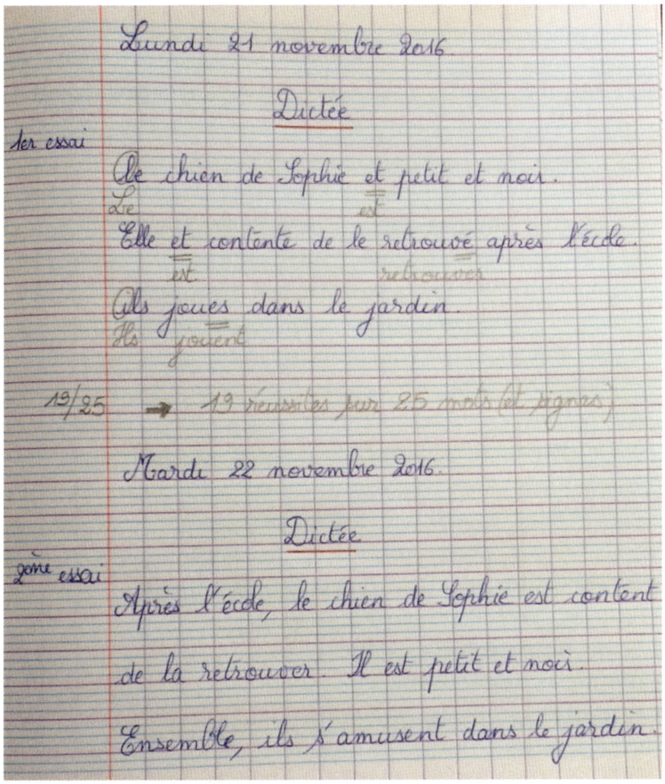

Ainsi, vous évitez la stigmatisation de l'erreur. Et vous permettez une réflexion et un réel entrainement, en incitant les élèves à apprendre de leurs erreurs.

Conseil

Ne laissez pas la correction aux parents. Vous n'êtes pas à l'abri d'une erreur et c'est à vous d'enseigner, d'expliquer.

De plus, les parents risquent d'anticiper les leçons, les méthodes. Vos séances de découvertes auront moins d'impact.

Enfin, vous risquez de vous rendre compte que « ce n'est pas ce que aviez demandé ».

De cette analyse, vous comprendrez alors que tout apprentissage doit se faire en classe. Or, s'entrainer, comme mémoriser, sont des apprentissages.

L'évaluation

Il existe trois types d'évaluation : diagnostique, formative, sommative.

	Comment ?	Quand ?
Diagnostique	Elle est faite en amont d'un travail pour vérifier les compétences déjà acquises par les élèves.	Au début d'un apprentissage
Formative	Elle donne des informations sur les acquis en construction pour permettre une aide, une remédiation.	En cours d'apprentissage
Sommative	Elle permet un bilan des connaissances et compétences.	À la fin d'un apprentissage

Comment se traduit-elle en classe ?

Évaluer en maternelle

On entend souvent que les enseignants de maternelle colorient des smileys ou des bonhommes en vert, orange et rouge.

Or la couleur du bonhomme a une connotation trop affective pour les jeunes enfants. Ils n'ont pas de recul sur leur travail comme en école élémentaire.

Les programmes de maternelle eux-mêmes, qui mettent l'accent sur « la réussite pour tous », préconisent une évolution de l'évaluation : celle-ci se doit d'être positive, simple et lisible et vise à valoriser les progrès de l'élève.

Mémo

1.4. Une école qui pratique une évaluation positive

« Elle repose sur une observation attentive et une interprétation de ce que chaque enfant dit ou fait. Chaque enseignant s'attache à mettre en valeur, au-delà du résultat obtenu, le cheminement de l'enfant et les progrès qu'il fait par rapport à lui-même. Il permet à chacun d'identifier ses réussites, d'en garder des traces, de percevoir leur évolution.[1] »

1. B.O. n°31 du 30 juillet 2020.

Et si on proposait une alternative ?

Plusieurs solutions sont envisageables. Pour ma part, je me suis appuyée sur une astuce utilisée par l'une de mes collègues lors de son travail en maternelle.

Évaluez **la réussite** à l'aide d'un tampon, de un à trois.

- Un tampon : les enfants ont systématiquement un tampon s'ils ont fourni un travail.
- Deux tampons : lorsqu'il y a des erreurs, mais que la notion est comprise.
- Trois tampons : lorsque le travail est dans l'ensemble bien réussi ou sans faute.

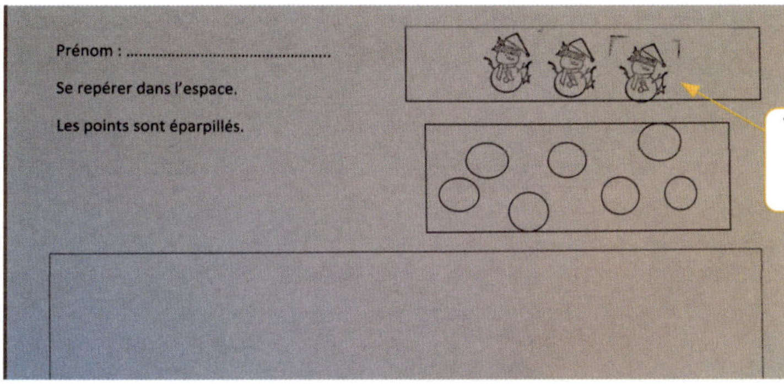

Trois tampons pour noter la réussite

Les enfants sont très motivés par le système de tampons et les parents situent plutôt bien les progrès de l'enfant. De plus, ce système valorise les efforts et les réussites.

> **Astuce !**
>
> J'utilisais aussi des tampons imprimés à l'avance sur des feuilles autocollantes.
>
> Il existe aussi des tampons « pour encourager » avec des mots positifs…

Remarque

Vous pouvez vous référer, au sujet de l'évaluation en maternelle, à l'ouvrage de Danièle Adad *L'Évaluation positive en maternelle* (Retz, 2016) pour découvrir les principes de l'évaluation positive et bienveillante en cycle 1.

Les livrets en maternelle

Il s'agit d'une évaluation sommative. Comment préparer les livrets ? Comment les remplir ?

Désormais, on vous propose un livret de compétences et un bilan de fin de période.

> **Conseil**
>
> Notez vos observations fines des élèves au cours de vos journées dans le cahier organiseur. Vous faites alors à ce stade une évaluation formative.
>
> Puis reportez vos annotations aux évaluations dans le document de « suivi des élèves ».
>
> En effet, remplir les livrets est un exercice long lorsque vous reportez toutes les compétences en fin de période.

Le « cahier de réussite »

Désormais, dans le socle commun, on conseille en maternelle :

– Un **carnet de suivi des apprentissages**, renseigné tout au long du cycle 1, dont l'établissement est obligatoire mais dont le format est laissé à l'appréciation des équipes enseignantes. Il est appelé « cahier de réussite/ cahier de progrès », sur lequel sont répertoriées toutes les compétences attendues. C'est une version proche du bulletin, avec des images expliquant les compétences et surtout une mise en valeur des réussites et de la progression de chacun : on ne valide que les progrès.

– Une **synthèse des acquis de l'élève**, établie à la fin de la dernière année de ce cycle, qui fait l'objet d'un modèle national. Ce livret indique tous les attendus à la fin de la classe concernée.

Les deux évaluations coexistent.

Généralement, le cahier de réussite liste toutes les compétences à atteindre. Vous cochez ou collez les compétences acquises au fur et à mesure des apprentissages des élèves.

Variante

Il existe une **variante** au cahier de réussite : il ne s'agit pas d'un cahier avec toutes les compétences, mais d'un cahier dans lequel vous notez vos observations et les progrès de l'élève. C'est une évaluation à la fois diagnostique et formative.

En voici le fonctionnement :

- Notez une compétence et collez la photo du travail au fur et à mesure des réussites des élèves.

Exemple :

« Commencer à écrire tout seul. »

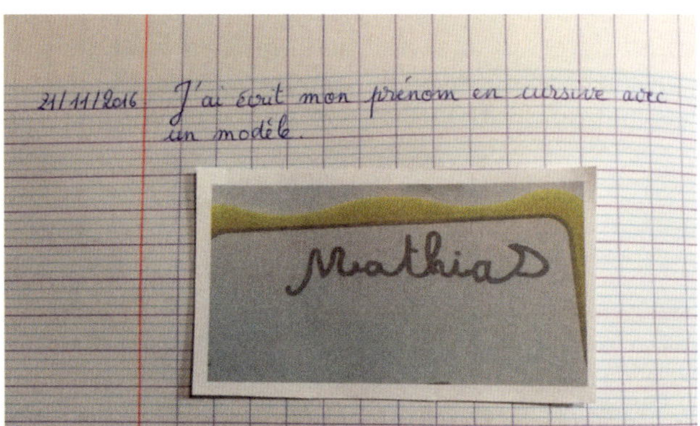

- Proposez une évaluation des lettres reconnues et de la lecture des chiffres, en septembre, en mars et en juin. Ainsi, les enfants et les parents peuvent voir leurs progrès et vous pouvez adapter votre aide aux besoins des élèves.

Exemple pour les majuscules :

Les lettres sont volontairement notées dans un ordre autre que alphabétique. L'ordre est totalement aléatoire entre les capitales, scriptes et cursives pour éviter que les élèves ne mémorisent la suite de lettres.

Toutefois, l'ordre reste le même entre septembre, mars et juin afin de comparer facilement les réponses et vérifier la solidité des acquis.

Septembre	CAPITALES																									
	G	O	E	N	F	D	P	B	U	M	H	T	A	V	S	C	W	R	I	X	Q	J	Y	K	Z	L
Mars	CAPITALES																									
	G	O	E	N	F	D	P	B	U	M	H	T	A	V	S	C	W	R	I	X	Q	J	Y	K	Z	L
Juin	CAPITALES																									
	G	O	E	N	F	D	P	B	U	M	H	T	A	V	S	C	W	R	I	X	Q	J	Y	K	Z	L

Exemple pour l'écriture scripte :

Septembre	Scriptes																									
	i	z	a	j	h	p	t	g	s	o	b	k	u	n	c	r	d	l	y	e	v	q	f	m	x	w
Mars	Scriptes																									
	i	z	a	j	h	p	t	g	s	o	b	k	u	n	c	r	d	l	y	e	v	q	f	m	x	w
Juin	Scriptes																									
	i	z	a	j	h	p	t	g	s	o	b	k	u	n	c	r	d	l	y	e	v	q	f	m	x	w

Exemple pour l'écriture cursive :

Septembre	Cursives																									
	h	z	a	j	i	p	t	g	s	e	b	k	u	n	c	r	d	l	y	o	v	q	f	m	x	w
Mars	Cursives																									
	h	z	a	j	i	p	t	g	s	e	b	k	u	n	c	r	d	l	y	o	v	q	f	m	x	w
Juin	Cursives																									
	h	z	a	j	i	p	t	g	s	e	b	k	u	n	c	r	d	l	y	o	v	q	f	m	x	w

Exemple pour les nombres :

Les chiffres sont là encore placés dans un ordre aléatoire pour éviter que l'élève ne récite la comptine numérique. Toutefois, l'ordre reste le même entre septembre, mars et juin afin de comparer les réponses et vérifier la solidité des acquis.

Septembre	6	3	5	2	8	1	7	4	9	0
Mars	6	3	5	2	8	1	7	4	9	0
Juin	6	3	5	2	8	1	7	4	9	0

Astuce !

Je surligne les lettres et chiffres reconnus sur le cahier de suivi (j'évite de confier cette tâche aux enfants, pour mieux contrôler les acquis). Ainsi, les progrès et la consolidation des acquis sont visibles.

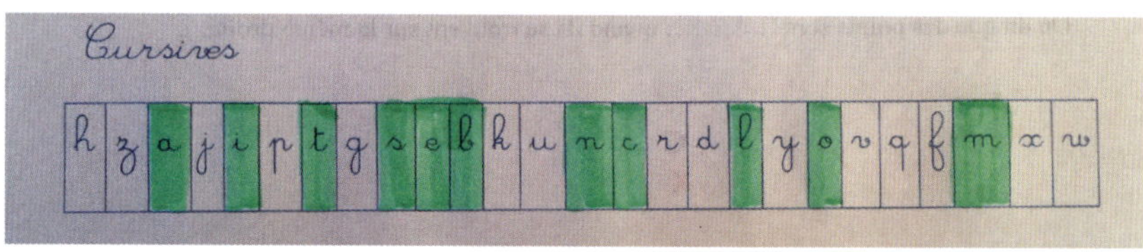

- Proposez éventuellement une fiche de synthèse sur les acquis pour l'autonomie (s'habiller seul, mettre ses chaussures, etc.).

© iStock.

- Préparez également une fiche sur les progrès en langage. Surlignez les acquis en septembre, puis en mars, puis en juin, avec un code couleur.

Exemple : la fiche d'un élève avec 3 codes couleur

Violet	Septembre
Vert	Mars
Jaune	Juin

LANGAGE[2]

Je m'exprime en apprenant du vocabulaire et en construisant des phrases correctes.

Étape 1 **Je produis des phrases simples de quelques mots.**

- Dans mes phrases, il y a un sujet et un verbe.

Exemples : – *« Je mange. »*
– *« Je mange à la cantine. »*

Étape 2 **Je produis des phrases simples, juxtaposées et coordonnées.**

- Dans mes phrases, j'utilise les mots « et », « puis », avec ».

Exemples : – *« Je tape dans le ballon et il va loin. »*
– *« Je veux le ballon avec les rayures jaunes. »*

Étape 3 **Je produis des phrases simples et des phrases complexes.**

- Dans mes phrases, il y a des infinitifs, les mots « que », « qui », « pour ».
- Je pose des questions en utilisant « **Est-ce que ?** », « Qui ? » …
- Je comprends la chronologie et j'utilise les mots « ensuite », « **après** », « **alors** » ou les repères de la journée « **le matin** », « hier », « **demain** ».

Exemples : – *« C'est le chien qui aboie. »*
– *« Est-ce que demain il y a médiathèque ? »*

Étape 4 **Je produis des phrases complexes plus longues.**

- J'enchaine plusieurs idées dans une même phrase.
- J'utilise les mots « comme », « pendant que », « où », « pour que », « plus que », « moins que », « autant que », « alors que », « il dit que »…

Exemple : *« Il souffle mais il est trop fatigué, alors il a une autre idée, il va passer par la cheminée. »*

2. Document construit à partir de l'ouvrage *Des albums pour apprendre à parler*, F. Bruneseaux-Gauthier, E. Canut, M. Vertalier, SCEREN, 2012.

Remarque

Tous ces exemples de fiches de synthèse ne sont que des modèles pour vous inspirer, afin que vous construisiez à votre tour des outils d'évaluation. Tous les domaines seront à évaluer.

Sous cette forme, vous faites part de vos observations aux parents et vous avez alors une évaluation fine de l'élève.

La maitrise des compétences du socle commun s'évalue sur la base des connaissances et compétences fixées par les programmes d'enseignement, permettant une seule et même évaluation des acquis. Les attendus de fin de cycle précisés dans les programmes donnent aux équipes enseignantes, aux élèves et à leurs familles les repères nécessaires pour apprécier le degré d'acquisition des connaissances et des compétences ainsi que la progression de chaque élève au cours du cycle.[3]

Des cahiers de réussite de ce type existent déjà, soit à imprimer à partir de sites d'enseignants, soit sous une forme publiée.

Dans ma pratique

Le cahier était à disposition à l'entrée de la classe, dans les casiers des élèves. Les parents pouvaient le consulter à leur guise.

Il retournait dans les familles une fois par mois.

Évaluer en élémentaire

On constate souvent que les enseignants ont recours au système de notes pour évaluer les élèves, car les parents et les enfants se repèrent mieux.

En effet, la note est valorisante pour un bon élève, même si une compétition avec un camarade peut s'installer. Elle peut amener l'élève à se surpasser ou alors installer une rivalité. En revanche, la note est assez douloureuse pour l'élève en difficulté.

L'énumérer devant une classe est souvent source de moquerie des camarades. Tout élève a envie d'avoir un 20/20. Ne pas atteindre cet objectif peut amener des angoisses scolaires et une baisse de l'estime de soi.

Dans le socle commun, on conseille :
- un livret scolaire ;
- des bilans périodiques ;
- des bilans de fin de cycle ;
- des attestations officielles.

3. https://eduscol.education.fr/141/modalites-d-evaluation-des-acquis-scolaires-des-eleves

Mémo

Une échelle d'évaluation de quatre niveaux[4]

« Le degré de maitrise des composantes du socle commun est apprécié, à la fin des cycles d'enseignement 2, 3 et 4, sur une échelle de quatre niveaux :

• le niveau 1 de l'échelle (« maitrise insuffisante ») correspond à des compétences non acquises au regard du cycle considéré ;

• le niveau 2 (« maitrise fragile ») correspond à des savoirs ou des compétences qui doivent encore être étayés ;

• le niveau 3 (« maitrise satisfaisante ») est le niveau attendu en fin de cycle, c'est lui qui permet de valider à la fin du cycle 4 l'acquisition du socle commun ;

• le niveau 4 (« très bonne maitrise ») correspond à une maitrise particulièrement affirmée de la compétence, qui va au-delà des attentes pour le cycle. »

Autrement dit, voici le système de « notation » conseillé :
- maitrise insuffisante ;
- maitrise fragile ;
- maitrise satisfaisante ;
- très bonne maitrise.

Conseil

Encouragez au maximum.

Lorsque vous corrigez, verbalisez de préférence les points forts des élèves devant la classe : « Tu as eu des difficultés sur cette dictée, toutefois tu as fait des progrès en conjugaison. C'est bien. Continue comme ça… ».

Les élèves redoubleront leurs efforts et ils seront encouragés par leurs camarades.

Lorsque j'ai instauré ma classe coopérative (voir à ce sujet le chapitre III, p. 117), les élèves s'applaudissaient mutuellement lorsque je soulignais leurs efforts.

Les observations des élèves

Comme nous l'avons vu précédemment dans le sous-chapitre sur la correction, afin de proposer une alternative à la note vous pouvez demander aux élèves de s'autoévaluer. Ainsi, ils soulignent eux-mêmes leurs progrès.

Et avant de proposer une évaluation, vous vous appuierez sur les observations quotidiennes des élèves en classe.

4. Voir le site http://eduscol.education.fr/: « Le socle commun et l'évaluation des acquis – Évaluer la maitrise du socle commun aux cycles 2, 3 et 4 ».

Dans ma pratique

Je dédie quatre pages dans le cahier organiseur sur lesquelles je note les prénoms de tous les élèves. Je laisse quelques lignes pour mes observations et je prends des notes régulièrement, ce qui me permet de bien connaitre mes élèves.

Et à chaque fin de trimestre, j'établis un constat écrit et détaillé pour chaque élève, constat communiqué lors de la réunion de suivi des élèves. Je conserve ce constat dans ma pochette du cahier d'appel.

Voici quelques indications observables sur des disciplines fondamentales, présentées sous forme de tableau synthétique, qui peuvent vous servir de points d'appui, de démarrage à vos prises de notes.

Travail scolaire	Difficultés repérées	Points d'appui
ÉCRITURE	Manque de soin.	Travail soigné.
	Écriture lâche, grosse, lettres mal formées, etc.	Écrit sur les lignes.
ORTHOGRAPHE	Confusions de sons récurrentes : [f]/[v] ou [p]/[b], etc.	Écriture phonétique mais les sons sont acquis. Encode / décode.
	Inversions de lettres.	Bonne acquisition orthographique.
GRAMMAIRE	Orthographie mal ou n'applique pas dans un texte les règles de conjugaison et/ou d'accord.	Connait ses conjugaisons.
	N'applique pas les notions dans les textes, dictées.	Connait les règles (marques du féminin, du pluriel, etc.).
LECTURE et COMPRÉHENSION	Lecture saccadée et/ou lente.	Lecture fluide.
	Ne structure pas ses phrases à l'écrit ni à l'oral.	S'exprime correctement à l'oral.
	Compréhension de textes (organisation, repérage des personnages, etc.).	Demande des explications.
	Compréhension erronée des consignes.	Demande des explications. S'appuie sur l'aide méthodologique. Utilise les outils à disposition en classe.

.../...

.../...

Travail scolaire	Difficultés repérées	Points d'appui
MATHÉMATIQUES	Inversion de chiffres dans l'écriture des nombres.	Lecture acquise des nombres. Connait la valeur des chiffres.
	Difficultés de décompositions.	Lit les nombres jusqu'à cent / mille / million, etc.
	Ne mémorise pas les tables de multiplication.	Techniques opératoires maitrisées.
	Difficultés en calcul mental.	S'aide du tableau numérique.
Compétences, savoir-faire et savoir-être (comportement vis-à-vis des camarades et de l'enseignant)	Timidité, faible socialisation.	Sociable, serviable.
	Désorganisé, confond ses cahiers, etc.	Organisé dans son travail, rangement de casier.
	Difficultés de mémorisation.	Volontaire.
	Manque de concentration (et/ou bavardages).	Bonne participation orale.
		Bonne culture générale.
	Difficultés à organiser ses idées.	Beaucoup d'idées et d'imagination.

Les bulletins au cycle 2 et au cycle 3

Comment les préparer ? Comment les remplir ?

Les directives des programmes 2020 vous demandent de présenter un bulletin à chaque fin de période. Il s'agit du LSU (livret scolaire unique).

Mémo

« Les livrets scolaires de l'école élémentaire et du collège évoluent à compter de la rentrée scolaire 2016 pour ne plus former qu'un livret scolaire commun pour la scolarité obligatoire. »

« À la fin de chaque période, un bilan détaille :

- au recto, le niveau des élèves par matière ;
- au verso, les appréciations générales et les projets menés.

Ce modèle national est construit sur un format identique du CP à la troisième.[5] »

5. https://www.education.gouv.fr/le-livret-scolaire-unique-du-cp-la-troisieme-1979

Exemple de bilan périodique en CE1 (fourni par l'Éducation nationale) :

Liberté • Égalité • Fraternité
République Française

MINISTÈRE DE L'ÉDUCATION NATIONALE, DE L'ENSEIGNEMENT SUPÉRIEUR ET DE LA RECHERCHE

[Académie]
[Département]
[École]
[Adresse]
[Code postal] [Ville]
[Téléphone]
[Courriel]

cycle 2 — CP | CE1 | CE2 — CM1 | CM2 | 6e — 5e | 4e | 3e

Année scolaire [aaaa-aaaa]
Bilan des acquis scolaires de l'élève - Cycle 2
Période [n°] du [jj/mm/aaaa] au [jj/mm/aaaa]

[Prénom] [Nom]
Né(e) le [jj/mm/aaaa]

Enseignant(e) : [Civ.] [Nom]
Classe de CE1

Adresse(s) des parents/du responsable légal

Suivi des acquis scolaires de l'élève

Domaines d'enseignement		Principaux éléments du programme travaillés durant la période	Acquisitions, progrès et difficultés éventuelles	Positionnement Objectifs d'apprentissage			
				Non atteints	Partiellement atteints	Atteints	Dépassés
Français	Langage oral						
	Lecture et compréhension de l'écrit						
	Ecriture						
	Etude de la langue (grammaire, orthographe, lexique)						
Mathématiques	Nombres et calcul						
	Grandeurs et mesures						
	Espace et géométrie						
Education physique et sportive							
Enseignements artistiques	Arts plastiques						
	Education musicale						
Questionner le monde	Vivant, matière, objets						
	Espace, temps						
Enseignement moral et civique							
Langue vivante	Comprendre l'oral						
	S'exprimer oralement en continu						
	Prendre part à une conversation						
	Découvrir quelques aspects culturels de la langue						

Comme le préconisent les programmes, il est important de connaitre et d'évaluer la maitrise de la compétence « de façon continue » et sous forme de bilans. En effet, « un bilan doit être établi au moins à la fin de chaque cycle ». Si vous notez les compétences à évaluer sur les fiches d'évaluation, vos observations régulières des élèves seront précieuses.

Dans ma pratique

Je reporte mes évaluations sur le cahier organiseur (dans le document « Suivi des élèves »), toujours dans l'objectif de gagner du temps. Remplir les bulletins est un exercice long.

Lorsque je prends connaissance du bulletin, je reporte la compétence sur ma grille de suivi. Ainsi, lorsque je construis mon évaluation, je note ma compétence et donne un code sur mon bulletin. Je reporte ce code sur mon évaluation.

Exemple :

Français - lecture, « **Lire et comprendre un texte** » : cette compétence est à la ligne 2 du bulletin.

Je note **L2** sur mon évaluation afin de reporter au mieux mon annotation.

Exemple

L2 - maitrise suffisante

LI0103

Nom :	Prénom :
Classe :	Date :

Niveau : CE2	Codage : 1 9 0
Discipline : Français	
Champ : Lire	
Compétence essentielle : Lire et comprendre l'écrit - déchiffrer les mots connus et inconnus (cycle 2)	
Repère : Déchiffrer des mots rapidement (fluence)	

Coche le mot que te dicte la maitresse ou le maitre.

Il était une fois, en Afrique, un lapin qui était très sage. Il avait creusé son terrier au pied d'un vieux baobab, en plein cœur de la forêt.

C'était l'ami de tous les animaux, et les singes, les lions, les gazelles,

les crocodiles, le
- ❐ perruquier
- ❐ perroquet
- ❐ personnage
- ❐ perruque
- ❐ perruche

l'éléphant même, venaient se confier à lui.

Comment élaborer les fiches évaluations, si elles ne sont pas données dans la méthode ou le manuel ?

Le déroulement d'une séance de travail en classe est le suivant :
- une phase de découverte de la notion ;
- la construction d'un exemple ;
- la leçon ;
- des exercices d'application et d'entrainement ;
- une évaluation.

Ainsi, pour élaborer votre évaluation, vous devrez vous appuyer sur les exercices que vous aurez proposés aux élèves. L'évaluation devra être le reflet de ce que vous aurez travaillé en classe. Il faudra donc veiller à :
- vérifier que la notion évaluée ait été abordée dans sa totalité en classe ;
- utiliser des consignes similaires ;
- employer un vocabulaire connu des élèves ;
- privilégier la transparence des contenus évalués (préciser si c'est la notion qui est évaluée, mais aussi la démarche, l'orthographe, la présentation, etc.).

Votre objectif est de faire réussir les élèves et non de les sanctionner. À vous de juger si un élève a besoin d'un coup de pouce (outils, aides, fiches synthétiques…).

Dans ma pratique

Une élève avait des difficultés pour mémoriser les résultats des tables de multiplication. Mon évaluation portait sur la maitrise de la technique opératoire de la multiplication. Alors, je l'ai autorisée à utiliser un outil : les tables de multiplication.

J'ai pu évaluer correctement la compétence, et la technique était maitrisée. Sans le recours à cet outil, la compétence n'aurait pas été validée. Je n'aurais pas su où l'aider réellement, à savoir la mémorisation.

Pour résumer

La conduite de classe

Les méthodes qui fonctionnent sur tous les cycles

– **Justifier** et **expliquer** les finalités des apprentissages pour que les élèves donnent du sens à l'école.

– **Travailler sous forme de projet** (par exemple, « Chaque jour compte ») car il investit tous les élèves.

Les méthodes qui fonctionnent aux cycles 2 et 3

D'une manière générale, construire les notions par étapes avant de mettre l'élève en position d'expert. Fournir des repères et une vraie méthodologie : des exemples dans différentes disciplines sont proposés (non exhaustifs).

– **Les leçons et les devoirs :** fournir des aides méthodologiques pour rendre l'activité et la mémorisation efficaces. Présenter les leçons sur une trame similaire et surligner les éléments importants à retenir.

– **La copie** : privilégier la copie active en variant les exercices.

– **La lecture et la compréhension :** rendre les élèves plus actifs en travaillant l'explicite.

– **Les dictées :** proposer une méthode de mémorisation pour mieux préparer les dictées et des activités de réinvestissement.

– **Les problèmes :** apprendre à développer la réflexion des élèves, choisir une progression en procédant par étapes, faire du sens et construire collectivement des affichages méthodologiques.

La différenciation

– **L'apport des intelligences multiples :** proposer plusieurs stratégies de résolution et laisser les élèves se les approprier.

– **Les activités autonomes et de réinvestissement :** sous forme de fiches ou de matériel disposé dans des barquettes, elles permettent d'occuper intelligemment les élèves les plus rapides tout en impliquant et motivant tous les élèves.

La correction

– **Les pratiques « classiques » :** celles fondées sur une correction au stylo vert, en collectif.

– Vers une autre solution possible : l'autocorrection, le rapport positif à l'erreur (notamment, comptabiliser les réussites pour valoriser les progrès).

L'évaluation

– En maternelle : l'évaluation fondée sur un à trois tampons selon la réussite ; le carnet de suivi des apprentissages et la synthèse des acquis (modèle national de fin de cycle).

– En élémentaire : les observations que vous faites des élèves ; les outils institutionnels (un livret scolaire, des bilans périodiques, des bilans de fin de cycle, des attestations officielles).

Reportez les compétences au fur et à mesure la grille de suivi des élèves.

L'affectation et la rentrée

Intégrer une équipe

À la rentrée 2016, les cycles ont été modulés de cette façon :

- Le cycle 1 englobe les trois niveaux de classe de l'école maternelle : la petite section (PS), la moyenne section (MS), la grande section (GS).
- Le cycle 2 comprend les niveaux de classe suivants de l'école élémentaire : CP (cours préparatoire), CE1 (cours élémentaire 1re année), CE2 (cours élémentaire 2e année).
- Le cycle 3 comprend les niveaux de classe suivants de l'école élémentaire : CM1 (cours moyen 1re année), CM2 (cours moyen 2e année), 6e.

L'école primaire est le nom de l'enseignement du premier degré. Elle englobe donc l'école maternelle et l'école élémentaire.

> **Mémo**
>
> Ainsi, lorsque vous émettez un souhait en école primaire, vous pouvez être affecté soit en classe de maternelle, soit en classe d'élémentaire, même si cela ne correspond pas à ce que vous avez demandé.

Collaborer avec son « binôme »

On entend souvent les jeunes professeurs être déçus de ne pas avoir leur classe, car ils se sentent freinés dans leurs envies de mettre en pratique ce qui a été appris à l'INSPE.

Ne le soyez pas. Partager une classe avec un collègue est très formateur. Vous apprendrez davantage au cours de ces années qu'en étant parachuté dès le début dans votre classe. Vous tâtonnerez moins, vous aurez un regard observateur et critique pour construire *votre* façon de travailler.

> **Mémo**
>
> **Le référentiel de compétences des métiers du professorat et de l'éducation**
>
> N'oubliez pas l'une de vos missions qui est de « coopérer au sein d'une équipe ».

Dans la mesure du possible, communiquez avec votre collègue (avec qui vous partagez la classe) :

– par mail : vous lui faites un petit point à la fin de votre/vos journées dans la classe ;
– avec un cahier : vous communiquez des informations **écrites**, notamment un bilan de la journée, un document à traiter, une information concernant un élève…

Dans ma pratique

Je nomme ce cahier de communication « le cahier de blabla ».

Exemple :

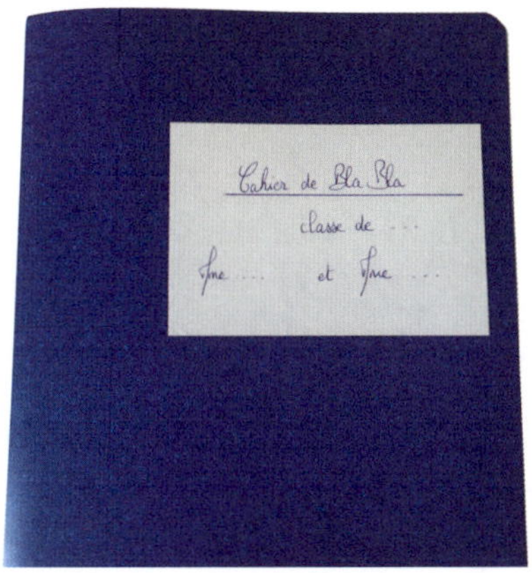

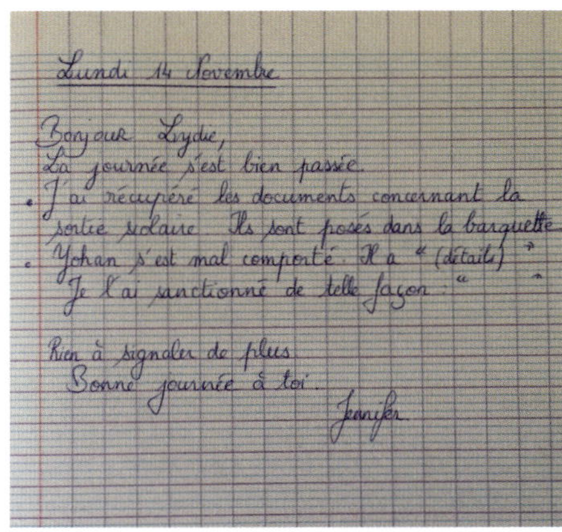

Les élèves ont souvent tendance à davantage écouter l'enseignant de « référence » (celui ou celle qu'ils considèrent ainsi). Souvent, il s'agit d'un collègue qui est dans l'école depuis plusieurs années et que les élèves et les parents connaissent.

Le fait d'être averti du déroulement des journées, même lorsque vous n'êtes pas là, indique aux élèves que vous vous intéressez à eux. Cet échange renforce votre crédibilité et votre autorité dans la classe. Ne manquez donc pas de souligner que vous avez été tenu informé !

Conseils

• Un point de détail, léger mais pas des moindres : rangez le bureau le soir et lavez le tableau. Vous témoignez alors une marque de respect à votre collègue. Il se sent accueilli dans un environnement propre et n'a pas le sentiment de « ramasser » derrière vous ou de le faire à votre place.

• L'école de la République se réclame d'attitudes civiques, que nous ne respectons pas toujours. Prenez des nouvelles. Un mail ou un mot qui débute par « comment va-tu ? » est toujours plus agréable.

• Enfin, expliquez toutes vos attentes dès le départ, pour éviter les quiproquos en cours d'année.

Remarque

Pour la préparation de classe et la conduite de classe de chaque niveau, vous vous réfèrerez aux chapitres précédents.

Prendre contact avec les autres collègues

Dans tous les cas, vous intégrez une équipe en poste dans l'école et il est primordial de communiquer avec les collègues pour travailler dans les meilleures conditions. La veille ou le jour de la rentrée, faites le tour des personnes que vous allez côtoyer durant l'année.

En maternelle

Prendre contact avec l'ATSEM

Vous allez collaborer une année entière, il est donc important que vous soyez en bonne intelligence dès le départ.

- Définissez vos attentes.
- Demandez-lui ses habitudes de travail, son organisation.
- Définissez son rôle dès le jour de la rentrée : qu'attendez-vous d'elle ?
- Expliquez-lui l'emploi du temps de la journée.
- Donnez-lui l'emploi du temps prévu sur l'année.
- Confiez-lui les cahiers de liaison : à la rentrée, elle a souvent un gros travail de collage des documents à destination des parents et des élèves.

Mémo

Pour connaitre les fonctions exactes de l'ATSEM et savoir ce que vous pouvez lui demander, référez-vous à la charte de l'ATSEM[1] :

En voici un extrait :

Les agents territoriaux spécialisés des écoles maternelles (ATSEM)

« Les ATSEM sont mis à disposition par la commune.

Le statut des ATSEM est défini par le décret n° 92-850 du 28 aout 1992. L'article 2 définit ainsi les missions de cet agent : "Les agents spécialisés des écoles maternelles sont chargés de l'assistance au personnel enseignant pour la réception, l'animation et l'hygiène des très jeunes enfants ainsi que de la préparation et la mise en état de propreté des locaux et du matériel servant directement à ces enfants. Les agents spécialisés des écoles maternelles participent à la communauté éducative. Ils peuvent, également, être chargés de la surveillance des très jeunes enfants dans les cantines. Ils peuvent, en outre, être chargés, en journée, des mêmes missions dans les accueils de loisirs en dehors du domicile parental des très jeunes enfants. Ils peuvent également assister les enseignants dans les classes ou établissements accueillant des enfants handicapés". »

Faire connaissance avec vos collègues et le directeur

Vous allez vous côtoyer et collaborer une année entière. Le directeur est de prime abord un collègue, toutefois vous pouvez vous référer à lui pour répondre à vos questions.

- Pensez à définir à l'avance l'utilisation de la salle de motricité.
- Définissez l'accès aux vélos : un roulement est-il organisé ? (par exemple : lundi = PS – mardi = MS – etc.)
- Où se déroule la récréation les jours de pluie, s'il n'y a pas de préau extérieur ?
- Quel matériel proposez-vous aux élèves ? (ballons, cerceaux…)

Faites également une visite de l'école pour situer votre classe, celle des collègues, la cantine, le préau, le gymnase, etc.

En élémentaire

De même qu'en maternelle, vous allez collaborer une année entière, il est donc important que vous fassiez rapidement connaissance avec vos collègues et définissiez quelques aspects dès le départ.

- Pensez à définir à l'avance l'utilisation du gymnase, les dates prévisionnelles de la piscine, etc.
- Demandez comment sont gérés les services de récréation.

1. Voir : http://www.education.gouv.fr/cid166/l-ecole-maternelle-organisation-programme-et-fonctionnement.html

- Renseignez-vous sur les récréations en elles-mêmes : où se déroulent-elles les jours de pluie, s'il n'y a pas de préau extérieur suffisamment grand ? sont-elles en décalé ? quels jeux y sont autorisés (billes, jouets personnels…) ? etc.
- Quel matériel proposez-vous aux élèves lors des récréations (ballons, palets…) ?
- Comment se passe l'accès aux toilettes ?
- Le passage à la cantine.
- Les activités périscolaires (rythmes : heures de sortie, etc.).
- Le ramassage scolaire.
- Etc.

Le jour de la prérentrée, le directeur vous apportera un maximum d'informations. Les questions à poser sont détaillées dans le chapitre I, p. 47.

Faites également une visite de l'école pour situer votre classe, celle des collègues, la cantine, le préau, le gymnase, etc.

Les réunions obligatoires

À l'école maternelle

Conseil de maitre, conseil de cycle et conseil d'école sont obligatoires. Chacune de ces réunions a sa fonction.

Mémo

Voici un extrait du document officiel présentant le fonctionnement de l'école maternelle et notamment le rôle des différentes réunions[1].

« Le conseil des maitres

Il **est composé du directeur et des enseignants** affectés à l'école. Il se réunit au moins une fois par trimestre.

Le conseil de cycle

Il permet de **faire le point sur la progression des élèves** et d'**élaborer le projet pédagogique** du cycle et de l'école.

Le conseil d'école

Il est composé :

- du directeur de l'école, qui le préside ;
- de l'ensemble des enseignants affectés à l'école ;
- du maire et du conseiller municipal chargé des affaires scolaires ;
- des représentants élus des parents d'élèves (autant de représentants que l'école comporte de classes) ;
- du délégué départemental de l'Éducation nationale chargé de visiter les écoles.

Il se réunit au moins une fois par trimestre, **vote le règlement intérieur de l'école, établit l'organisation pédagogique de la semaine scolaire. Il donne des avis et des suggestions sur les questions intéressant la vie de l'école**.

L'inspecteur de l'Éducation nationale chargé de la circonscription peut y assister. »

1. Voir : http://www.education.gouv.fr/cid166/l-ecole-maternelle-organisation-programme-et-fonctionnement.html

À l'école élémentaire

Au même titre que les réunions en école maternelle, les conseils des maitres et d'école en élémentaire sont obligatoires.

Mémo

Voici un extrait du document officiel présentant le fonctionnement de l'école maternelle et notamment le rôle des différentes réunions[2].

« Le conseil des maitres

Il **réunit le directeur et les maitres affectés à l'école**. Il se réunit au moins une fois par trimestre.

Le conseil des maitres de cycle

Il permet de **faire le point sur la progression des élèves** et d'**élaborer le projet pédagogique de chacun des cycles** (cycle des apprentissages fondamentaux et cycle de consolidation).

Le conseil école-collège

Le conseil école-collège a pour objectif de renforcer la continuité pédagogique entre le premier et le second degré. Il réunit des enseignants du collège et des écoles du secteur de celui-ci. Le conseil école-collège est présidé par le principal du collège et l'inspecteur de l'Éducation nationale chargé de la circonscription.

Le conseil d'école

Il réunit :

- le directeur ;
- le maire ;
- le conseiller municipal chargé des affaires scolaires ;
- les professeurs de chaque classe ;
- les représentants élus des parents d'élèves ;
- le délégué départemental de l'Éducation nationale ;
- l'inspecteur de l'Éducation nationale.

Il se réunit au moins une fois par trimestre et **vote le règlement intérieur de l'école, donne des avis et des suggestions sur le fonctionnement de l'école**. »

---

2. Voir : http://www.education.gouv.fr/cid213/l-ecole-elementaire-organisation-programme-et-fonctionnement.html

L'organisation du temps scolaire

Les emplois du temps et les ateliers en maternelle

Les emplois du temps

Quand vous connaissez votre affectation, pensez à élaborer votre emploi du temps de la semaine (à partir des programmations réalisées en amont : voir le chapitre III, partie sur « Les programmations et les progressions », p. 72, mais aussi la p. 31 du chapitre I). Lors de sa construction, vous devez penser à la répartition horaire des domaines d'apprentissage, mais surtout à la durée des activités, à leur organisation et aux besoins des élèves qui évoluent beaucoup à cet âge.

En maternelle sont généralement prévus :

- un temps d'accueil ;
- un temps de regroupement (rituels) ;
- trois temps d'apprentissage pour chaque demi-journée de classe (avec de préférence des séances sur le langage, les mathématiques et la motricité dans la matinée) ;
- des temps à part pour l'aide personnalisée ;
- et bien entendu les pauses (méridienne, récréations, mais aussi relaxation…).

Faites apparaitre dans l'emploi du temps le fonctionnement des activités : en ateliers dirigés, autonomes, etc. N'oubliez pas non plus d'adapter l'organisation du temps à la gestion des espaces.

Pour vous aider, les sites académiques vous proposent des modèles. Nous proposons aussi une méthodologie pour en construire, p. 29 du chapitre I.

Voici un exemple en GS[1] :

Horaires	LUNDI	MARDI	JEUDI	VENDREDI
8h30 - 8h40	**APPRENDRE ET VIVRE ENSEMBLE** *Accueil* – activités à consignes ou libres, individuelles ou en petits groupes, atelier collation (si besoin), responsabilités ponctuelles : écrire la date, s'occuper des plantes ou des animaux de la classe, choisir des livres à la BCD… rangement des ateliers			
8h40 - 9h00	**S'APPROPRIER LE LANGAGE** **APPRENDRE ET VIVRE ENSEMBLE** regard sur certaines réalisations de l'accueil, rituels (date, calendrier, présences), présentation des activités de la journée, point sur le projet regroupement			

1. Source : https://www4.ac-nancy-metz.fr/maternelle88.

9h00 - 9h30	**S'APPROPRIER LE LANGAGE** **DÉCOUVRIR L'ÉCRIT**		**EXPLORER LE MONDE** *nombres et quantités, formes et grandeurs*	
	activités en ateliers	activités en ateliers	activités en ateliers	activités en ateliers
9h30 - 10h00	**AGIR, S'EXPRIMER, COMPRENDRE AVEC L'ACTIVITÉ PHYSIQUE** activités physiques, individuelles, collectives ou en ateliers – déplacements, équilibres, manipulations, jeux collectifs, jeux dansés, rondes, mime – dans un espace organisé et aménagé (pour plusieurs classes éventuellement)			
10h00 - 10h15	**EXPLORER LE MONDE** rituels d'apprentissage : numération ou phonologie		**DÉCOUVRIR L'ÉCRIT** toute la classe	
10h15 - 10h45	Récréation			
10h45 - 11h15	**S'APPROPRIER LE LANGAGE** **DÉCOUVRIR L'ÉCRIT**		**EXPLORER LE MONDE** *nombres et quantités, formes et grandeurs*	
	activités en ateliers	mise en commun structuration	activités en ateliers	mise en commun structuration
11h15 - 11h30	**APPRENDRE ET VIVRE ENSEMBLE** bilan de la matinée, préparation à la sortie — regroupement			
Pause				
13h00 - 13h30	**AIDE PERSONNALISÉE** organisation selon les modalités fixées par l'équipe pédagogique			
13h30 – 13h45	**APPRENDRE ET VIVRE ENSEMBLE** moment calme, écoute musicale — toute la classe			
13h45 - 14h00	**DÉCOUVRIR L'ÉCRIT** activités pour apprendre les gestes de l'écriture petits groupes ou ½ classe			
14h00 -14h15	**S'APPROPRIER LE LANGAGE** activités d'écoute, de compréhension, de narration d'une histoire regroupement			
14h15 - 15h00	**EXPLORER LE MONDE** les objets, la matière, le vivant, l'espace et le temps activités par petits groupes pour découvrir, observer, manipuler activités par ½ classe ou classe entière pour mettre en commun les observations 14h15 - 15h45 et structurer les apprentissages décloisonnement possible : formation de groupes multi-âges MS/GS			

15h00 - 15h30	Récréation	
15h30 - 16h05	**AGIR, S'EXPRIMER, COMPRENDRE À TRAVERS LES ACTIVITÉS ARTISTIQUES**	
	dessin et compositions plastiques activités d'observation et d'analyse ½ classe ou groupe classe activités de création en ateliers	*la voix et l'écoute* activités vocales : apprentissage de chants, comptines, poésies activités d'écoute : jeux, danse, utilisation d'instruments
16h05- 16h30	**APPRENDRE ET VIVRE ENSEMBLE** bilan de la journée, préparation à la sortie — regroupement	

Les ateliers

On entend souvent parler de groupes de couleur. En maternelle, les activités s'organisent autour d'ateliers et de groupes, qui sont souvent des groupes homogènes. Certains collègues préfèrent cependant des groupes hétérogènes.

Vous pourrez toutefois faire évoluer vos groupes selon les progrès de vos élèves.

Quels sont les avantages et les limites des groupes homogènes ?

Les élèves avancent au même rythme et la préparation peut vous sembler plus facile puisque vous travaillez par niveaux de compétences. La remédiation auprès d'un élève n'ayant pas compris la notion est immédiate.

Toutefois, au bout de quelques semaines, vous pouvez être confronté à un certain décalage entre les groupes. En outre, il est plus difficile d'aider sept élèves en difficulté en même temps, notamment en graphisme.

Quels sont les avantages et les limites des groupes hétérogènes ?

Le rythme est différent dans chaque groupe, ce qui demandera davantage d'implication et de différenciation de la part de l'enseignant.

Cependant, les élèves plus faibles sont toujours portés par les réponses de leurs camarades. Ils apprennent forcément de leurs pairs et cette organisation favorisera les échanges, la motivation et l'autonomie.

De plus, il est plus aisé d'aider deux élèves en difficulté sur sept, par exemple, au cours d'un atelier. Vous êtes plus disponible.

Dans cette configuration, vous pouvez avoir une différenciation efficace.

Quelles sont les méthodes en ateliers qui fonctionnent ?

On entend souvent parler de « groupes qui tournent » sur les activités. Dans une classe avec une moyenne de 28 élèves, l'enseignant prévoit généralement 4 groupes de 7 élèves environ. Il est courant d'observer un groupe travaillant avec l'ATSEM, un groupe avec l'enseignant sur une notion de découverte et deux groupes en autonomie sur des notions de réinvestissement.

Entre chaque activité, c'est-à-dire toutes les 15 à 20 minutes, les élèves se déplacent à une autre table pour rejoindre l'ATSEM ou l'enseignant.

Voici différentes organisations :

- Vous pouvez prévoir le même atelier sur toute la semaine.

Le lundi, vous travaillerez avec le groupe 1, le mardi avec le groupe 2, le mercredi avec le groupe 3, le jeudi avec le groupe 4, et ainsi de suite.

- Vous pouvez prévoir de présenter la notion à tous les élèves le même jour. Ainsi, vous aurez un temps d'atelier avec le groupe 1 à 9 h 30, le groupe 2 à 10 h, le groupe 3 à 14 h, le groupe 4 à 14 h 30. Ce qui signifie que vous travaillez par exemple la phonologie le lundi, puis les nombres le mardi, etc. Cette procédure est déconseillée par l'institution. Je la cite néanmoins car elle peut être efficace ponctuellement lorsque vous voulez qu'une notion soit abordée en amont d'un autre travail.

Exemple :

- Prévoyez un atelier de français/lecture le matin et un atelier de mathématiques l'après-midi.
- Travaillez une notion de français sur deux jours ; ainsi, vous pouvez travailler avec quatre groupes sur deux journées.
- En revanche, étalez un atelier dirigé de mathématiques sur la semaine.
- Ne laissez pas un groupe en autonomie sur les notions du matin ET les notions de l'après-midi ; alternez.

Faites un tableau pour vous aider à vous repérer.

Exemple d'organisation pour les ateliers dirigés

	Lundi	**Mardi**	**Jeudi**	**Vendredi**
	Notion A		**Notion B**	
Matin Notions de français	Groupe 1 Groupe 2	Groupe 3 groupe 4	Groupe 1 Groupe 2	Groupe 3 Groupe 4
Après-midi Notions de mathématiques	Groupe 1	Groupe 2	Groupe 3	Groupe 4

Dans ma pratique

Le mercredi, je prévoyais des ateliers « décrochés » du reste de la semaine, par exemple un atelier de sciences, un atelier de jeux mathématiques, un atelier de logique et constructions… Les notions étaient travaillées sur deux mercredis, donc deux semaines.

Le fonctionnement en roulement sur les ateliers peut parfois déranger, à cause des déplacements notamment. Pour y remédier, vous pouvez planifier un tableau. Les groupes tournent selon le même rituel chaque semaine.

Voici comment se repérer dans le travail avec les différents groupes :

		LUNDI	MARDI	MERCREDI	JEUDI	VENDREDI
Matin	*Maitresse*	🟡	🟢 GS	🟢🔴	🟡	🟢 GS
	ATSEM	🟢 GS	🟡		🟢 GS	🟡
	Autonome	🔵	🔴	🟡🔵	🔵	🔴
	Autonome	🔴	🔵		🔴	🔵
	Maitresse	🔵	🔴	🔵🟡	🔵	🔴
	ATSEM	🔴	🔵		🔴	🔵
	Autonome	🟡	🟢 GS	🟢🔴	🟡	🟢 GS
	Autonome	🟢 GS	🟡		🟢 GS	🟡
Après-midi	*Maitresse*	🔴	🟢 GS		🟡	🔵
	ATSEM	🔵	🔴		🟢 GS	🟡
	Autonome	🟡	🔵		🔴	🟢 GS
	Autonome	🟢 GS	🟡		🔵	🔴

Atelier dirigé ou non : avec qui le groupe travaille

Couleur du groupe

Chaque groupe se voit attribuer une couleur en début d'année, symbolisée sur le tableau ci-dessus.

Dans ma pratique

Au départ, ce tableau était un aide-mémoire personnel, puis les élèves se sont appropriés l'outil. Il est intéressant de le faire évoluer en ajoutant une photo de l'ATSEM et de la maitresse dans la colonne de présentation à gauche.

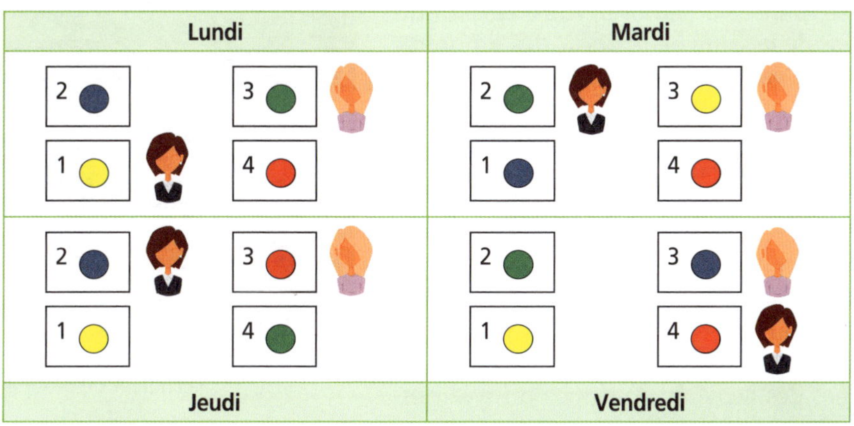

.../...

…/…

En début d'année, nous travaillons sur le plan de la classe afin de représenter la disposition de la salle. Le plan est affiché dans la classe pour que les élèves s'orientent facilement dans l'espace. Nous travaillons alors les notions gauche/droite, etc.

Pour des PS et MS, je vous conseille de numéroter les tables dans la salle.

Je matérialise ma place ainsi que celle de l'ATSEM à côté des tables.

Je fais en sorte que les groupes se déplacent le moins possible, hormis pour ranger le matériel. Je les déplace lorsqu'il est question d'une activité de peinture et que mon atelier n'a pas à être rangé entre deux groupes.

Au bout de quelques mois, les enfants regardaient mon tableau pour savoir où ils devaient se placer et s'ils travaillaient avec moi, avec l'ATSEM ou seuls. Les enfants adoraient visualiser leur table de travail.

Pour s'organiser dans la distribution, lors d'un travail sur fiche notamment, vous pouvez utiliser un casier organiseur.

Lorsque vous avez une photocopie ou du matériel à distribuer pour une activité, vous pouvez le ranger directement, dès sa préparation, dans chaque case.

Les couleurs correspondent aux couleurs des groupes, comme sur le plan.

Exemple : Le groupe rouge est constitué de sept élèves : vous rangez sept fiches et sept rangées d'étiquettes-images dans le tiroir rouge.

Les emplois du temps en cycles 2 et 3

Dès que vous recevez votre affectation et que vous connaissez le niveau de votre classe, pensez à élaborer votre emploi du temps de la semaine (à partir des programmations réalisées en amont : voir le chapitre III, partie sur « Les programmations et les progressions », p. 72). Lors de sa construction, vous devez penser à la répartition horaire des domaines d'apprentissage (appuyez-vous sur les volumes horaires hebdomadaires fournis dans les programmes en alternant au mieux les disciplines), mais surtout au fonctionnement et à la mise au travail des élèves. Pensez également aux durées des activités. Anticipez aussi la gestion des espaces, les plannings en EPS (piscine, gymnase)…

Étiquettes indiquant la couleur du groupe de travail

Pour vous aider, les sites académiques vous proposent des modèles.

En voici un exemple pour le cycle 2[2] :

	Lundi	Mardi	Jeudi	Vendredi
8h30	Langage oral Français Écriture / Écriture Calcul rapide	Lecture Français Écriture / Écriture Calcul rapide	Langage oral Français Écriture / Écriture Calcul rapide	Lecture Français Écriture / Écriture Musique
10h	*Récréation*	*Récréation*	*Récréation*	*Récréation*
	Maths IEMC / Vie collective	Maths Anglais	Maths Anglais	Maths Anglais
11h30	Aide individ.	Aide individ.	Aide individ.	Aide individ.
13h30	EPS Musique Travail individualisé	Arts visuels EPS	EPS Musique Travail individualisé	Français ateliers interdisciplinaires EPS
15h	*Récréation*	*Récréation*	*Récréation*	*Récréation*
	Découverte du monde Français	Travail individualisé Français	Découverte du monde Français	Travail individualisé Français
16h30				

Document Denis CARDINAL IEN StMax juin 2007

2. Source : http://www.ac-grenoble.fr/ien.annecy3/spip.php?rubrique234

Les emplois du temps en classe multiniveau

La classe multiniveau présente quelques particularités de fonctionnement. Vous devez vous adapter à chaque niveau, mais aussi veiller à former une unité de classe.

Voici un exemple pour une classe de CP/CE1 :

	Lundi CP	Lundi CE1	Mardi CP	Mardi CE1	Jeudi CP	Jeudi CE1	Vendredi CP	Vendredi CE1
8h30	Langage oral		Lecture		Langage oral		Lecture	
	Français		Français		Français		Français	
	Lecture	Écriture	Écriture	Lecture	Lecture	Écriture	Écriture	Lecture
	Écriture	Lecture	Lecture	Écriture	Écriture	Lecture	Lecture	Écriture
	Calcul rapide		Calcul rapide		Calcul rapide		Musique	
10h	*Récréation*							
	Maths		Maths		Maths		Maths	
	Exercices			Exercices	Exercices			Exercices
		Exercices	Exercices			Exercices	Exercices	
	EMC	Vie collective	Anglais		Anglais		Anglais	
11h30								
	Aide individ.		Aide individ.		Aide individ.		Aide individ.	
13h30	EPS		Arts visuels		EPS		Français ateliers interdisciplinaires	
	Musique		EPS		Musique		EPS	
	Travail individualisé				Travail individualisé			
15h	*Récréation*							
	Découverte du monde		Travail individualisé		Découverte du monde		Travail individualisé	
			Français				Français	
	Français		Écriture	Lecture	Français		Écriture	Lecture
			Lecture	Écriture			Lecture	Écriture
16h30								

Document Denis CARDINAL IEN StMax juin 2007

Voici un exemple pour une classe de CE2/CM1 :

	Lundi CE2	Lundi CM1	Mardi CE2	Mardi CM1	Jeudi CE2	Jeudi CM1	Vendredi CE2	Vendredi CM1
8h30	Langage oral		Lecture		Langage oral		Lecture	
	Français		Français		Français		Français	
	Lecture Écriture	Grammaire	Lecture Écriture	Conjugaison	Lecture Écriture	Orthographe	Lecture	Écriture
	Grammaire	Lecture Écriture	Conjugaison	Lecture Écriture	Orthographe	Lecture Écriture	Écriture	Lecture
	Calcul rapide		Calcul rapide		Calcul rapide		Musique	
10h	*Récréation*							
	Maths		Maths		Maths		Maths	
	Exercices			Exercices	Exercices			Exercices
		Exercices	Exercices			Exercices	Exercices	
	EMC	Vie collective	Anglais		Anglais		Anglais	
11h30	Aide individ.		Aide individ.		Aide individ.		Aide individ.	
13h30	EPS		Arts visuels		EPS		Français ateliers interdisciplinaires	
	Musique		EPS		Musique		EPS	
	Travail individualisé				Travail individualisé			
15h	*Récréation*							
	Histoire Géographie Ins. civ. mor.		Travail individualisé		Histoire Géographie Ins. civ. mor.		Travail individualisé	
			Français				Sciences	
	Français		Écriture	Lecture	Français			
			Lecture	Écriture				
16h30								

Document Denis CARDINAL IEN StMax juin 2007

Prévoyez un temps de travail d'environ 15 minutes (en cycle 2) à 25-30 minutes (en cycle 3). Pourquoi ? Pour différencier un maximum les niveaux de classe.

Ce qui signifie que vous travaillez avec un niveau de classe pendant 15 minutes durant lesquelles l'autre niveau est autonome. Puis vous inversez votre présence auprès des élèves.

Revenons de façon détaillée au créneau de français :

CE2	CM1
Français Temps de découverte autonome	**Écriture** Guidée avec les élèves //
Français Phase de synthèse commune	**Français** Temps de découverte autonome
Français Entrainement	**Français** Phase de synthèse commune //
Écriture Guidée avec les élèves //	**Français** Entrainement

N.B. : le signe // indique avec quel groupe vous travaillez.

Revenons de façon détaillée au créneau de mathématiques :

CE2	CM1
Mathématiques Temps de découverte autonome	**Calcul mental** Guidé avec les élèves //
Mathématiques Phase de synthèse commune //	**Mathématiques** Temps de découverte autonome
Mathématiques entrainement	**Mathématiques** Phase de synthèse commune //
Calcul mental Guidé avec les élèves //	**Mathématiques** Entrainement

Dans ma pratique

Beaucoup de collègues fonctionnent parallèlement sur une même discipline, sur les deux niveaux. Pour ma part, je m'emmêlais un peu les neurones avec les questions simultanées qui nécessitent une grande flexibilité intellectuelle. J'ai donc préféré travailler sur des disciplines différentes avec chacun des groupes. Fonctionner ainsi m'a permis d'être bien plus efficace sur mon cours à double niveau.

Voici quelques exemples d'activités qui peuvent être travaillées en parallèle :

CE2	CM1
Grammaire, découverte d'une notion (présence nécessaire)	Lecture silencieuse (autonomie)
Production d'écrits avec un support d'aide : liste de vocabulaire, fiche avec les étapes d'écriture (autonomie)	Mathématiques, découverte d'une notion (présence nécessaire)
Copie et mémorisation de la poésie (autonomie)	Français, découverte d'une notion (présence nécessaire)

Si l'emploi du temps que vous avez instauré ne permet pas à la classe de bien fonctionner : changez-le… au retour de vacances. Car il sera beaucoup plus simple pour vous d'y réfléchir à la fin d'une période. Expliquez aux élèves ainsi qu'aux parents qu'un emploi du temps peut être évolutif. Testez, analysez, améliorez.

La rentrée : bien s'y préparer

En maternelle

C'est le grand moment. Vous connaissez votre niveau de classe, une liste de noms, mais pas les visages… Que faire en cette veille de rentrée ?

Vous dormirez mal, c'est évident, par excitation, par inquiétude aussi. Mais si vous avez l'estomac retourné à la rentrée, sachez que les élèves sont aussi inquiets que vous.

Cette journée va filer à mille à l'heure. Vous prévoirez trop, n'aurez pas le temps de tout faire et ce n'est pas grave.

> **Conseil**
>
> Il vaut mieux avoir plus de travail de prévu, et donc posséder ce que je dénomme des « plans B », que d'en manquer. Parce qu'on ne peut pas *improviser* les activités.

Que préparer la veille de la rentrée ?

Tout d'abord, comme nous l'avons vu au début de ce chapitre, pensez à prendre contact avec vos collègues, l'ATSEM, etc.

Pensez également à visiter les lieux pour mieux vous les approprier.

Ensuite, prenez du temps pour préparer le matériel nécessaire dès la rentrée :

- votre cahier d'appel après avoir pris connaissance de la liste d'élèves ;
- les étiquettes prénoms et le tableau de présence ;
- votre calendrier du mois ;
- les étiquettes de la date ;
- le matériel pour les activités que vous avez prévues.

Que faire le jour de la rentrée ?

Alternez des temps d'activité (de mise au travail, dirigé ou autonome) et des temps d'apprentissage (notions, règles de vie en collectivité/citoyenneté…). Vous devrez rappeler les règles spécifiques à l'école ainsi que vos règles de classe.

Mémo

Programmes 2020

« L'équipe pédagogique aménage l'école (les salles de classe, les salles spécialisées, les espaces extérieurs, etc.) afin d'offrir aux enfants un univers qui stimule leur curiosité, répond à leurs besoins notamment de jeu, de mouvement, de repos et de découvertes et multiplie les occasions d'expériences sensorielles, motrices, relationnelles, cognitives en sécurité. Chaque enseignant détermine une organisation du temps adaptée à leur âge et veille à l'alternance de moments plus ou moins exigeants au plan de l'implication corporelle et cognitive. »

Accueillir

• L'accueil

Le temps d'accueil est important pour les enfants : essayez de les accompagner personnellement et écourtez le temps de présence des parents. Si ces derniers sont inquiets ou pleins d'interrogations, rassurez-les en leur disant que la réunion de rentrée sera faite pour répondre à toutes les questions.

Astuce !

Préparez une petite affiche de bienvenue, par exemple :

« Madame, Monsieur,
Bienvenue à l'école.
Aujourd'hui est une journée importante.
Ne prenez que quelques minutes pour déposer votre enfant.
Je répondrai à vos questions à la réunion de rentrée.
Allez, un dernier bisou à votre enfant ! »

• Activités non dirigées

Mettez les élèves assez vite au travail. Vous aurez installé des activités libres sur les tables, le temps d'accueillir tous les enfants (coloriage, cubes, bibliothèque, etc.). Puis vous ferez connaissance et commencerez quelques activités pour permettre la transition maison/école et surtout vacances/école. Les élèves doivent réaliser des activités qui les mobilisent corporellement et/ou mentalement pour permettre la transition et parfois la séparation avec les parents.

• Comment gérer les pleurs des tout-petits ?

Heureusement, les pleurs de la rentrée ne touchent pas tous les enfants. De nombreux élèves auront participé à une matinée d'accueil en juin et seront ravis de découvrir les camarades et jeux de l'école.

Certains vont pleurer le premier jour, d'autres pendant la première quinzaine. Si les pleurs se prolongent, communiquez rapidement avec les parents, car les pleurs peuvent être liés à une angoisse de séparation du petit mais aussi de la maman ou du papa. Rassurez alors tout le monde.

Il est important de consoler les tout-petits :

- Prenez-les dans vos bras ou demandez à votre ATSEM de le faire.
- Certains enfants ne voudront pas de ce contact physique, rassurez-les par vos paroles.
- Matérialisez le temps (l'heure du retour des papas et mamans) sur une horloge.
- Demandez-leur ce qu'ils aiment faire, présentez-leur un jeu.
- Favorisez le contact avec les autres enfants (un camarade le prend par la main, il partage l'activité d'un camarade…).

La première matinée

• Faire connaissance

Une fois que tous les parents sont partis, dégagez un temps de regroupement. Vous vous présentez, ainsi que votre ATSEM. Mémorisez rapidement le prénom de chacun.

• Intégrer rapidement une activité routinière : visite de l'école

La mise en mouvement est intéressante. Le fait de mobiliser les corps permet aux enfants de contenir leur énergie, leur inquiétude de la rentrée. De plus, vous instaurez vos premières règles de mise en rang et de déplacement.

Lors de cette visite, vous présentez également les autres adultes de l'école et leur fonction. Cette prise de connaissance mettra les enfants en confiance.

Effectuez un passage aux toilettes. Cette activité, qui sera routinière, permet également la retombée des émotions.

• Présenter la salle de classe

Faites une visite guidée, en groupe, de la salle de classe.

Par exemple : « Ici, vous trouverez les jeux que vous pouvez emprunter puis ranger tout seul. Ici, c'est le bureau de la maitresse, vous ne pourrez pas toucher aux affaires qui sont posées dessus ; là, ce sont les fiches à déposer », etc.

• Installer le cadre grâce aux rituels

Démarrez quelques rituels, comme compter les élèves, découvrir le calendrier, écrire la date et la météo.

Montrez également une frise du temps avec les images d'une journée type (accueil, regroupement, passage aux toilettes, ateliers, motricité…).

• Faire une activité de motricité

Lancez une activité collective ou un jeu avec une consigne simple (comme « Le renard qui passe »). Les enfants ont passé deux mois de vacances avec un rythme différent de celui de l'école. Ils ont besoin d'un temps de réadaptation.

• Annoncer les règles de vie

De retour en classe, définissez les règles de vie (calme, écoute, installation aux ateliers, ce qui est autorisé ou non…). Ce peut être l'occasion d'une activité collective avec le recours à des images pour la réalisation d'un affichage.

• Temps calme et gestion des sorties

Prévoyez un temps collectif pour lire une histoire et chanter une chanson. Ce temps calme permet une transition entre la sortie de l'école et le retour des parents, ou la cantine.

Vous vous serez renseigné lors de la prérentrée sur le fonctionnement du ramassage scolaire, du regroupement des élèves déjeunant à la cantine. Vous aurez également préparé une liste pour savoir qui prend en charge chaque élève sur ce temps d'interclasse (voir à ce sujet le chapitre I, p. 34).

Le premier après-midi

• Photographier

Pensez à les photographier, avec leur prénom noté sur une ardoise. Ce trombinoscope vous permettra de mémoriser les prénoms, il servira aussi au remplaçant éventuel. Les photographies pourront aussi servir à décorer les cahiers (ou classeurs) ou à diverses activités artistiques.

• Faire éventuellement une évaluation diagnostique

Cette évaluation peut consister à observer la préhension des outils (crayon) par les PS et leur aisance au niveau du langage. Tout temps d'interaction (pendant la récréation, l'entrée en classe, le retrait du manteau…) est propice à vous donner des indications.

En MS et GS, vous pouvez demander l'écriture de leur prénom. Vérifiez si :

- l'élève utilise l'écriture capitale ou cursive ;
- s'il écrit le prénom en entier.

• Quelques activités possibles

Vous pouvez demander aux élèves de réaliser un dessin libre et celui d'un bonhomme. Il est possible également de démarrer la fabrication d'une décoration pour le prénom à apposer au-dessus du portemanteau.

Proposer quelques activités (ateliers) présente de nombreux avantages.

- Avoir une vision plus claire du temps que vous prennent les choses (mise en place du matériel, votre posture en classe, présence et fonctionnement de votre ATSEM).
- Avoir une vision du temps que mettent les élèves à les réaliser (sont-ils rapides ou lents ? autonomes ?). Vous allez dessiner le « portrait » de votre classe.
- La possibilité de définir vos groupes de travail (peut-être provisoires, précisez-le aux élèves). Grâce à vos évaluations diagnostiques, vous pourrez modifier vos groupes les jours suivants.

- **Distribuer les cahiers de liaison**

Les donner au moment de la sortie. Les élèves seront fiers de le donner à leurs parents.

> **Astuce !**
> Le jour de la rentrée, les élèves sont plutôt calmes. Prenez le temps de les observer. Toutefois, si vous sentez que votre classe est très mobile, privilégiez des activités de manipulation plutôt que des déplacements.

En élémentaire

Même s'il ne s'agit pas de leur première rentrée, les élèves ont aussi peur que vous de cette rencontre. Ils ne connaissent pas votre manière de fonctionner ni votre niveau d'exigence.

Que préparer la veille de la rentrée ?

Comme en maternelle (et comme nous l'avons vu au début de ce chapitre), pensez à prendre contact avec vos collègues.

Pensez également à visiter les lieux pour mieux vous les approprier.

Ensuite, prenez du temps pour préparer le matériel nécessaire dès la rentrée :

- votre cahier d'appel après avoir pris connaissance de la liste d'élèves ;
- les cahiers des élèves ;
- les entêtes des cahiers ;
- le tableau de la classe (inscrivez la date, un texte de lecture, une poésie…) ;
- les manuels ou les fiches ;
- n'oubliez pas les documents à distribuer aux élèves, à destination des parents ;
- organisez votre bureau avec les cahiers à distribuer, les fiches de travail, votre cahier journal, etc. ;
- préparez-vous une trousse avec tout le matériel nécessaire : stylos, paire de ciseaux, gomme, règle, trombones, rouleau de ruban adhésif, tube de colle, surligneur, Post-it… ;
- pensez à prendre une corbeille à courrier pour recueillir les documents d'informations communiqués au fur et à mesure de la journée ;
- installez les tables comme proposé au chapitre IV (p. 144).

Que faire le jour de la rentrée ?

L'accueil et l'installation en classe

Les listes des élèves sont affichées sur des poteaux ou des murs. Certains directeurs souhaitent appeler classe par classe les élèves individuellement pour qu'ils viennent rejoindre leur enseignant. Sinon, vous aurez défini un lieu pour la mise en rang afin d'accueillir les enfants dans la cour : munissez-vous de votre liste et faites l'appel. Puis allez dans votre classe avec vos nouveaux élèves.

- Faites l'appel en classe : même si vous avez fait l'appel dans la cour, vous avez besoin de vérifier la présence de chaque élève et d'avoir une image plus précise des visages, ce qui est plus aisé dans la classe.
- Pointez le matériel en collectif afin de vérifier quelles affaires les élèves ont apportées. Vous pouvez leur proposer une petite liste ou une fiche identique à la liste de fournitures de rentrée (plus aisé pour les cycles 2), sur laquelle ils pointent ce qu'ils ont et cochent le matériel manquant. Soit vous le précisez aux familles, soit vous leur fournissez, dès le premier jour, le matériel manquant.

Exemple :

Matériel de rentrée	
Stylo-bille bleu	
Stylo-bille rouge	
Stylo-bille noir	
Stylo-bille vert	
Crayon à papier	
Gomme	
Taille-crayon	
Colle	
Règle	
Équerre	
Ciseaux	
Ardoise	
Feutres	
Classeur	
Cahier de brouillon	
Porte-vues	
Mouchoirs	

- Demandez-leur de remplir une trousse avec le matériel nécessaire à une bonne mise au travail : un stylo rouge, un stylo vert, un stylo noir, un stylo bleu, un tube de colle, une gomme, etc. Les surplus (colle, stylos…) seront rangés dans la réserve.

Astuce !

Pour les plus jeunes, guidez-les dans la réalisation de cette activité :

« Mettez un stylo bleu dans la trousse » et vous montrez le stylo en même temps. « Placez les autres stylos dans la réserve » (voir le chapitre IV sur la gestion du matériel, p. 131).

La présentation des règlements et des documents

- Instaurez *très rapidement* vos règles de classe (chuchoter dans les couloirs, se mettre en rang avant d'entrer, se mettre debout derrière la chaise, se saluer…). Ces premières minutes sont décisives : les élèves vont rapidement vous cerner. Il est bon de lire avec eux votre règlement de classe. Expliquez-le et lisez-le tous les matins pendant une semaine ou plus. Vous affirmez votre autorité, vous rassurez. (Pour les règles de vie, voir le chapitre III sur la conduite de classe, p. 105.)

Astuce !

Prenez vraiment le temps de cette répétition.

Instaurer ce cadre n'est absolument pas du temps perdu. Au contraire, c'est du temps gagné sur votre autorité le reste de l'année scolaire.

- Le règlement dans l'école : pensez aussi à rappeler les règles de civilité, les jeux autorisés en récréation.
- Distribuez les documents : le règlement intérieur, le fonctionnement des ateliers périscolaires, les fiches de renseignements, les fiches d'urgence (voir le chapitre I, sur les contenus administratifs, p. 12). Lisez-les avec eux et expliquez leur fonction. Précisez ce que les parents auront à remplir.
- Présentez l'emploi du temps, même temporaire.
- Photographiez les élèves. Comme en maternelle, le trombinoscope vous sera utile et vous pourrez utiliser les photos en art visuel.

La mise au travail

- Prévoyez rapidement une mise au travail adaptée en quantité et niveau de difficulté selon le niveau de classe des élèves. Voici quelques exemples d'activités possibles sur la journée de rentrée en cycles 2 et 3 (elles servent finalement d'évaluation diagnostique) :

– Faites faire un peu d'écriture : une lettre de l'alphabet avec un modèle en cursive au CP, une courte phrase avec modèle ou quelques lettres de l'alphabet au CE1, un court texte en CE2, CM1, CM2.
– Proposez un texte de lecture silencieuse sur le thème de la rentrée.
– Découvrez avec eux la poésie et démarrez la copie.
– Proposez un exercice de calcul mental pour réactiver les neurones.
– Les élèves apprécient aussi de remplir des petites fiches d'identité sur ce qu'ils aiment ou non, à l'école et en dehors de l'école.
– Invitez les élèves à dessiner un souvenir de vacances, à citer un film qu'ils ont vu.

Dans ma pratique

Chaque année, j'offre à mes élèves une lecture sur la mythologie. Je prolonge ce moment d'écoute chaque matin de la première semaine.

– Offrez-leur une lecture lue par l'enseignant, quel que soit leur niveau d'âge. Même à 9 ans, ils apprécient d'écouter une histoire.

Vous leur permettez alors une transition en douceur entre les vacances et le retour à l'école. Et vous découvrez leurs centres d'intérêt. Dès le lendemain, commencez à travailler en suivant votre emploi du temps.

Conseil

Vous prévoirez trop pour ce premier jour. N'en soyez pas inquiet. Ce jour de rentrée passe très vite.

Vous pourrez alors analyser cette journée et moduler votre préparation les jours suivants.

Il vaut mieux ne pas avoir présenté un exercice et soigner la sortie des élèves que d'avoir des enfants qui sortent dans la précipitation et l'énervement.

N'oubliez pas que c'est alors la première image qu'auront les parents.

Comment gérer les cahiers le jour de la rentrée ?

D'une année à l'autre, les enseignants n'utilisent pas les mêmes cahiers (formats, couleurs), il faudra alors que les élèves prennent de nouvelles habitudes. Ne travaillez pas sur trop de cahiers le premier jour, le temps de les aider à s'organiser au mieux.

Voici un rappel des principaux cahiers :

– Le cahier de liaison : indispensable, vous l'utiliserez pour communiquer dès le premier jour avec les parents.

– L'agenda : essentiel également, le premier jour vous y ferez noter, par exemple, de remplir les documents distribués (fiches de renseignements, etc.).

– Le cahier d'exercices ou cahier du jour : vous pouvez choisir de travailler sur le cahier d'exercices (ou d'entrainement) afin de définir vos attentes au niveau de la présentation et du soin. (Voir le chapitre IV, rubrique « Donner des repères pour la mise au travail », p. 151.)

– Les autres cahiers (lecture, questionner le monde, poésie, etc.) : vous pouvez leur présenter les cahiers et les faire ranger dans la case. Passez du temps à expliquer comment ranger proprement une case et une table (la trousse devant le cahier, etc.).

Pour résumer

L'affectation et la rentrée

Intégrer une équipe

• Collaborer avec son « binôme » : au début de votre carrière, vous serez amené à travailler en binôme sur une classe, d'où l'importance de la communication pour une bonne liaison.

• Prendre contact avec les autres collègues : vous devrez également travailler dans les meilleures conditions avec l'équipe en poste dans l'école dans laquelle vous serez affecté. Aussi, faites connaissance avec vos collègues avant la rentrée.

Les réunions obligatoires

En maternelle comme en élémentaire, vous assisterez aux conseil de maitre, conseil de cycle et conseil d'école avec les parents d'élèves élus.

L'organisation du temps scolaire

• Les ateliers en maternelle : organisez vos groupes selon votre décision en mode hétérogène ou homogène.

Prévoyez l'organisation de vos ateliers et une matérialisation spatiale pour être efficace.

• Les emplois du temps : inspirez-vous des modèles officiels. En classe multiniveau, pensez à prévoir des créneaux de travail de 15/20 minutes par groupe.

La rentrée : bien s'y préparer

En maternelle

• La veille de la rentrée, pensez à prendre contact avec les collègues, visitez les lieux et préparez votre matériel (les documents à destination des parents, les cahiers de liaison, les étiquettes des prénoms, le matériel pour les activités prévues…).

• Le jour de la rentrée, pensez à :

– **accueillir** avec des activités non dirigées (et consoler les pleurs des tout-petits), vous présenter et présenter votre ATSEM ;

faire **visiter** l'école et la salle de classe et ritualiser le passage aux toilettes ;

– instaurer les premiers **rituels** comme compter les élèves, découvrir le calendrier, écrire la date et la météo, montrer une frise du temps (emploi du temps journalier) avec les images d'une journée type ;

– définir clairement les **règles de vie** pour instaurer un cadre ;

– instaurer un temps calme pour **gérer les sorties** : lire une histoire ou écouter une chanson pour permettre la transition entre la matinée et l'interclasse ;

– prévoir une courte **évaluation** diagnostique ;

– mettre au travail avec quelques **activités** (ateliers) : dessiner un bonhomme, un sujet libre, fabrication du portemanteau ;

– lancer une activité collective simple en **motricité** ;

– **photographier** les élèves ;

– distribuer les **documents** à travers le cahier de liaison.

En élémentaire

• La veille de la rentrée, pensez à prendre contact avec les collègues, visitez les lieux, installez votre salle de classe et préparez votre matériel (votre cahier d'appel, les cahiers à distribuer, les documents à destination des parents, les livres ou fiches de lecture…).

• Le jour de la rentrée, prévoyez :

– l'**accueil** dans la cour puis l'**installation** en classe : faire l'appel et lire le règlement de la classe et de l'école, rappeler les règles de civilité, les jeux autorisés en récréation ;

– le **pointage du matériel** : constituer une trousse et mettre le matériel en surnombre dans la réserve ;

– la **distribution des documents**, qui sont à lire avec la classe, tels que le règlement intérieur, le fonctionnement des ateliers périscolaires, les documents à destination des parents ;

– la présentation de l'**emploi du temps**, même temporaire ;

– la **prise de photos** des élèves ;

– la **gestion des cahiers** : insister sur le rangement du casier, n'utiliser que quelques cahiers, découvrir et utiliser l'agenda, communiquer sur le cahier de liaison, travailler sur le cahier d'exercice-entraînement ;

– une **mise au travail** avec par exemple une lecture, la découverte et la copie d'une poésie, un exercice de calcul mental, la réalisation de fiches sur ce qu'ils aiment ou non…

Les outils et les supports pédagogiques pour les élèves

En maternelle

Au cours de votre préparation de la conduite de classe, vous serez amené inévitablement à vous questionner quant au choix des supports, des outils et du matériel pour les élèves. Il devra être adapté et fonctionnel.

Les outils collectifs

Votre organisation sera un peu différente de l'élémentaire puisque vous travaillez souvent en groupes. Ainsi, vous allez utiliser beaucoup de matériel collectif à la classe.

Les jeux

À l'accueil, en atelier libre et/ou en atelier dirigé, vous proposerez des jeux collectifs ; ils seront à la disposition de tous les élèves en cours d'année. Ils seront manipulés soit pour un travail individuel, soit en binôme.

Voici quelques exemples de matériel avec lequel les élèves peuvent travailler.

- **Se préparer à la lecture :** atelier d'imprimeur, mots à recomposer lettre à lettre à partir d'un modèle.
- **Graphisme :** ardoise effaçable pour les gestes graphiques déjà travaillés.
- **Motricité fine :** laçage, tressage, collier de perles, pâte à modeler avec modèles à reproduire.
- **Le nombre :** dominos à compter, jeux de calcul en binômes, jeux de société.
- **Construction et logique :** tangram, pavages, rythmes et ribambelles, construction en 2D et 3D avec fiches techniques.
- **Repérage spatial :** labyrinthes, reproduction de modèle spatial.

Les espaces d'apprentissage (ou « coins-jeux »)

Vous disposerez votre salle de classe selon les besoins des enfants. Il faudra des tables de travail pour les groupes, un espace regroupement (généralement des bancs près du tableau), et aussi des espaces libres de découverte et de réinvestissement.

Voici quelques exemples de ce que vous pouvez proposer :
- des coins-jeux d'imitation pour les petits (poupons, objets du quotidien, un magasin, un garage, etc.) ;
- un coin construction et bricolage (cubes, Lego, etc.) ;
- un coin bibliothèque pour la manipulation de livres à volonté ;
- un coin informatique : instaurez un roulement pour proposer un accès à l'ordinateur ; vous pouvez alors y installer des jeux pédagogiques, mais aussi un espace langage avec de l'écoute d'histoires sonores ;
- un coin écoute musicale : il est intéressant aussi de proposer un accès au poste CD pour une écoute musicale ;
- certaines classes proposent un coin sciences avec un espace transvasement et découvertes sensorielles.

Astuce !

Pour l'espace informatique et l'écoute musicale, vous pouvez investir dans des casques audio, avec microphone. Les enfants peuvent alors s'enregistrer, avec un logiciel adapté, pour raconter une histoire inventée ou entendue. C'est aussi un très bon outil de dictée à l'adulte pour mesurer les progrès du langage. Il peut aussi faciliter l'expression pour des élèves plus réservés en groupe.

Prévoyez une évolution des coins-jeux au cours de l'année pour multiplier les interactions et les apprentissages.

Dans ma pratique

J'avais également construit, avec le logiciel « Photorécit », des récits vidéo : des imagiers sonores, des récits (image et vocabulaire, image et chant) sur les pays du monde, des histoires lues, des fichiers pour découvrir les instruments de musique, etc. J'exploitais ces récits jusqu'en cycle 3 (paysages, régions, départements, etc.).

Les répertoires lexicaux

Dans l'espace bibliothèque, vous pouvez proposer des répertoires. Ce matériel aura déjà été présenté avant d'être manipulé en autonomie.

En voici quelques exemples :

– des lexiques et imagiers sur le vocabulaire rencontré en classe ;

ESCARGOT	PARCOURS	VÉLO	RENTRÉE
escargot	parcours	vélo	rentrée
escargot	parcours	vélo	rentrée

– un abécédaire ;

– les lettres écrites en cursive avec le sens de l'écriture visible : les élèves peuvent alors suivre le tracé avec leur doigt ;

– le temps : un lexique pour la suite des jours de la semaine, pour la suite des mois, pour les saisons... avec les mêmes fiches que les affiches présentées au-dessus du tableau (voir ci-après).

Les élèves apprécient beaucoup l'utilisation de ce matériel.

Les fiches

Vous utiliserez également des fiches pour certains apprentissages. Elles seront alors collées dans les cahiers des élèves ou insérées dans leur dossier, ou rangées dans des classeurs, selon le matériel que vous aurez choisi.

Les fiches seront un support de travail pour :

– des traces écrites (les dictées à l'adulte) ;

– des activités de découpage, collage ;

– des exercices de réinvestissement ou d'évaluation (par exemple : remettre les lettres d'un mot dans l'ordre) ;

– des activités de graphisme (après des découvertes de motifs) ;

– des coloriages ;

– etc.

Les affichages

En maternelle, l'affichage de classe doit être un outil que les élèves s'approprient : il doit être coloré, pour donner des repères, et en grand format. Pour bien démarrer dans la classe, certains affichages sont essentiels. Ce sont des repères indispensables aux élèves.

En mathématiques

La frise numérique

Elle fait débat actuellement. Vous déciderez au fil de son utilisation si vous la jugez utile – ou non. Elle reste un repère pour les élèves, quant à l'ordre et à l'écriture chiffrée.

0	1	2	3	4	5	6	7	8	9	10	11	12	13	14	15	16	17	18	19	20	21	22	23	24	25	26	27	28	29	30	31

Dans ma pratique

0	1	2	3	4	5
6	7	8	9	10	11
12	13	14	15	16	17

Je fais apparaitre volontairement le chiffre des dizaines d'une couleur pour symboliser la famille des dizaines et le chiffre des dizaines pour la famille des vingtaines d'une autre couleur, même si ce n'est pas au niveau. Les dizaines entières sont marquées d'une vignette colorée. Je parle de « famille des 10 », « famille des 20 », ce qui aide à la reconnaissance, à la lecture et à l'écriture des chiffres. Les élèves s'imprègnent très vite, ne se contentent pas de réciter une comptine numérique de mémoire mais utilisent ce guidage comme point de repère. Ainsi, c'est un moyen d'installer une première notion d'« ordinalité ».

Pensez à préparer ce matériel en grand format (au moins en taille de police 200). Ce qui parait grand chez vous est ridiculement petit en classe.

File numérique (en grand format).

La suite numérique des nombres[1]

Elle fait apparaitre l'écriture chiffrée de 1 à 10, la collection correspondante et la constellation du dé (et pas seulement l'écriture chiffrée, comme dans la frise).

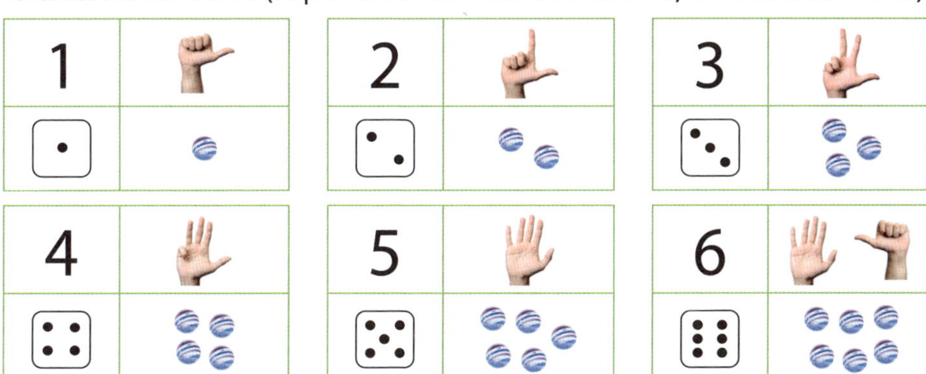

1. Rappel de la compétence travaillée : « Construire le nombre : associer l'écriture chiffrée à une collection et une constellation du dé. »

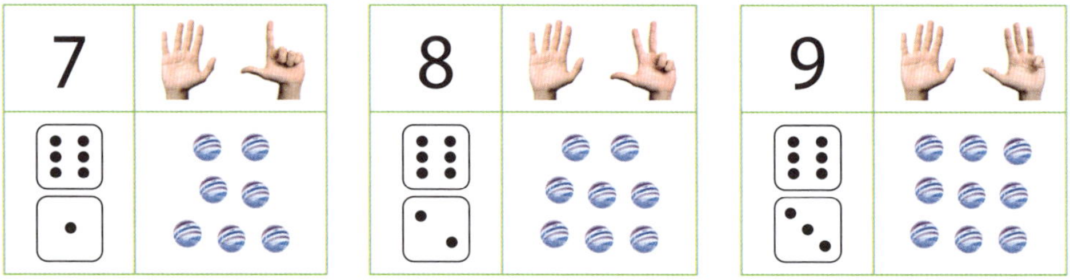

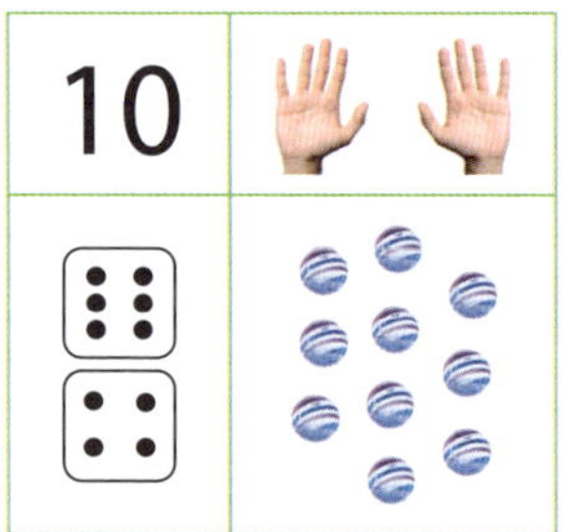

La suite numérique des nombres (grand format).

Il est important dès la MS d'avoir une frise des chiffres de 0 à 9 avec le sens d'écriture visiblement indiqué, comme dans l'exemple ci-dessous.

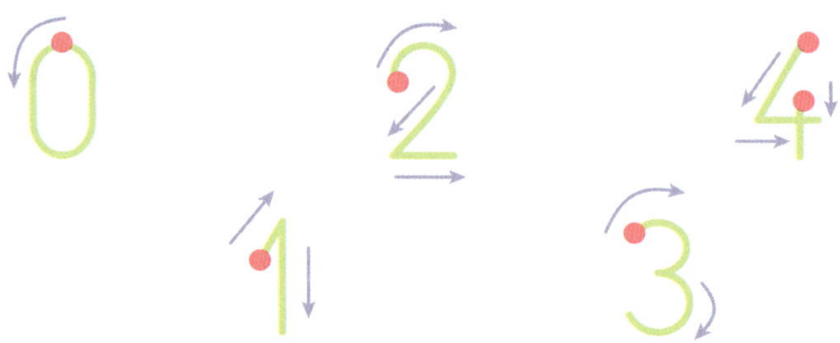

L'écriture chiffrée des nombres (0 à 10).

En activité, vous pouvez proposer aux élèves de « remplir » le chiffre avec du papier déchiré, collé à l'intérieur ou bien de le peindre. Cette activité individuelle ou collective permet l'imprégnation de la correspondance entre le chiffre et sa représentation écrite.

En lecture

Un répertoire graphique avec les lettres de l'alphabet

Pour les TPS et les PS, prévoyez l'affichage en capitale ; pour des MS, proposez les lettres en capitale et script ; enfin ajoutez la cursive pour des GS.

Un abécédaire

Il peut être construit collectivement et permet d'associer un mot (ou objet) et le son de la lettre. Outre la pratique des arts plastiques, vous travaillez l'alphabet, la conscience phonologique et le lexique.

Exemple : formation de la lettre à partir de vrais objets (S de sable, B de bouton, V de vis, Y de yeux [yeux mobiles]…), favorisant la mémorisation.

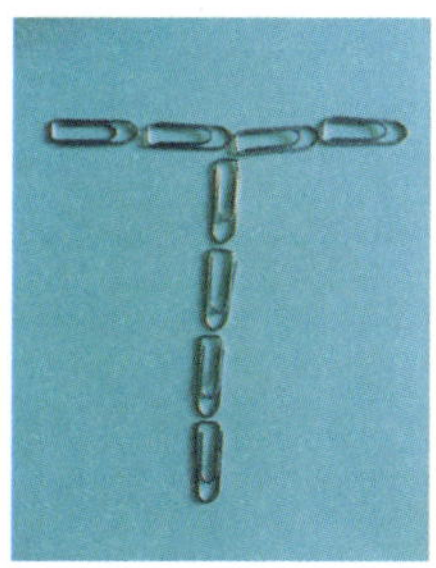

Vous pouvez aussi utiliser le prénom des élèves pour créer l'abécédaire collectif.

Dans ma pratique

Je fais également construire aux élèves un mini-répertoire à partir de l'abécédaire collectif, sous forme de carnet individuel relié.

C'est une activité assez riche pour travailler la construction du principe alphabétique. De plus, les élèves réinvestissent l'écriture de la lettre travaillée.

Autour du temps

L'emploi du temps de la journée

Sur cette frise du temps, vous pouvez faire apparaitre les photos des lieux ou des images symboliques (pour la cantine, par exemple) des moments forts de la journée de l'élève. Il s'agit alors d'un emploi du temps chronologique de la journée.

Exemple :

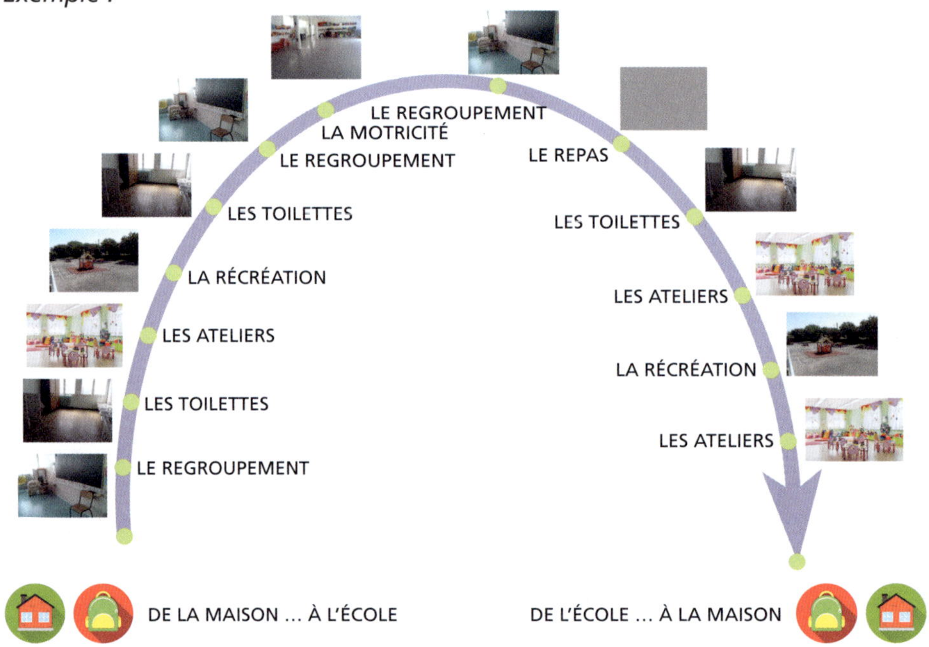

L'année qui passe

Le temps annuel est repéré par les saisons, les mois et les jours de la semaine. Des images égaient l'affichage et le rendent plus lisible pour les enfants non lecteurs.

Exemple :

Les jours de la semaine et les mois de l'année.

Un calendrier du mois

Sur cet affichage grand format (50 x 65 cm), vous indiquez :
- les fins de semaine ;
- les journées d'école ;
- les journées à la maison ;
- les évènements et activités du mois ;
- la météo ;
- les anniversaires.

Exemple :

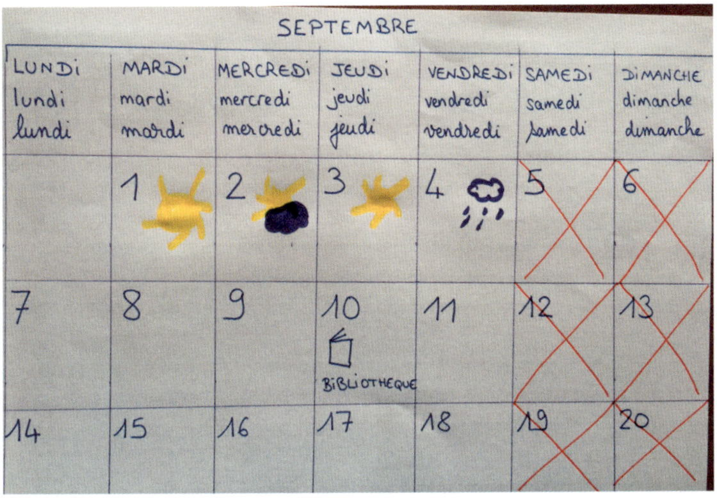

Un tableau des présents et des absents

Fixé au mur, il est à la hauteur des enfants : ainsi, ils peuvent positionner eux-mêmes leur étiquette prénom, soit en arrivant, soit lors du rituel de l'accueil, etc. L'appel est quotidien, c'est un moment important en maternelle.

En ce qui concerne les étiquettes prénoms, elles doivent être plastifiées, car elles sont manipulées par les élèves.
- En PS : préparez chaque étiquette en capitale avec une photo de l'enfant ; lorsqu'il reconnait son prénom, retirez la photo.
- En MS : débutez l'année en capitale, puis en script.

– En GS : utilisez le script (pour le lien avec l'« écriture comme dans les livres », celle de la lecture courante) et la cursive, avec les flèches rappelant le sens de l'écriture. L'enfant peut alors repasser sur les lettres ou s'en servir comme modèle visuel.

Dans ma pratique

J'ai eu des élèves de MS qui reconnaissaient leur prénom en cursive dès le mois de décembre. J'ai donc adapté les étiquettes à leurs progrès.

Un mur d'exposition des réalisations des élèves

Ce mur peut se situer dans la classe mais aussi dans le couloir, dans les escaliers… (dans ces derniers cas, il faudra vous accorder avec vos collègues).

Les parents apprécient de découvrir le travail de leurs enfants et ces derniers sont contents de voir leurs œuvres mises en valeur. De plus, l'école n'en est que plus égayée.

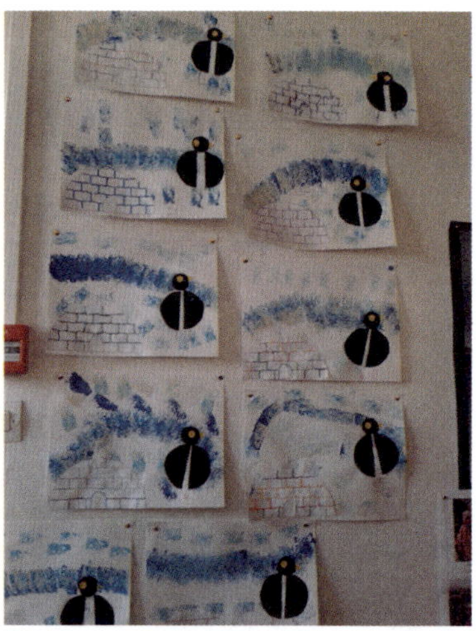

Les outils individuels

Outre le matériel collectif, il est important que les élèves aient du matériel individuel à manipuler, accessible dès que nécessaire.

Dans le casier de l'élève, vous laisserez à disposition l'étiquette prénom plastifiée (voir ci-dessus, « Le tableau des absents »). Elle servira pour l'appel, mais aussi pour les activités d'écriture.

Pour les GS, voire les MS, il est intéressant aussi de prévoir un « carnet-outil »[2] relié de format rectangulaire 30 x 6 cm.

On peut y trouver :

- le prénom avec le sens de l'écriture apparent ;
- une bande alphabet dans les trois écritures ;
- les jours de la semaine ;
- les mois de l'année ;
- la suite numérique de 1 à 30 ;
- la collection de nombres de 1 à 10.

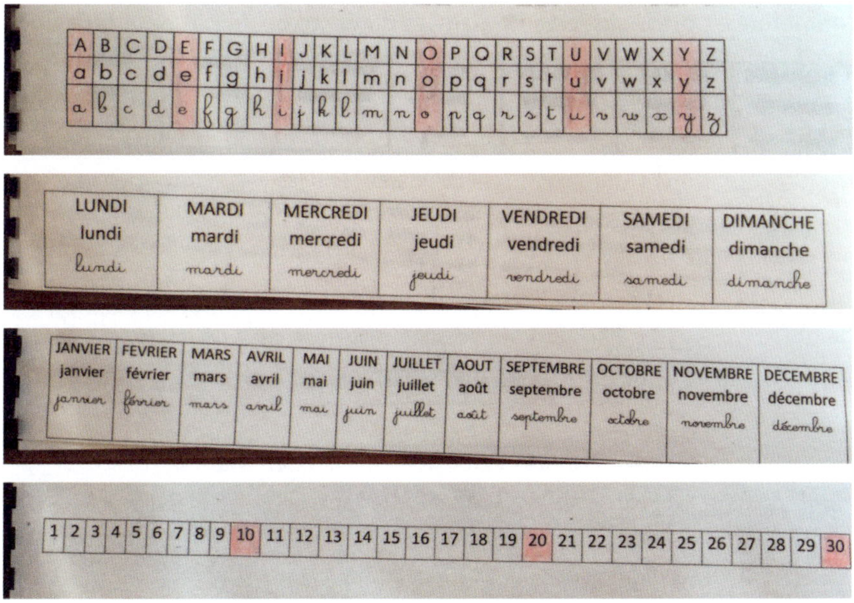

L'objectif de ce carnet est d'aider les élèves à devenir autonomes. Ils s'y réfèrent très facilement et en prennent grand soin.

2. Idée trouvée sur le blog de « La maternelle de Moustache », puis complétée et modifiée.

Les supports écrits

Afin de classer les fiches de travail des élèves, vous choisirez soit des classeurs, soit de grands cahiers, soit des dossiers reliés (les fiches sont alors classées par les adultes). Pour compléter les cahiers et les classeurs, on peut utiliser des chemises cartonnées de couleur pour constituer des dossiers regroupant des feuilles ou des images liées à une discipline spécifique.

Dans ma pratique

En maternelle, j'utilise des chemises colorées pour des activités thématiques : le travail sur les couleurs, la sortie scolaire, le cahier de vie, les dessins spontanés, le cahier du bonhomme. Je maintiens le dossier avec des clips et j'agrafe en fin d'année.

Les outils scripteurs

Chaque outil aura une fonctionnalité et un rendu qui lui est propre. Exploitez-les au mieux pour un bon apprentissage de vos élèves.

La compétence principale reste la maitrise du geste de l'écriture. Il faut donc un outil confortable selon l'activité.

	Quelle utilisation ?	Avantages et inconvénients
Feutre point fine	Graphisme	Il permet de réaliser des graphismes décoratifs et d'adapter son geste à un travail minutieux. Le rendu est très coloré et esthétique. Toutefois, il peut laisser des traces si l'enfant passe sa main dessus.
Feutre pointe large	Coloriage	Il permet de ne pas laisser trop de traces du passage de la mine. Mais un feutre trop gros est difficile à prendre en main pour les jeunes enfants.
Pinceau	Graphisme, maitrise du geste	Il permet de maitriser les gestes amples et de contrôler son mouvement.
Crayon à papier	Écriture	Il est confortable pour l'activité d'écriture. Attention cependant à ne pas le choisir ni trop sec, ni trop gras.

Dans ma pratique

Je n'utilise pas de stylo en maternelle, pour que l'élève puisse effacer une lettre mal formée. L'objectif est un travail abouti et valorisant.

En élémentaire

Les outils de manipulation et de mémorisation

Le matériel de manipulation (cycle 2)

En cycle 2, le matériel à manipuler est encore fréquent. Certains outils sont utilisés quotidiennement en début d'année, comme les étiquettes des mots les plus courants en CP, les modèles d'écriture, les étiquettes sons.

Pour éviter de perdre du temps à distribuer ce matériel chaque jour, vous pouvez en confier la gestion à chaque élève. Toutefois, il vous faut un rangement efficace et pratique, pour que les élèves ne le perdent pas et qu'ils le sortent rapidement le moment venu.

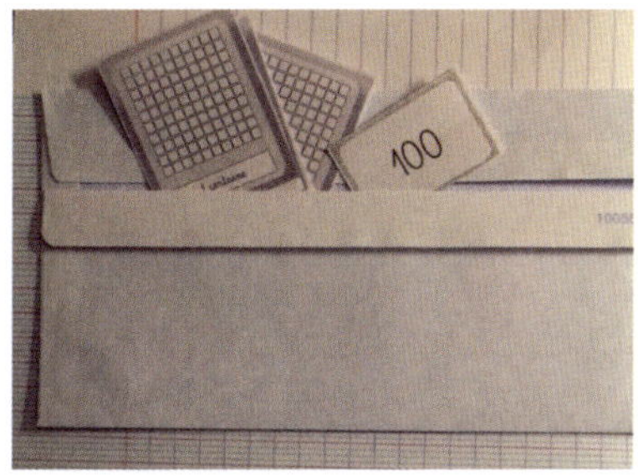

Étiquettes de numération dans une enveloppe collée à la fin du cahier

Ce matériel de manipulation réutilisable peut être rangé dans des enveloppes, scotchées à la fin du cahier auquel il se rapporte (cahier de conjugaison, de numération, etc.).

Voici la liste du matériel que vous pouvez préparer :

- les horloges : dans le cahier de leçon de mathématiques ;
- la monnaie : dans le cahier de leçon de mathématiques ;
- les étiquettes de numération : dans le cahier de leçon de mathématiques ;
- des « flashcards » d'anglais (fiches illustrées que les élèves utilisent pour acquérir du vocabulaire) : dans le cahier d'anglais ;
- des étiquettes « mots-outils », pour les lire à la maison, pour un jeu en classe (retrouver l'écriture du mot prononcé par le maitre) : dans le cahier de lecture ;

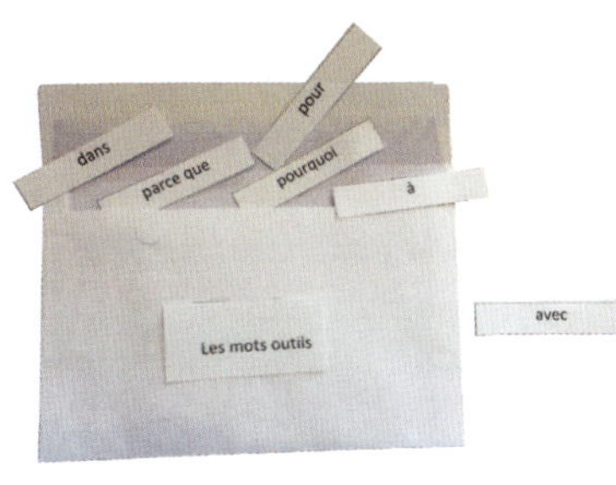

- des étiquettes « sons » pour travailler la combinatoire (la formation de syllabes : « [b-a] fait [ba] ») : dans le cahier de lecture ;
- un modèle d'écriture des lettres : dans le cahier du jour et/ou le cahier de lecture ;
- un modèle d'écriture des chiffres : dans le cahier du jour et/ou le cahier de leçons de mathématiques.

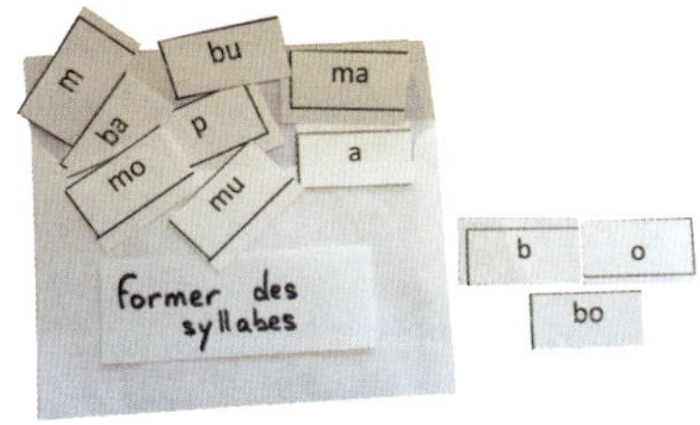

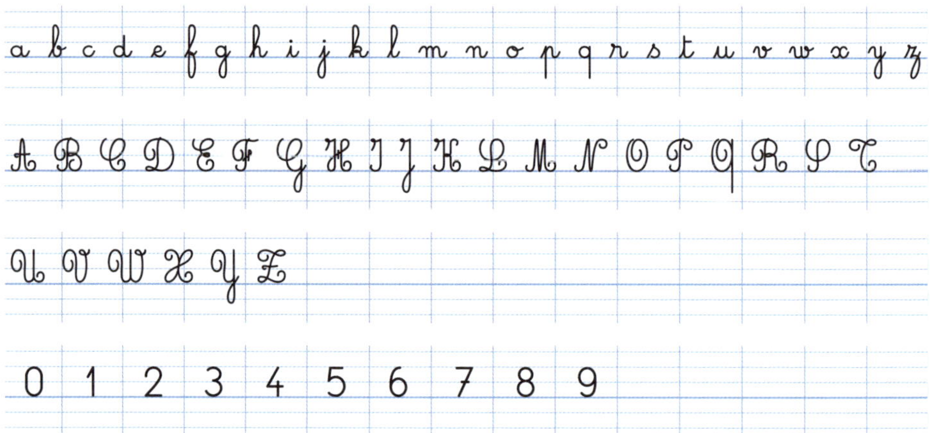

Modèles d'écriture (chiffres, lettres).

Même si le soin et le découpage sont des compétences à maitriser, le fait de découper du matériel prend du temps sur les apprentissages.

Pour la géométrie par exemple, pour laquelle les manuels proposent souvent du matériel prédécoupé en pointillés, vous pouvez détacher et découper à l'avance les éléments.

Astuce !

Demandez la contribution des parents, ils seront honorés que vous partagiez avec eux. Vous pouvez leur donner la page matériel (avec les devoirs) en leur glissant un petit mot de demande d'aide.

Ne préparez cependant pas tout, car le découpage fait partie d'une compétence de l'élève.

Voici d'autres exemples de contribution :
- préparer des accessoires pour un atelier théâtre ou danse ;
- participer à un atelier et aider à la préparation du matériel ;
- découper du matériel (comme les pièces de monnaie dans les fichiers).

L'école dans laquelle j'ai travaillé proposait un atelier avec un horaire défini, au cours duquel quelques parents se regroupaient dans les locaux de l'école pour coudre des sacs de médiathèque à destination des enfants.

L'important est de se sentir à l'aise dans cette collaboration avec les parents.

Le matériel pour aider à la mémorisation

Pour s'entrainer, chercher, essayer… les élèves utilisent leur ardoise ou leur cahier d'exercices (ou d'entrainement).

Les fiches plastifiées à compléter

Pour des apprentissages récurrents, qui nécessitent d'utiliser plusieurs fois un même support, vous pouvez glisser une feuille photocopiée dans une pochette transparente (celles que l'on met dans les classeurs) et la scotcher à la fin du cahier concerné.

Ainsi, les élèves peuvent écrire dessus au feutre effaçable à volonté.

Exemples collés en fin de cahier de mathématiques :

– Pour mémoriser les tables : tables de multiplication à compléter

1	2	3	4	5
1 × 1 =	2 × 1 =	3 × 1 =	4 × 1 =	5 × 1 =
1 × 2 =	2 × 2 =	3 × 2 =	4 × 2 =	5 × 2 =
1 × 3 =	2 × 3 =	3 × 3 =	4 × 3 =	5 × 3 =
1 × 4 =	2 × 4 =	3 × 4 =	4 × 4 =	5 × 4 =
1 × 5 =	2 × 5 =	3 × 5 =	4 × 5 =	5 × 5 =
1 × 6 =	2 × 6 =	3 × 6 =	4 × 6 =	5 × 6 =
1 × 7 =	2 × 7 =	3 × 7 =	4 × 7 =	5 × 7 =
1 × 8 =	2 × 8 =	3 × 8 =	4 × 8 =	5 × 8 =
1 × 9 =	2 × 9 =	3 × 9 =	4 × 9 =	5 × 9 =
1 × 10 =	2 × 10 =	3 × 10 =	4 × 10 =	5 × 10 =

6	7	8	9	10
6 × 1 =	7 × 1 =	8 × 1 =	9 × 1 =	10 × 1 =
6 × 2 =	7 × 2 =	8 × 2 =	9 × 2 =	10 × 2 =
6 × 3 =	7 × 3 =	8 × 3 =	9 × 3 =	10 × 3 =
6 × 4 =	7 × 4 =	8 × 4 =	9 × 4 =	10 × 4 =
6 × 5 =	7 × 5 =	8 × 5 =	9 × 5 =	10 × 5 =
6 × 6 =	7 × 6 =	8 × 6 =	9 × 6 =	10 × 6 =
6 × 7 =	7 × 7 =	8 × 7 =	9 × 7 =	10 × 7 =
6 × 8 =	7 × 8 =	8 × 8 =	9 × 8 =	10 × 8 =
6 × 9 =	7 × 9 =	8 × 9 =	9 × 9 =	10 × 9 =
6 × 10 =	7 × 10 =	8 × 10 =	9 × 10 =	10 × 10 =

Tables de multiplication à compléter.

– *Pour s'entrainer sur les tableaux de conversion*

	km	hm	dam	m	dm	cm	mm

	kg	**hg**	**dag**	**g**	**dg**	**cg**	**mg**

		hl	**dal**	**l**	**dl**	**cl**	**ml**

Classe des milliards			Classe des millions			Classe des mille			Classe des unités simples		
C	D	U	C	D	U	C	D	U	C	D	U

Classe des millions			Classe des mille			Classe des unités			Partie décimale		
C	D	U	C	D	U	C	D	U	$\frac{1}{10}$	$\frac{1}{100}$	$\frac{1}{1\,000}$

Tableaux de conversion.

Voici, pour résumer, un tableau récapitulant les principaux outils individuels en élémentaire (liste non exhaustive) :

CP	CE1-CE2	CM1-CM2
– Des étiquettes mots-outils – Les étiquettes pour combiner et produire des syllabes (« [b-a] fait [ba] ») – Un modèle d'écriture des lettres – Un modèle d'écriture des chiffres	– La monnaie – Les horloges – Des étiquettes unités et dizaines – Des fiches de vocabulaire	– Les tables de multiplication – Les tableaux de conversion – Les horloges (vierges) – Des tableaux récapitulatifs de conjugaison avec les verbes principaux – Des fiches sur le lexique appris : corps humain, cycle de l'eau… – Des cartes (France, Europe, monde)

Tout le matériel est utile à l'entrainement ; les notions à mémoriser se trouveront dans les leçons.

Un outil de méthodologie pour les leçons

Plutôt que de faire mémoriser les leçons par cœur à la maison, ce qui peut provoquer la frustration d'attribuer de mauvaises notes parce que les élèves n'ont pas voulu ou pas su apprendre leurs leçons, il semble préférable de les aider à mémoriser les leçons en classe.

En début d'année, distribuez-leur un petit texte rappelant la méthode à adopter pour apprendre une leçon (voir à ce sujet le chapitre V, p. 163 ; un exemple de texte méthodologique est donné). Ensuite, prenez un exemple de leçon et entrainez la classe collectivement.

Prenez impérativement du temps en début de cours pour mémoriser la leçon précédente avec les élèves ou en fin de cours pour mémoriser la leçon découverte.

Les affichages

On vous a appris à l'INSPE qu'il fallait beaucoup afficher pour donner des repères aux élèves.

Cependant, on peut vite remplir les murs et, au lieu d'apporter des aides aux élèves, on les noie dans les informations. En maternelle, les répertoires graphiques et mathématiques resteront toute l'année, tandis qu'en élémentaire, l'affichage évoluera parfois à chaque période.

Lorsque la notion est acquise, enlevez l'affichage.

Par exemple, vous présentez la technique opératoire de l'addition. Une fois la notion acquise, vous la retirez et présentez la technique opératoire de la soustraction. Conservez tout de même les affiches (dans une pochette cartonnée à dessin) pour les proposer en aide selon les besoins des élèves.

Voici une présentation non exhaustive des affichages importants à prévoir en classe.

En français

Écriture

En cycle 2, prévoyez des posters de l'alphabet ligné en cursive, minuscule et majuscule (vous pouvez utiliser les modèles d'écriture fournis en ressources numériques).

Les modèles d'écriture (lettres, chiffres)

A B C D E F G H I J K L M N O P Q R S T

U V W X Y Z

a b c d e f g h i j k l m n o p q r s t u v w x y z

a b c d e f g h i j k l m n o p q r s t u v w x y z

A B C D E F G H I J K L M N O P Q R S T U V W X Y Z

Lecture

Les fiches de phonologie avec les différentes graphies sont indispensables en **CP**. Si vous utilisez une méthode de lecture, elles sont généralement fournies. Vous pouvez cependant les créer vous-même.

Exemple :

	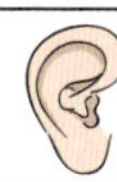 [a]	
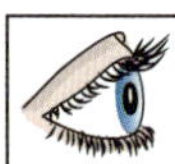 A a A a	 un arbre un arbre	 une balle une balle
D'autres écritures ⚠ à â (e) à â (e)	 un âne un âne là là 	une femme une femme 

Étude de la langue

En **CE1**, affichez les notions de grammaire, de conjugaison, ainsi que le lexique appris, avec des exemples concrets.

1re personne	Singulier	JE
2e personne		TU
3e personne		IL, ELLE, ON
1re personne	Pluriel	NOUS
2e personne		VOUS
3e personne		ILS, ELLES

En mathématiques

- Prévoyez des posters de l'écriture des chiffres et un tableau de nombres de 1 à 100 dès le CP.

Nombres de 1 à 100

1 un	2 deux	3 trois	4 quatre	5 cinq	6 six	7 sept	8 huit	9 neuf	10 dix
11 onze	12 douze	13 treize	14 quatorze	15 quinze	16 seize	17 dix-sept	18 dix-huit	19 dix-neuf	20 vingt
21 vingt-et-un	22 vingt-deux	23 vingt-trois	24 vingt-quatre	25 vingt-cinq	26 vingt-six	27 vingt-sept	28 vingt-huit	29 vingt-neuf	30 trente
31 trente-et-un	32 trente-deux	33 trente-trois	34 trente-quatre	35 trente-cinq	36 trente-six	37 trente-sept	38 trente-huit	39 trente-neuf	40 quarante
41 quarante-et-un	42 quarante-deux	43 quarante-trois	44 quarante-quatre	45 quarante-cinq	46 quarante-six	47 quarante-sept	48 quarante-huit	49 quarante-neuf	50 cinquante
51 cinquante-et-un	52 cinquante-deux	53 cinquante-trois	54 cinquante-quatre	55 cinquante-cinq	56 cinquante-six	57 cinquante-sept	58 cinquante-huit	59 cinquante-neuf	60 soixante
61 soixante-et-un	62 soixante-deux	63 soixante-trois	64 soixante-quatre	65 soixante-cinq	66 soixante-six	67 soixante-sept	68 soixante-huit	69 soixante-neuf	70 soixante-dix
71 soixante-et-onze	72 soixante-douze	73 soixante-treize	74 soixante-quatorze	75 soixante-quinze	76 soixante-seize	77 soixante-dix-sept	78 soixante-dix-huit	79 soixante-dix-neuf	80 quatre-vingts
81 quatre-vingt-un	82 quatre-vingt-deux	83 quatre-vingt-trois	84 quatre-vingt-quatre	85 quatre-vingt-cinq	86 quatre-vingt-six	87 quatre-vingt-sept	88 quatre-vingt-huit	89 quatre-vingt-neuf	90 quatre-vingt-dix
91 quatre-vingt-onze	92 quatre-vingt-douze	93 quatre-vingt-treize	94 quatre-vingt-quatorze	95 quatre-vingt-quinze	96 quatre-vingt-seize	97 quatre-vingt-dix-sept	98 quatre-vingt-dix-huit	99 quatre-vingt-dix-neuf	100 cent

Les nombres de 1 à 100 (1 page A4 pour une impression A3 ou en 2 parties, 2 pages A4).

- En numération, définissez le code utilisé pour représenter les unités, les dizaines et les centaines.

Exemple :

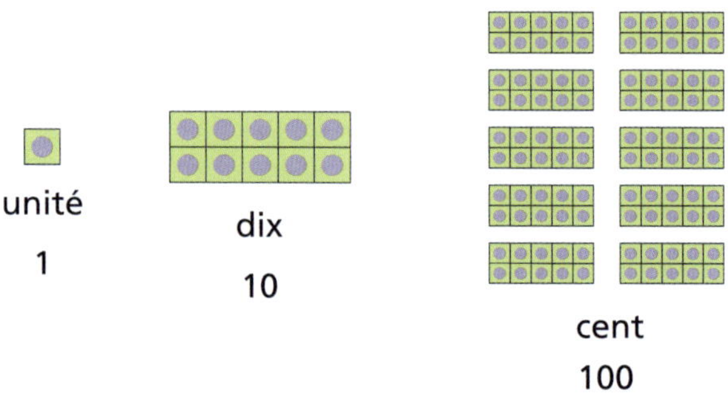

- Affichez un schéma des notions nouvelles. Il n'est pas impératif que cet affichage reste toute l'année. Vous le laissez le temps de l'acquisition de la notion.

Exemple :

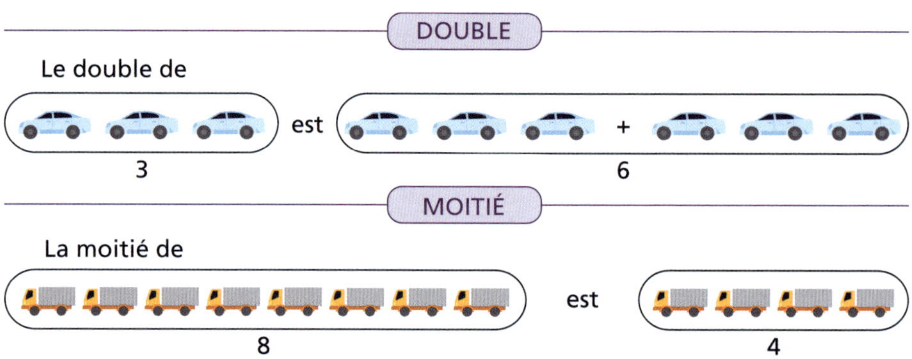

> **Rappel**
> Il est intéressant de construire l'affichage avec les élèves. Même si vous le présentez joliment saisi à l'ordinateur, un outil construit en commun est plus facilement assimilable et manipulable par et pour les élèves. Les élèves s'y réfèrent d'autant plus s'il est en couleurs et s'ils ont participé à son élaboration.
> (Voir le chapitre V, p. 169 et 175 : modèles d'affichages construits avec les élèves pour la relecture en dictée et la résolution de problèmes en cycle 3.)

Vous ne pourrez pas afficher tout, toute l'année. Les salles ne sont pas assez grandes.
Voici donc, pour résumer, les affichages utiles.

Les affichages permanents

- Règles de classe.
- Poster de l'écriture des chiffres en lettres.
- Repères phonologiques en CP.
- Repères des codes (unités, dizaines, centaines).
- Tableau de nombres avec les classes d'unités, dizaines, milliers…
- Méthodologie de relecture pour la dictée.
- Méthodologie pour les calculs posés.
- Règles de grammaire les plus courantes.

Les affichages temporaires

- Un exposé d'élèves.
- Les créations artistiques.
- La leçon sur laquelle vous travaillez (photographies de paysages, une conjugaison particulière…).

Les outils scripteurs

Chaque outil aura une fonctionnalité et un rendu qui lui est propre. Exploitez au mieux pour un bon apprentissage de vos élèves.

La compétence principale reste la maitrise du geste de l'écriture. Il faut donc un outil confortable selon l'activité.

Voici quelques conseils et spécificités pour le choix des outils scripteurs en élémentaire.

	Quelle utilisation ?	Avantages et inconvénients
Stylo-bille	Écriture	Il permet de rendre un travail propre. Il est également maniable. L'outil est utilisé dès la moitié du CP.
Stylo-feutre	Écriture des titres	Il permet d'écrire en « gras », de mettre en valeur. Mais il laisse des traces et demande beaucoup de soin.
Stylo-plume	Écriture	Il donne une belle écriture, mais à réserver à des élèves très soigneux. L'écriture doit être parfaitement consolidée avant son utilisation.
Critérium	Géométrie	Il donne un tracé très précis et propre. La mine est fragile, cassable. À utiliser à partir du CE2.
Crayon à papier	Géométrie Écriture	Il servira aux tracés de géométrie. Pensez à le tailler correctement. Il peut être utilisé également en CP pour l'entrainement de l'écriture, afin de revenir sur son geste. Il est maniable et permet de gommer.

Les supports écrits et les cahiers

Les supports de travail et de leçons

Chaque enseignant a sa propre pratique, ses propres habitudes… Toutefois, il est assez fréquent de retrouver des supports communs. En voici une liste non exhaustive.

• En cycle 2 :
– un agenda ;
– un cahier de devoirs pour le cycle 2 : grand format 96 p. ;
– un cahier de liaison : petit format 60 ou 96 p. ;
– un cahier du jour pour un travail de réinvestissement : 1 petit format par période 60 ou 96 p. ;
– un cahier de poésie : grand format (pour que la poésie tienne sur une page) ;
– des cahiers de leçons en français, mathématiques, questionner le monde : petits formats 96 p. ;
– un cahier de lecture et phonologie en cycle 2 : grand format 96 p. ;
– un cahier d'anglais : petit format 60 p.

• Et en cycle 3 :
– un agenda ;
– un cahier d'exercices-entrainement pour les essais : petit format 96 p. ;
– un cahier de liaison : petit format 60 ou 96 p. ;
– un cahier du jour pour un travail de réinvestissement : 1 petit format par période 96 p. ;
– un cahier de poésie : grand format (pour que la poésie tienne sur une page) ;
– des cahiers de leçons en français, mathématiques, questionner le monde : petits formats 96 p. ;
– un classeur de texte de lecture en cycle 3 ;
– un cahier ou un classeur d'anglais : petit format 96 p.

Dans les rubriques suivantes vont être détaillés certains de ces supports.

Les cahiers

Les élèves sont très attachés aux couleurs des cahiers. Dans leur tête, ils associent une couleur à une discipline. Pourtant, chaque année, elles changent. Certaines équipes essaient de s'harmoniser. Renseignez-vous à ce sujet.

Le format

Si vous choisissez de travailler sur des cahiers, réfléchissez à votre pratique pour sélectionner la taille adéquate (voir à ce sujet le chapitre III, rubrique « Les fournitures », p. 66).

Mémo

Un cahier petit format fait 17 × 22 cm et un grand format fait 24 × 32 cm.
Il existe également des formats de 21 × 29,7 cm à utiliser de façon sporadique.

On dit souvent que les cahiers format 21 × 29,7 cm sont pratiques pour y coller les fiches en format A4. Mais les photocopies étant au même format, il faut penser à les rogner, ce qui est fastidieux et risque d'amputer un bout de texte.

Un cahier 24 × 32 où pourront être glissées ou collées les feuilles A4 sans être abimées peut donc sembler plus adapté, mais ce format est encombrant et difficile à manipuler par les élèves.

Dans ma pratique

Désormais, j'utilise des petits cahiers. Il suffit de préparer le travail et d'imprimer en format réduit à 50 % (soit au format A5). Ils donnent la possibilité d'avoir deux leçons sur une feuille A4. De plus, le petit format est pratique à ranger dans les casiers des élèves. Enfin, les cartables sont bien moins lourds.

L'organisation

Chaque leçon tient sur une page pour les classes de CP et CE1. Elle tient sur une double page pour le CE2, CM1, CM2.

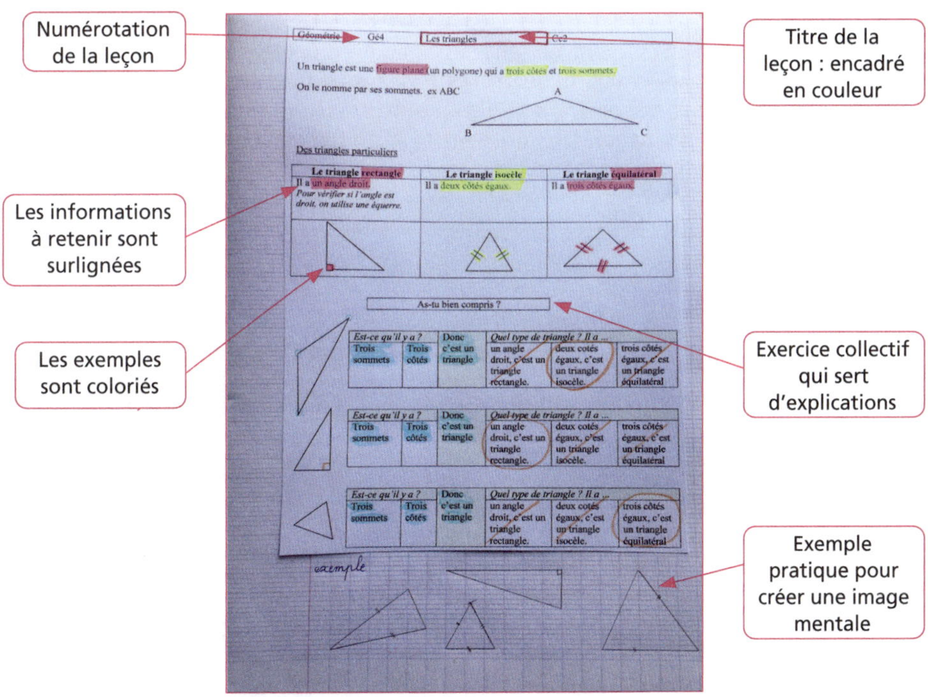

Leçon de grammaire pour une classe de CP

N.B : Procédure et méthodologie de la leçon expliquée dans le chapitre V (« Les méthodes qui fonctionnent aux cycles 2 et 3 », p. 161).

Astuce !

Les couvertures en polypropylène sont très résistantes et transparentes. Vous pouvez coller le prénom de l'élève sur la première page du cahier.

Les autres types de cahier

Pour mémoriser le vocabulaire et l'orthographe, un petit carnet répertoire (non alphabétique) est plus approprié qu'un cahier (voir le chapitre V pour le détail de son utilisation, p. 168).

En poésie, l'utilisation des grands cahiers permet d'avoir un poème écrit sur une page plutôt que sur deux, ce qui est plus esthétique et pratique.

Conseil

Finalement, c'est en essayant, en réfléchissant que vous allez visualiser votre travail et comment l'organiser auprès des élèves. Posez-vous des questions concrètes pour anticiper au mieux, par exemple : « Est-ce que je veux coller de grandes feuilles ? Une trace écrite par page ? Une trace écrite à droite et les documents à gauche ? Est-ce que je ferai une pochette pour toutes les fiches "Son" ? Comment se présenteront les leçons ? Etc. »

Où noter les devoirs ?

Le cahier de texte

Le cahier de texte est souvent utilisé dans les classes. Les collègues trouvent qu'il est plus simple d'utilisation.

Pourquoi ? Parce que l'enfant utilise un seul repère : le jour de la semaine. Les risques de confusion sont alors limités.

Dans ma pratique

Pourtant, mes élèves étaient assez souvent perdus avec le cahier de texte.
- Ils se trompaient de page. Retrouver les devoirs revenait à faire une chasse aux trésors dans le noir.
- Ils ne comprenaient pas la présence et l'utilité du mercredi et du samedi puisqu'il s'agissait de jours où on ne notait pas de devoirs.
- Ils se trompaient en notant la date.
- Le cahier de texte demande énormément d'organisation dans l'écriture des devoirs et dans le repère du tableau. En effet, l'élève doit adopter une présentation qui ne lui est pas naturelle et rayer les journées passées pour se repérer.
- Il est vite rempli et ne dure pas toujours une année.

J'ai vite délaissé ce matériel au profit d'un agenda.

L'agenda

On entend souvent dire que l'agenda est trop compliqué pour les élèves.

Pourtant, il est idéal pour la construction des repères temporels.
- L'élève peut s'imprégner du temps qui passe : succession des jours de la semaine, suite des mois.
- Il est pratique pour les enfants comme pour les parents, car il est linéaire. Ainsi, tout le monde s'y retrouve même s'il y a eu une erreur de page.
- Il incite les élèves de cycle 2 à lire la date en entier.
- Les devoirs tiennent sur une page-jour.

De plus, vous êtes certain d'avoir suffisamment de pages pour l'année.

Conseil pratique

Pensez à laisser en classe un agenda que vous remplissez quotidiennement (ou un élève de service). Ainsi, un élève qui a été absent peut s'y référer et noter les devoirs.

Le cahier du soir

Vous pouvez dédier un cahier d'entrainement/exercices pour les élèves de cycle 3. Comme les élèves de cycle 2 ont davantage de mots, de textes à relire, vous pouvez prévoir un cahier dans lequel vous collez les textes courts qui serviront de support pour le « travail du soir ».

Les classeurs

Pour quoi les utiliser ?

On entend dire, à juste titre, qu'il est important pour les élèves d'apprendre à se repérer dans les classeurs. De plus, les parents s'interrogent sur l'intérêt de coller des photocopies sur des pages de cahier. Ne serait-ce pas du gaspillage ? N'est-ce pas contraire aux principes enseignés dans les classes de respect de l'environnement ?

Les arguments sont parfaitement fondés, mais il y a une limite dans la pratique face à des jeunes enfants. Apprendre à gérer des feuilles, se repérer dans l'espace de la feuille, savoir catégoriser, classifier est long et peu évident pour de jeunes élèves. De plus, les feuilles de classeur se déchirant plus facilement, en prendre soin est une contrainte supplémentaire pour eux.

Autre inconvénient : un classeur est lourd et prend de la place dans les cartables. Et en fin de compte, chaque année, on passe beaucoup de temps en fin de période à tout trier pour chaque élève.

Un compromis serait d'utiliser un classeur pour deux ou trois disciplines uniquement. Par exemple, pour les disciplines Questionner le monde (la géographie, l'histoire), les sciences et l'éducation morale et civique.

Le classeur peut être utile aussi pour ranger les productions d'art, les fiches « bilan de sport », les évaluations. Ce sont des activités que les enfants n'ont pas à transporter à la maison trop fréquemment.

Quelle méthodologie pour apprendre à se repérer dans un classeur ?

Plusieurs options s'offrent à vous.

- Des intercalaires en couleurs. Vous indiquez le code couleur sur une page de garde.

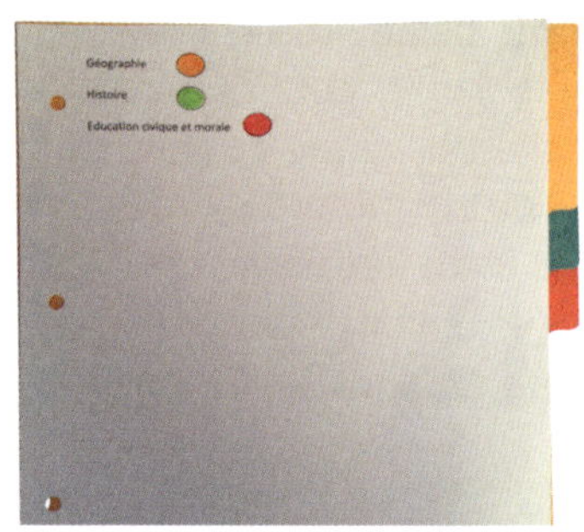

- Des dessins collés sur l'intercalaire qui symbolisent la discipline.

– Des intercalaires numérotés. Chaque numéro est associé à une discipline.

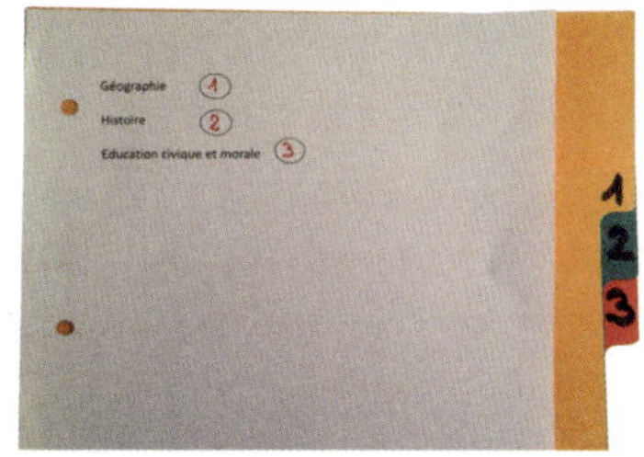

Dans ma pratique

J'explique aux élèves clairement le fonctionnement : « Regardez le classeur. C'est comme si je tournais les pages d'un livre. Je pose mon doigt sous l'intercalaire bleu, je le tourne. Puis je tourne toutes les feuilles. La nouvelle feuille va à la fin. »

Les chemises cartonnées (ou pochettes)

Pour compléter les cahiers et les classeurs, on peut utiliser des chemises cartonnées de couleur (ou des pochettes) pour constituer des dossiers regroupant des feuilles ou des images liées à une discipline spécifique.

En élémentaire, les élèves peuvent avoir par exemple un dossier pour l'art, un dossier pour les fiches de lecture, un dossier « cahier de vie », un autre pour les évaluations.

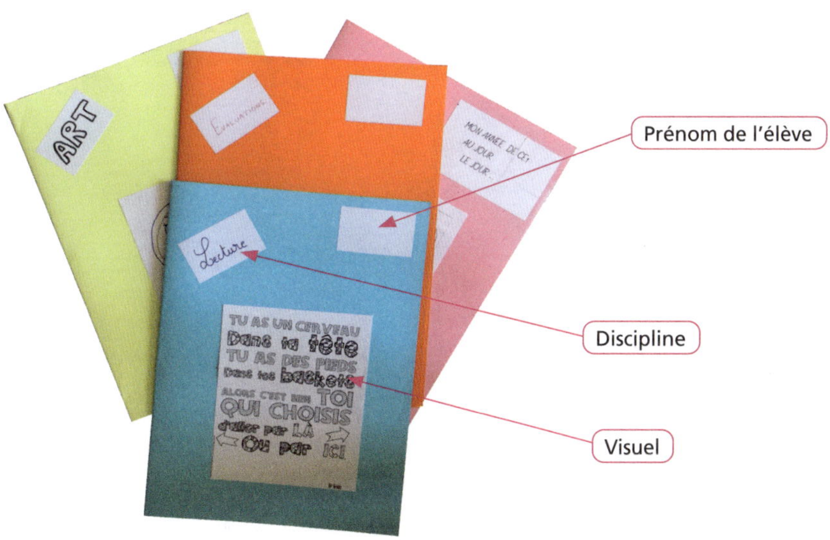

(Pour plus de précisions sur cette organisation, voir le chapitre IV, p. 133.)

Fichiers, manuels et/ou photocopies

Fichiers et manuels

Avant de procéder à l'achat d'un fichier par élève, qui entame largement votre budget, voici quelques points à connaitre.

Il est plus courant de proposer un fichier élève (consommable) en support de travail en cycle 2. Ainsi, l'élève a moins d'éléments à copier et peut davantage se concentrer sur l'exercice.

En revanche, il est plus courant de s'appuyer sur des manuels en cycle 3. Les élèves sont davantage capables de s'organiser et de copier un énoncé ou l'exercice à faire.

Commencez par compter votre budget restant et voyez si vous pouvez acheter des fichiers.

- Au cycle 2, les premières années, le recours au fichier élève est très utile et rassurant pour vous. Vous avez un fil conducteur. En couleurs, avec des cases réponses, il donne beaucoup de repères aux élèves.
- En revanche, vous pouvez vous sentir contraint de travailler l'exercice proposé, même si vous ne le pensez pas adapté aux élèves. Ayant choisi le fichier, vous souhaitez qu'il soit utilisé en entier. Vous pouvez préciser aux parents, en début d'année, que vous ne demanderez pas de faire tous les exercices car vous adapterez le travail.
- En géométrie, le fichier est plutôt intéressant. Vous évitez de nombreuses photocopies.

Pour vous aider à choisir le manuel, voir le chapitre II, p. 59.

Les fiches

Vous pouvez préparer vos propres fiches (de leçons ou d'exercices), pour les adapter au mieux à vos élèves et à votre progression.

Vous pouvez également photocopier une fiche issue d'un fichier à photocopier, d'un site Internet ou d'un manuel différent de celui sélectionné en début d'année.

Vos sources de travail seront alors multiples : issues des manuels, des fichiers photocopiables, des blogs, etc.

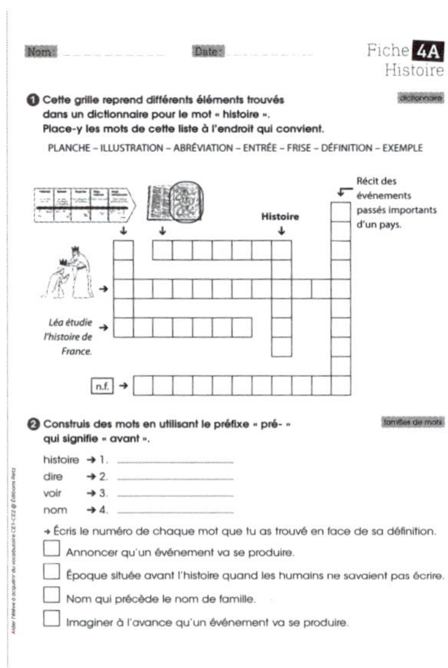
Nom : .... Date : ....

Fiche 4A
Histoire

1 Cette grille reprend différents éléments trouvés dans un dictionnaire pour le mot « histoire ». Place-y les mots de cette liste à l'endroit qui convient. (dictionnaire)

PLANCHE – ILLUSTRATION – ABRÉVIATION – ENTRÉE – FRISE – DÉFINITION – EXEMPLE

2 Construis des mots en utilisant le préfixe « pré- » qui signifie « avant ». (familles de mots)

histoire → 1. ....
dire → 2. ....
voir → 3. ....
nom → 4. ....

→ Écris le numéro de chaque mot que tu as trouvé en face de sa définition.

- ☐ Annoncer qu'un événement va se produire.
- ☐ Époque située avant l'histoire quand les humains ne savaient pas écrire.
- ☐ Nom qui précède le nom de famille.
- ☐ Imaginer à l'avance qu'un événement va se produire.

La photocopie

L'usage de la photocopie est règlementé dans les écoles.

Quelles sont les erreurs à éviter ?

- La copie intégrale d'une œuvre est interdite.
- Le nombre de pages de copies de publications protégées ne doit pas excéder 80 par élève et par année.
- Il est essentiel d'indiquer les références des œuvres que vous photocopiez.

Quelles sont les conséquences de la photocopie ?

- Le cout économique : le fait de photocopier est onéreux en termes de papier, de toner ou d'entretien du photocopieur.
- L'écrit photocopié est souvent mal identifié. L'élève ne prend pas toujours conscience de la provenance de l'extrait : s'agit-il d'un album, d'un manuel, d'un dictionnaire ?
- La photocopie doit aider, mais ne doit pas remplacer l'écriture des élèves.
- La photocopie est utilisée pour travailler sur un extrait ou un document précis.

Et si on limitait l'usage de la photocopie ?

En plastifiant des documents et en constituant des dossiers pour la classe, on peut réduire le nombre de photocopies (voir le chapitre V qui traite de l'autonomie des élèves et des « barquettes », p. 181).

Par ailleurs, de nombreuses classes sont équipées d'un TBI (ou TNI : tableau numérique interactif) ou de vidéoprojecteurs. Ainsi, vous pouvez y projeter en collectif des documents, des cartes, votre leçon… et limiter les photocopies.

Mémo

L'usage de la photocopie est encadré par la règlementation. Un accord est signé entre l'Éducation nationale et le Centre français d'exploitation du droit de copie (CFC). Il vous incite alors à respecter la propriété intellectuelle[1].

1. Source : http://www.education.gouv.fr/pid25535/bulletin_officiel.html?cid_bo=58964

Pour résumer

Les outils et les supports pédagogiques pour les élèves

En maternelle

• Les outils collectifs

Disposer des « coins-jeux » et proposer en libre accès ou présenter sur les tables.

• Les affichages

– Proposer en mathématiques : une frise et une suite numériques, les correspondances entre écriture et chiffre, une représentation des nombres en collection et doigts, des répertoires graphiques…

– Proposer en lecture : des abécédaires.

– Pour le repérage dans le temps : un emploi du temps, la date, le calendrier.

– Prévoir un mur d'exposition avec les productions des élèves.

• Les outils individuels

Créer un « carnet-outil » spiralé avec : le prénom, une bande alphabet dans les 3 écritures, les jours de la semaine, les mois, la suite numérique de 1 à 30, les nombres de 1 à 10.

• Les outils scripteurs

Ils seront adaptés aux jeunes enfants : feutres, pinceaux, crayon à papier, etc.

En élémentaire

• Les outils de manipulation et de mémorisation

– Prévoir du matériel à manipuler pour le cycle 2 notamment : des étiquettes mots-outils, des étiquettes pour travailler la combinatoire, un modèle d'écriture des lettres et des chiffres, des pièces de monnaie, des horloges, des étiquettes unités et dizaines, des tableaux de conversion.

– Pour aider à la mémorisation : proposer des fiches dans des pochettes effaçables à compléter.

– Proposer aussi des aides méthodologiques.

• Les affichages

– Prévoir les affichages permanents : les règles de vie en classe, l'alphabet dans les trois écritures, les affiches de phonologie en cycle 2, un tableau de nombres, le codage de mathématiques (u d c), les règles de grammaire les plus courantes…

– Prévoir des affichages temporaires : sur les notions travaillées, les créations artistiques…

• Les outils scripteurs

Privilégier les stylos à bille, mais vous pouvez adapter des stylos-feutres.

• Les supports écrits et les cahiers

Bien réfléchir à l'utilisation des supports de travail et à la facilité d'utilisation par les élèves. On voit fréquemment : l'agenda, les cahiers par discipline, les classeurs, le répertoire lexical…

• Fichiers, manuels et/ou photocopies

– Le fichier élève est souvent utilisé en cycle 2.

– Le manuel est souvent utilisé en cycle 3.

– Les fiches : fichiers photocopiables, fiches construites par vous ou issues des blogs, etc.

– La photocopie : bien connaitre la règlementation et apprendre à l'utiliser raisonnablement.

Communiquer avec les parents

Rencontrer les parents

Les rencontres « officielles » : rentrée et réunions d'information

La rentrée des classes

La première prise de contact a lieu dans la cour, en septembre, le jour de la rentrée des classes. C'est une journée impressionnante pour tout le monde. Soyez conscient de la transition importante et nécessaire de la maternelle à l'école élémentaire et soyez attentif aux nouveaux arrivants dans l'école. Les enfants sont ravis de revoir leurs camarades, et inquiets de rencontrer leur nouveau maitre ou leur nouvelle maitresse.

Les parents vous confient leur enfant sans finalement vous connaitre.

Derrière cette rentrée, se cache toute une nouvelle organisation et adaptation aux méthodes de l'enseignant.

Dans la cour, certains parents vont venir à vous avec plein de questions ou de recommandations concernant leur enfant. Par exemple, ils vont vous informer qu'il porte des lunettes, qu'il est ami avec tel élève, qu'il a tendance à se chamailler avec un autre, etc.

Vous ne pourrez pas retenir ce type d'informations ce jour-là. Rassurez les parents. Expliquez-leur que vous allez faire connaissance avec leurs enfants et qu'ils n'hésitent pas à noter les informations importantes dans le cahier. C'est le meilleur moyen pour obtenir tous les renseignements, pour entamer une bonne année.

Le jour de la rentrée, faites inscrire ou coller une note dans les cahiers à l'intention des parents. Présentez-vous et faites sentir aux parents que vous allez accueillir au mieux leur enfant.

Voici un exemple de communication possible :

> Madame, Monsieur (ou Chers parents),
>
> Je suis Mme/M. .... et j'accueille votre enfant
> en classe de ....
>
> Nous allons travailler ensemble en collaboration durant cette année scolaire. En attendant la proche réunion de rentrée, je souhaite la bienvenue à votre enfant dans sa classe et une bonne rentrée scolaire.

La réunion d'information de rentrée

On entend souvent que cette première rencontre est une source de stress.

Elle l'est pour vous, surtout la première année, et probablement les années qui suivront. Elle l'est aussi pour les parents, qui sont souvent inquiets de la scolarité de leur enfant et s'interrogent sur l'école, les programmes.

Ce premier rendez-vous va esquisser les relations que vous tisserez avec les parents tout au long de l'année. Et ceux-ci vont se faire une première image de l'adulte qui va passer l'année avec leur enfant. À vous d'installer un climat de confiance entre eux et vous.

Préparez minutieusement la réunion de rentrée en amont.

L'invitation à la réunion

- Pensez à prévenir la personne chargée de l'entretien (pour qu'elle organise son temps de ménage).
- Décidez du lieu de rencontre. Elle se déroule souvent dans la salle de classe : il est important pour le parent de visualiser l'environnement de travail de l'élève.
- Définissez un horaire adéquat avec une fin de journée de travail, afin d'avoir un maximum de parents. Cela vous évitera de répéter les mêmes informations aux parents qui n'auront pu y assister.
- Anticipez la date, pour que les parents s'organisent et vous aussi.
- Demandez également aux parents les questions qu'ils se posent, par le biais du mot d'information (voir ci-dessous). Vous ne serez alors pas pris de court pour y répondre. Les parents ont des préoccupations concernant la scolarité de leur enfant, l'organisation, c'est l'occasion pour eux de les exprimer et d'être rassurés.

Exemple de mot :

RÉUNION DE RENTRÉE

Je me permets de me présenter, je suis M./Mme ....

Cette année, je travaillerai avec vos enfants scolarisés en classe de ....

Pour parler de cette nouvelle année, je vous donne rendez-vous
le .... à .... dans la salle de classe
(1er étage, 2e salle).

À la maison, votre enfant a-t-il accès :

à Internet ?	❑ Oui ❑ Non		à un dictionnaire ?	❑ Oui ❑ Non	

Avez-vous des questions précises ?

....

....

....

Réunion de rentrée – Mot destiné aux parents.

Les points à aborder, le contenu

Listez tout ce que vous souhaitez présenter aux parents.

- Revenez sur les programmes sans les détailler, sinon vous resterez des heures. Même si les programmes sont accessibles, certains parents ne les lisent pas. Surtout, ils ne les interprètent pas de la même façon que vous, professionnel de l'éducation.
- Donnez quelques exemples des notions abordées sur l'année, notamment en français et en maths (les fractions, les tables de multiplication, les sons, l'écriture en cursive…).
- Précisez votre méthode de travail.
- Présentez vos supports de travail.
- Donnez quelques informations sur la classe.
- Informez-les de l'élection des parents d'élèves, qui se déroule généralement en octobre. Les parents souhaitant se présenter peuvent alors prendre contact avec le directeur ou vous donner leur nom.

Voici une trame qui vous permettra de recenser les points importants à aborder.

Bienvenue au .... – École .... –
M. ....
Réunion de rentrée du ...... / ...... / 201......

Se présenter

M./Mme...

La classe

Niveau simple ou double niveau ....

L'effectif de la classe : .... Nombre de filles : .... Nombre de garçons : ....

Les enjeux – Le programme

Rappelez le niveau et donnez les grandes lignes des axes qui seront abordés.

Exemple pour une classe de CM1

« Vos enfants sont en 1re année du cycle 3, cycle des approfondissements.

Ils vont approfondir et consolider leurs acquis : lecture fine, rédiger des textes, conjuguer, raisonner en résolvant des problèmes. Ils vont devenir autonomes, comprendre les grands nombres, maitriser les techniques opératoires, apprendre les fractions et les nombres décimaux.

Ils vont découvrir davantage de notions d'histoire, de géographie, de sciences. »

L'emploi du temps

Affichez-le pour que les parents en prennent connaissance, s'imaginent une journée-type de classe, pour prévoir le jour de la tenue de sport.

Précisez qu'il peut évoluer en cours d'année au fur et à mesure des besoins des enfants.

.../...

…/…

EPS

Donnez le programme d'EPS (sans oublier le jour, avec ou sans intervenant) : athlétisme, jeux d'opposition, jeux de balles, gymnastique au sol, course d'orientation. Rappelez de penser à la tenue de sport.

Le matériel

– Présentez les manuels que vous utilisez ou les fichiers élèves.
– Présentez les cahiers des élèves. Précisez le cahier destiné aux devoirs.
– Insistez sur la bonne tenue et le soin des cahiers.

Votre pédagogie

Même s'il s'agit de votre première année, vous êtes formé.e à enseigner.
Développez votre façon de voir la classe, le travail, vos attentes.

Les projets et sorties

– la médiathèque ;
– les spectacles ;
– les sorties scolaires ;
– un projet de classe (une correspondance, « Chaque jour compte »…) ;
– etc.

Les devoirs

Précisez que des devoirs sont proposés : ils servent de révision (pas de notion nouvelle à la maison). PAS PLUS DE 30 MINUTES.
Avertissez : « Ne faites pas les leçons avant nous. Il y a un long travail en amont pour acquérir les notions. »

Les attentes envers les enfants

Présentez alors la charte Internet, de laïcité et le règlement de l'école.
Puis précisez vos attentes.

– Les leçons à apprendre.
– Le respect du règlement de classe.
– Le calme.
– Le fait d'exiger une tenue correcte, souvent mentionnée dans le règlement de l'école (l'interdiction de porter des tongs, un maquillage ostentatoire…).
– Les rendez-vous : posez vos questions, demandez un rendez-vous sur le cahier de liaison, instaurez des jours et/ou heures fixes (par exemple, « Je suis disponible les jeudis à… »).
– La vérification du cahier de liaison et la lecture des mots tous les soirs.
– La sortie : vous vous attachez à faire sortir les enfants à l'heure (*rappelez les horaires*). Invitez les parents à être aussi à l'heure pour venir les rechercher.
– La coopérative : « Elle est de X euros. Elle sert à payer les activités scolaires. »

…/…

.../...

Les évaluations
- Précisez si vous avez prévu un bilan de fin de période.
- Rappelez les dates approximatives où les livrets des élèves seront ramenés à la maison (en gros, décembre, mars et juin).

Les plans de sécurité
- Précisez les modalités définies en équipe.
- Indiquez les obligations définies par votre inspection.

Réunion de rentrée – Fiche mémo.

Vous pouvez distribuer un récapitulatif de la réunion, à coller dans le cahier, pour les parents absents.

Le déroulement
- Souriez, les parents y sont sensibles, mais soyez convaincu de ce que vous leur présentez. Abordez clairement votre façon de travailler.
- Respectez-les pour être également respecté.
- Vous pouvez choisir d'installer des chaises en cercle pour être à la même hauteur qu'eux, ou de rassembler plusieurs tables en ilot.
- Expliquez ce que vous attendez des élèves en classe et à la maison, mais de quelle façon les parents peuvent aider au travail à la maison.
- Présentez aussi le dispositif du RASED, s'il y en a un, et le fonctionnement en petit groupe ou en co-intervention (lorsque l'école fait partie du projet « plus de maitre que de classe » ou que l'enseignant du RASED travaille conjointement avec vous dans la classe).
- Parlez de la classe en général. Certains parents souhaitent parler de leur enfant en particulier. Dites-leur que vous les rencontrerez après, confidentiellement, pour parler de leur enfant.

Astuce !

Alternez des temps où vous vous asseyez et des temps où vous vous levez. Lorsque vous parlez debout, ils ont l'impression que vous leur faites la classe.

Autre réunion d'information

La deuxième réunion d'information avec les parents a lieu en janvier. Elle est importante. Les parents ont pu observer votre façon de travailler. Viennent alors de nouvelles questions.

Encouragez les parents à vous poser leurs questions. Un parent agressif est finalement un parent inquiet pour son enfant. L'inquiétude peut se transformer en perte de confiance en vous.

Dites-leur que, même si vous ne pouvez pas leur répondre immédiatement, vous prendrez le temps de réfléchir et de leur apporter le renseignement.

Notez les questions des parents et, surtout, pensez à leur répondre.

Les entretiens individuels

Lorsque vous notez une difficulté récurrente chez un élève, informez les parents sans les alarmer.

L'entretien doit être constructif.

- Ne convoquez pas un parent à un rendez-vous : invitez-le à vous rencontrer pour parler de son enfant.
- Donnez un créneau horaire : par exemple, tôt le matin ou en fin de journée. Par souci d'organisation, il est bon que les personnes que vous invitez connaissent la durée de l'entretien.
- Ne détaillez pas les difficultés dans le mot. Si vous faites une liste alarmante, ce rendez-vous peut vite prendre une tournure angoissante pour les parents.
- Dès le début de l'entretien, précisez-leur que vous êtes ici pour trouver des solutions ensemble, pour le bien de l'enfant.

Exemple de mot :

> « *Madame, Monsieur,*
>
> *Je souhaiterais vous inviter à un entretien pour parler du travail de votre enfant.*
>
> *Jeudi 16 novembre, de 17 h à 17 h 30, dans la salle de classe.*
>
> *Cordialement.*
>
> *Mme B.* »

Lorsque les parents sollicitent un entretien, rencontrez-les rapidement et proposez-leur vos créneaux horaires via le carnet de liaison afin de trouver conjointement un temps de rencontre.

Lors de ces entretiens :

- Veillez à ne citer aucun autre élève que celui des parents concernés, parlez uniquement de leur enfant. Chaque parcours scolaire concerne les parents, l'enfant et vous-même.
- Demandez aux parents comment se passent les devoirs à la maison, interrogez-les sur les centres d'intérêt de leur enfant : vous devez pouvoir établir une comparaison entre la maison et l'école pour comprendre son fonctionnement.
- Expliquez les difficultés.
- Expliquez ce que vous avez mis en place.
- Cherchez des solutions ensemble : qu'est-il possible de faire à la maison ? et en classe ?

Ainsi, la mise en place d'aides ou de *remédiation* se fera avec l'accord des parents et dans les meilleures conditions ; car vous veillez tous à la réussite de l'enfant.

Établir un lien avec les parents

La communication avec les parents est un point à ne pas négliger, en maternelle comme en élémentaire, ce que rappellent d'ailleurs les programmes et le référentiel de compétences de la profession.

Mémo

« **Une école qui accueille les enfants et leurs parents**[1]

Dès l'accueil de l'enfant à l'école, un dialogue régulier et constructif s'établit entre enseignants et parents ; il exige de la confiance et une information réciproques. Pour cela, l'équipe enseignante définit des modalités de relations avec les parents, dans le souci du bien-être et d'une première scolarisation réussie des enfants et en portant attention à la diversité des familles. Ces relations permettent aux parents de comprendre le fonctionnement et les spécificités de l'école maternelle (la place du langage, le rôle du jeu, l'importance des activités physiques et artistiques, etc.).

L'expérience de la séparation entre l'enfant et sa famille requiert l'attention de toute l'équipe éducative, particulièrement lors de la première année de scolarisation. L'accueil quotidien dans la salle de classe est un moyen de sécuriser l'enfant. L'enseignant reconnait en chaque enfant une personne en devenir et un interlocuteur à part entière, quel que soit son âge. »

On observe souvent dans les cahiers de liaison que les mots de correspondance servent en grande majorité à :

- informer les parents d'une sortie ;
- demander des documents manquants ;
- informer d'un problème de comportement.

1. D'après le B.O. des programmes de 2020.

Pourtant, vous avez bien plus à dire aux parents. Ce point est donc crucial. Une mauvaise communication, ou insuffisante, avec les parents peut fausser votre communication avec les enfants, voire dégrader un climat de classe.

Vous formez un trio relationnel : professeur – parents – enfant.

Les parents sont sensibles à la façon dont l'enseignant s'adresse à eux, tout comme ils sont très sensibles à la façon dont ce dernier s'adresse à leur enfant et au discours rapporté par l'enfant.

Certaines paroles vexent ou dérangent. Clarifiez tout. Mieux vous communiquez avec les parents, mieux vous communiquerez avec les enfants.

Dans ma pratique

Dans l'exercice de mes fonctions, je garde constamment en mémoire cette phrase : « Comment aimerais-je que l'on parle à mon enfant ? » C'est donc de cette façon que je m'adresse à mes élèves.

Ce rappel me permet de rester vigilante dans ma bienveillance envers les enfants.

En maternelle

En maternelle, c'est presque plus simple d'établir un lien.

Les parents déposent leur enfant jusqu'à la salle de classe. Chaque jour, vous rencontrez les parents, les grands-parents ou la nourrice.

Saluez-les, souriez-leur, prenez des nouvelles d'un enfant malade. Ce sont des attentions de simple politesse mais importantes.

Communiquer des informations formelles

Toute information est communiquée dans le cahier de liaison : une sortie pour assister à un spectacle, une rencontre sportive, les photos de classe, la participation à un concours de classe, etc.

Mais on peut dupliquer l'information, les parents étant toujours avides d'informations… parce qu'ils s'intéressent à la vie de l'école et à la journée de leur enfant. Toutefois, certains n'osent pas échanger avec vous. Proposer l'information à la porte de la classe est déjà un moyen d'entamer le dialogue.

Dans ma pratique

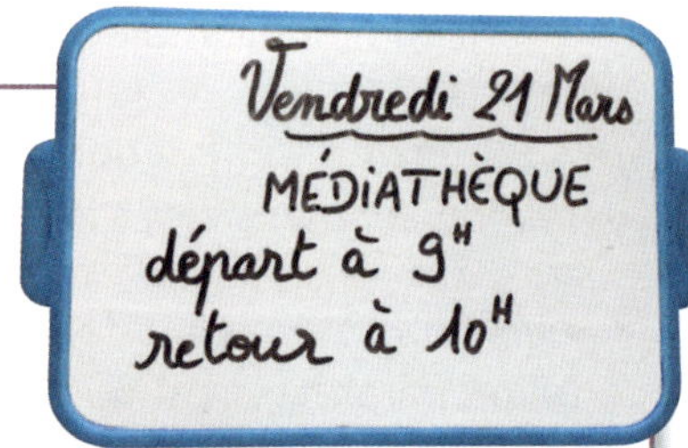

Près de la porte de la classe, j'installe une petite ardoise sur laquelle j'inscris toutes les informations importantes. Cela m'évite de répéter la même information plusieurs fois.

Les parents les plus timides peuvent me poser des questions.

L'ardoise permet également un rappel pour les parents quelques jours avant l'évènement. Les élèves de maternelle se repèrent moins bien dans le temps, donc ils ne pensent pas tous à communiquer une information importante.

Communiquer de manière informelle

D'autres informations moins essentielles mais qui ont leur importance peuvent être communiquées via le cahier de liaison :

– Un enfant a eu mal à la tête, un petit chagrin, une écorchure au genou : prenez deux minutes pour écrire un mot, pour informer ; mais rassurez en prévenant les parents que la journée s'est bien déroulée. En tant que parent, vous aimeriez en être informé.

– Notez un remerciement lorsqu'un parent a accompagné la classe à une sortie.

– Si vous avez remarqué une difficulté ponctuelle, précisez au parent que vous l'avez notée et que vous allez aider l'enfant.

Communiquer sur les apprentissages

Les apprentissages sont renseignés dans le **cahier de vie**.

Vous pouvez décider avec les élèves comment remplir ce cahier : choisir ensemble quelles photos, quels textes collectifs, quels souvenirs à partager. Par exemple :

- si vous avez écrit et posté une lettre, photocopiez-la et collez-la ;
- si vous avez écrit un compte rendu de la sortie à la piscine, copiez-le ;
- si vous avez écrit un texte collectif, saisissez-le ;

Dans ma pratique

Je réalisais trois cahiers. Deux d'entre eux circulaient dans les familles et un était à disposition à l'accueil, sur une table, pour les parents.

Je les laissais environ trois jours dans les familles, suivant l'ordre alphabétique, ainsi il « tournait » dans toutes les familles sur 7 semaines (soit une période).

Je l'alimentais dès qu'il me revenait.

- si vous avez un élevage ou des plantations, insérez quelques photos et un texte descriptif ;
- si vous avez un projet de classe, expliquez-le ;
- vous pouvez aussi résumer les notions travaillées, chaque fin de période.

© iStock

Vérifiez les autorisations des enfants à être pris en photo (voir le chapitre I – rubrique « Les documents pour la classe »).

D'autres collègues laissent le cahier aux familles durant les vacances et les familles peuvent l'alimenter avec des dessins, des tickets de cinéma, etc.

En cela, vous faites une réelle liaison entre la journée de l'enfant et son retour à la maison. Votre communication est également positive. Elle nourrit les parents d'informations sur le travail des enfants.

En élémentaire

À l'école élémentaire, les parents déposent le plus souvent les enfants devant l'école, sans y entrer.

De votre côté, vous avez des obligations de surveillance de récréation. Mais en cas de besoin, si vous n'êtes pas de service, n'hésitez pas à dialoguer quelques minutes sur ce temps d'accueil.

Cela dit, généralement, vous communiquez essentiellement à travers le cahier de liaison.

Communiquer de façon formelle

Dans le cahier de liaison figurent aussi les **mots de correspondance** concernant les sorties, les évènements, les réunions, etc.

Pour chaque mot, vous devez préciser les horaires de sortie, le moyen de transport, le lieu et le motif du déplacement et demander l'autorisation des parents. Ils doivent savoir où se trouve leur enfant.

Pour chaque sortie, vous devrez par ailleurs demander des accompagnateurs.

Vous trouverez ci-après quelques exemples de mots.

Pour un spectacle

Chers parents, **SPECTACLE**

La classe de CE2 assistera au concert « Roulez les enfants », **mardi 14 novembre** à **14 h**. Cette sortie est financée par la coopérative scolaire.

Un bus nous emmènera à la salle des Savonettes. Nous avons besoin de votre autorisation.

❑ J'autorise mon enfant à prendre le bus.

❑ Je n'autorise pas mon enfant à prendre le bus.

Signature :

Pour l'activité piscine

Chers parents, **PISCINE**

La classe de CE1 se rendra à la piscine, tous les .... de .... h à .... h.

Le déplacement se fera à pied *(ou en bus, mais il faudra une autorisation).*

Pour la séance, votre enfant devra avoir dans un sac :

- une serviette de bain
- un maillot de bain
- un bonnet de bain
- une brosse (s'il le souhaite)
- un paquet de mouchoirs en papier

Les produits suivants sont déconseillés : déodorant, parfum…

En vous remerciant par avance.

Nom du responsable : .... Signature :

Pour une rencontre sportive

ATHLÉTISME

Les élèves de CM1 participeront à une rencontre d'athlétisme le .... de .... h à .... h, au stade ....

La rencontre se déroule en extérieur.

Nous nous y rendrons à pied. Prévoyez :

- la tenue de sport
- une bouteille d'eau dans un sac
- une tenue adaptée à la saison (une veste de jogging qu'ils peuvent mettre sur leur tenue).

En vous remerciant.

Nom du responsable : .... Signature :

Définissez un planning d'accompagnement des parents. Commencez par demander aux parents leurs disponibilités. Proposez ensuite un planning aux parents accompagnateurs pour validation. Enfin, vous pouvez proposer un planning à l'ensemble des parents de la classe, pour information.

Exemple de plannings à communiquer aux parents

1. Demande de disponibilités PISCINE

« Voici les dates de sorties à la piscine. Merci de cocher vos disponibilités. J'établirai ensuite le planning des parents accompagnateurs. En vous remerciant.

Nom : .... Parent de : ....

Je peux accompagner la classe de : ....

Jeudi 3 novembre	
Jeudi 10 novembre	
Jeudi 17 novembre	
Jeudi 24 novembre	

2. Planning définitif des accompagnateurs à coller dans le cahier

	Parent accompagnateur 1	Parent accompagnateur 2
Jeudi 3 novembre	Monsieur Solo	Madame Plune
Jeudi 10 novembre	Monsieur Ramos	Madame Para
Jeudi 17 novembre	Monsieur Solo	Madame Duran
Jeudi 24 novembre	Madame Poulin	Madame Trouva

Les mots à destination des parents sont donc très nombreux sur l'année. Vous pouvez conserver dans un casier l'original des mots collés dans les cahiers de correspondance des élèves.

Dans ma pratique

Dans un tiroir, je conserve tous les mots de correspondance pour les parents. Dans un autre tiroir, je range les livrets scolaires des élèves.

J'ai donc un double des documents importants et en utilisation récurrente.

Communiquer de façon informelle

Comme en maternelle, informez les parents, dans le cahier, des observations que vous faites sur les enfants (voir le chapitre précédent).

Certains parents ont un rapport de méfiance envers l'école. Ils peuvent se sentir agressés par vos observations : ils voient en vous « un professeur ».

Lorsque vous apportez un commentaire, pensez aussi que le parent a surement remarqué quelque chose de son côté.

Voici un exemple de formulation pour le cahier de liaison :

« Madame, Monsieur,

Je remarque depuis plusieurs jours que Lana se plaint de maux de tête et plisse les yeux. Il est possible qu'elle ait besoin de lunettes. Lana a-t-elle déjà eu un bilan ophtalmologique, en dehors de la visite de l'infirmière ?

De mon côté, je l'ai changée de place et rapprochée du tableau.

Souhaitant vous tenir informés, n'hésitez pas à me donner des nouvelles à ce sujet.

Cordialement.

Madame B. »

En demandant des nouvelles, vous indiquez que vous êtes soucieux du bien-être de votre élève : vous entrez dans une communication bienveillante.

Lorsque les parents vous auront tenu informé, ne notez pas en réponse « vu ». Vous tombez dans un échange impersonnel. Privilégiez une formulation du type :

« *J'en prends note et je vous remercie de m'avoir tenu informé.* »

Dans ma pratique

J'apprécie les attentions des parents. Les parents et les enfants aussi…

En décembre, j'offre une « boite » (je plie un cube en papier épais) dans laquelle je glisse un bon point ou une image, un chocolat et un mot pour souhaiter de bonnes fêtes de fin d'année aux familles.

Donner des repères méthodologiques aux élèves et aux parents

On entend souvent, à la sortie de l'école, des parents débattre au sujet de la scolarité, du fonctionnement de l'école…

Ils sont généralement inquiets :

- de l'ambiance de la classe ;
- des fréquentations, des disputes entre élèves ;
- des leçons qui n'ont pas été comprises ;
- des notes ;
- des devoirs (que faut-il faire ? comment aider mon enfant ?) ;
- du comportement et des punitions.

Ce qui vous parait évident ne l'est pas pour un parent. Nombreux sont les enfants qui ne racontent rien de leur journée de classe. Les enfants vivent le moment présent et ne voient pas le besoin de faire un bilan de la journée.

Certains enfants ne savent pas expliquer à leurs parents ce qu'on attend d'eux.

Pensez en conséquence à ritualiser la prise de devoirs et leur déroulement à la maison (voir à ce sujet le chapitre III, p. 121), pour faciliter le lien école-maison.

Présentez également les différents supports qui seront utilisés entre l'école et la maison.

Enfin, comme préconisé précédemment, vous pouvez également donner des fiches qui résument votre méthode (voir le chapitre V et la fiche en ressources numériques : « Apprendre une leçon, c'est quoi ? », p. 164).

Dans ma pratique

Je présente en début d'année l'ensemble des cahiers aux élèves et aux parents. Ils connaissent donc les supports utilisés.

Ensuite, je ritualise les devoirs avec des retours réguliers sur les mêmes leçons.

Par exemple, de la lecture et de l'écriture tous les soirs en CP, une leçon sur l'étude du son tous les lundis soir, une leçon de grammaire tous les mardis soir, une leçon sur Questionner le temps tous les mercredis, etc.

Si vous adoptez une présentation commune pour vos fiches, parents et enfants se repèreront plus facilement.

Ainsi un élève qui a oublié son agenda sait intuitivement ce qu'il a à faire.

• Je fais coller une fiche bilan qui présente les différents cahiers de l'élève dans le cahier de liaison, à la première page.

Exemple :

Mes cahiers au CM1

 Poésie, chant, histoire de l'art	 Cahier du jour	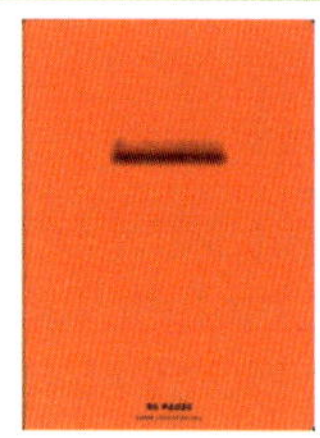 Cahier de liaison
 Leçons de français	 Leçons de français	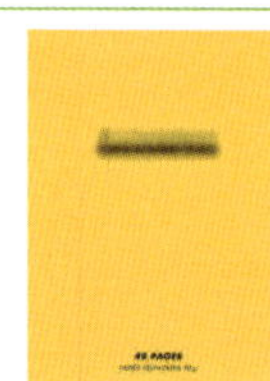 Cahier d'anglais
 QLM – Histoire/Temps	 QLM – Géographie/Espace	 QLM – Sciences/Vivant

Pour les fiches de travail à la maison	Agenda	Cahier de brouillon pour faire les exercices **Propre comme un cahier du jour !**

Merci d'aider votre enfant à en prendre soin !

• Je fais également coller une fiche méthode aux élèves. Il s'agit d'un repère pour les élèves et pour les parents (voir sa présentation au chapitre V, rubrique « Les méthodes qui fonctionnent aux cycles 2 et 3 », p. 164 et p. 169).

Exemple en grammaire – Étude de phrase

– Nous encadrons le verbe en rouge.
– Nous soulignons le sujet en noir, avec une flèche entre le verbe et le sujet.
– Nous encadrons les compléments en vert, en indiquant en dessous leur fonction.

Ce matin, les oiseaux se sont envolés.

Complément de phrase **S** **V**

Il est donc primordial d'instaurer une relation de confiance dès le début, en communiquant aussi souvent que possible, en donnant des repères aux familles, afin qu'elles aident leurs enfants, facilitent votre travail, et qu'elles se sentent bien impliquées.

En règle générale, vous rencontrerez des parents heureux d'échanger avec vous, de participer d'une manière ou d'une autre à la vie de l'école.

Pour résumer

Communiquer avec les parents

Rencontrer les parents

– Les rencontres « officielles » : le jour de la rentrée, la réunion d'information en septembre et celle de janvier.

– Les entretiens individuels : pour informer, rassurer, trouver des solutions ensemble, à la demande de l'enseignant.e ou de celle des parents.

Établir un lien avec les familles

– En maternelle :

• Par l'intermédiaire du cahier de liaison et d'un affichage à la porte de la classe.

• Grâce au cahier de vie : le prévoir en trois exemplaires pour qu'il circule dans la famille ; le remplir avec des photos et des écrits des élèves.

– En élémentaire :

• Dans le cahier de liaison, informer pour : les sorties, l'état d'esprit et de santé de l'enfant, un problème de comportement, des observations, des remerciements, etc.

• Donner des repères méthodologiques aux élèves et aux parents : expliquer l'organisation des cahiers, préparer des fiches de méthodes de travail, collées dans les cahiers pour que parents et enfants puissent s'y référer.

Conclusion

Voici les méthodes que j'ai expérimentées en classe. Elles ont été testées sur plusieurs années, dans plusieurs écoles, avec différents profils d'élèves. Elles sont donc relativement efficaces sur une grande variété de type de classes.

Elles peuvent encore être ajustées, améliorées... Dans tous les cas, cette méthodologie sera à adapter à vos propres besoins, à vos gestes professionnels ainsi qu'à vos élèves.

En effet, chaque configuration de classe demande un aménagement. Vous devrez l'observer pour ressentir au mieux les personnalités avec lesquelles vous collaborerez le temps d'une année scolaire.

Ces idées, ces réflexions ne sont que des aides pour démarrer, parce que l'apprentissage se fait de prime abord par imitation, par tâtonnement. Elles accompagneront au mieux votre première rentrée (et même vos premières rentrées), avec la volonté de répondre aux questions les plus courantes et de réduire l'inquiétude de cette mise en route.

Ce manuel sera votre compagnon tout au long de l'année, permettant de nombreux retours sur les questionnements qui se présentent à la rentrée, mais aussi tout au long de l'année scolaire.

Au fil des années d'exercice, vous développerez un regard critique et vous affinerez votre propre façon de travailler. Mais autant démarrer sur un chemin avec le moins de cailloux possible.

Belle entrée dans le métier !

Présentation des ressources numériques

Retrouvez les ressources en ligne sur le site mes-ressources-pedagogiques.editions-retz.com (voir page 2 de couverture).

Naviguer sur le site

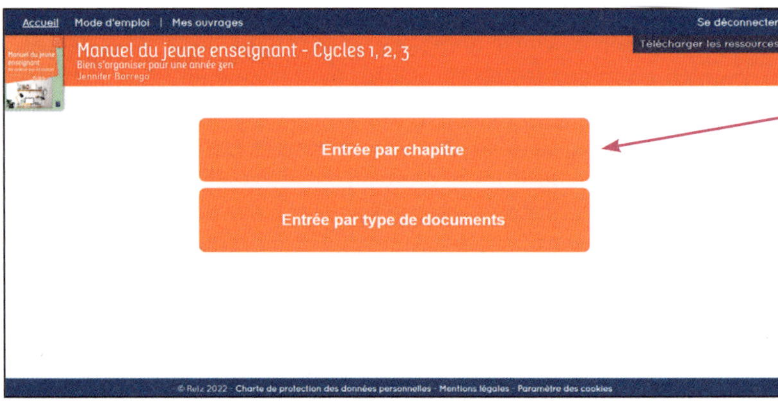

Cliquer sur l'onglet souhaité pour accéder aux ressources associées.

Cliquer sur ces onglets pour accéder directement aux autres domaines, sans repasser par l'écran d'accueil.

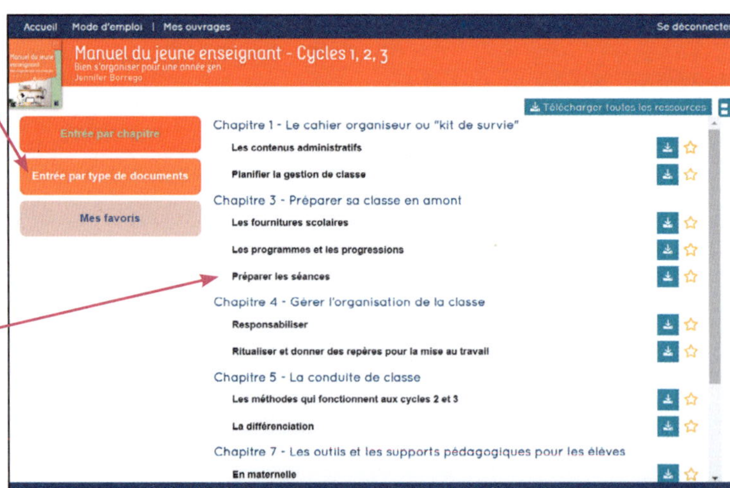

L'ensemble des ressources associées s'affiche dans la partie droite de l'écran, sous forme de liste.

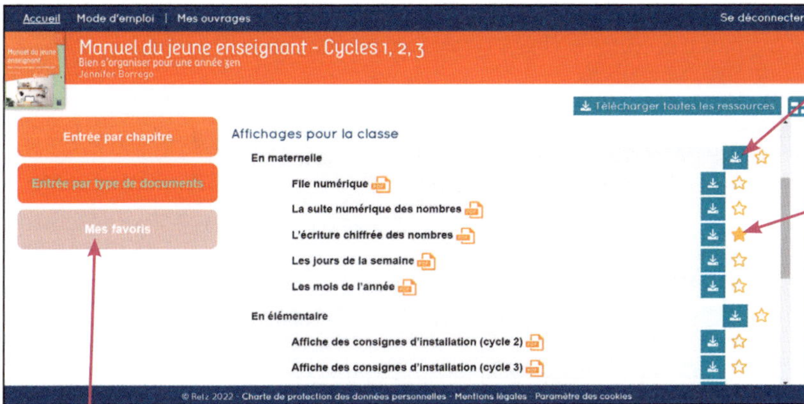

Cliquer sur la flèche pour télécharger le document.

Cliquer sur l'étoile pour le mettre en favori.

Retrouver tous vos documents sauvegardés en favoris en cliquant ici.

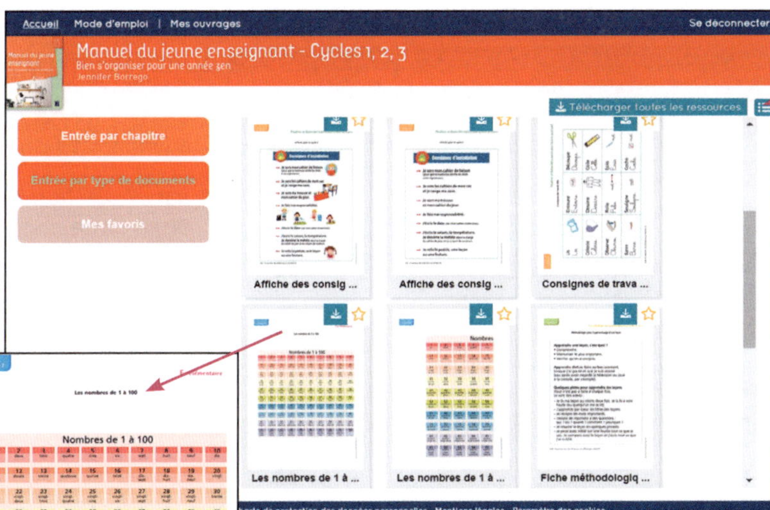

Ce bouton permet de changer l'affichage des ressources : en mode liste ou en mode grille.

Cliquer sur le fichier souhaité.

Le document s'affiche alors dans une nouvelle fenêtre.

Le logiciel automatiquement utilisé pour cet affichage (Adobe Reader, Aperçu...) permet d'agir sur le document : zoom, rotation, impression...

De nombreuses ressources pour aider l'enseignant dans son organisation au quotidien

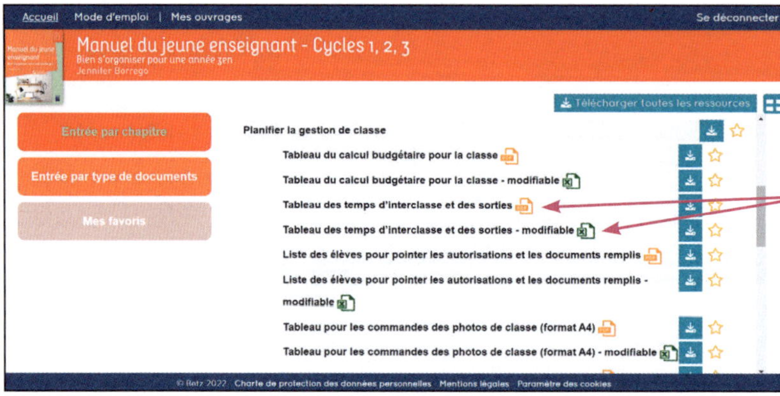

Des documents en version PDF et en version modifiable pour une prise en main facile et une appropriation rapide.

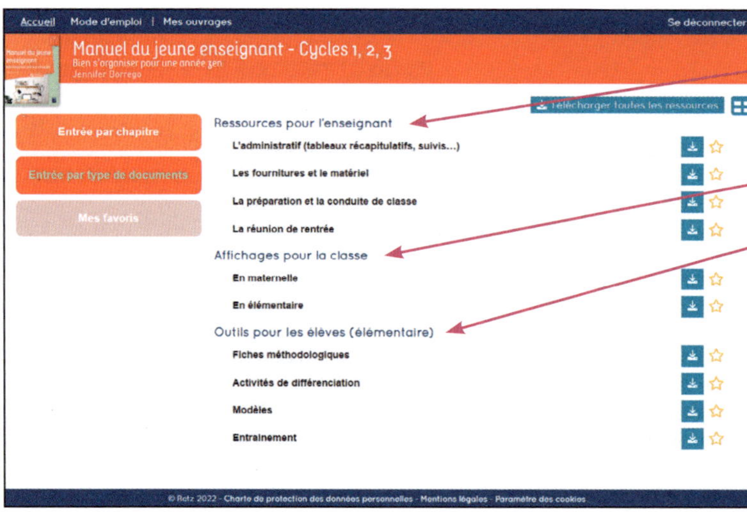

Un accompagnement de l'enseignant dans les formalités administratives,

dans la gestion de sa classe,

dans sa pédagogie.